Rolf-Bernhard Essig
Wann ist ein Held ein Held?

ROLF-BERNHARD ESSIG

Wann ist ein Held ein Held?

Über besondere Menschen,
ihren Mut und
ihre Widersprüche

CARL HANSER VERLAG

für Ethan und Ira, die mir das Leben gerettet haben

Vermittelt durch die Literatur- und Medienagentur Ulrich Pöppl, München

Die Schreibweise in diesem Buch entspricht den Regeln
der neuen Rechtschreibung.

Unser gesamtes lieferbares Programm und viele andere Informationen
finden Sie unter www.hanser-literaturverlage.de

1 2 3 4 5   14 13 12 11 10

ISBN 978-3-446-23481-9
Umschlag: Stefanie Schelleis, München
Umschlagfoto: Gandhi: SZ-Bildarchiv; Supermann: Jan Reiser;
B. Steffen: picture alliance/dpa/Gero Breloer
Satz: Greiner & Reichel, Köln
Druck und Bindung: GGP Media GmbH, Pößneck
Printed in Germany

»Man muss ein großer Held sein,
um es auch in den Augen seines Kammerdieners zu sein.«

INHALT

DIE ZWEI TÜRME

Graue Gestalten wanken durchs Grau. Selbst das Gesicht, die Haare,
die Schuhe grau, alles fingerdick mit Staub bedeckt. Sie helfen anderen
grauen Gestalten fort aus dem Staub. Diese Bilder zeigte das Fernsehen
nach dem 11. September 2001 wieder und wieder.

Die Helden in der Hölle

Niemand erfuhr so viel Verehrung, so viel Bewunderung in den Tagen
nach der Zerstörung des »World Trade Center« wie die Feuerwehrleute New Yorks. Wann und wo immer sie zu sehen waren, grüßten
die Menschen sie ehrerbietig. Viele salutierten oder verneigten sich,
manche bildeten spontan ein Spalier und jubelten oder weinten vor
Rührung. Andere schrieben ihnen Dankesbriefe, brachten Geschenke
zu den Feuerwachen und Essen und Trinken. Alle empfanden Ehr-
furcht diesen Helden gegenüber.

Vollkommen zu Recht, denn die Feuerwehrleute hatten sich sofort
zu dem ungeheuren Gebäudekomplex des »World Trade Center« begeben, der nach den Flugzeugeinschlägen aussah wie eine über 400
Meter hohe Doppelfackel. Ingesamt waren es ungefähr 3500 Feuerwehrleute, die inmitten von Tod, Verzweiflung und Not ihren Dienst
zu tun versuchten. Es galt ja nicht nur, die Verletzten zu bergen und zu
den Eingeschlossenen in den Hochhäusern zu kommen. Man musste
sich überhaupt erst einen Überblick verschaffen, verstehen, was geschehen war und noch geschehen würde, um die Rettung sinnvoll
planen zu können. Unbedingt nötig erschien es, in die Gebäude ein-
zudringen, um zu sehen, ob von dort aus Menschen geborgen oder
evakuiert werden könnten.

Es fehlen die Vergleiche, um solch einen fürchterlichen Einsatz an-
gemessen zu beschreiben. Denn zu dem riesigen Feuer, der unerträg-

lichen Hitze, dem alles erstickenden Staub, zu dem erschütternden Ausmaß der Zerstörung kam noch dazu, dass nicht nur gefährliche Trümmerstücke herunterfielen, sondern dass sich auch Menschen aus Verzweiflung über ihre ausweglose Lage aus den Fenstern der Hochhaustürme stürzten. Trotz dieser enormen Belastung brachten die Feuerwehrleute Verletzte und Leichen fort, kämpften sich über raucherfüllte Nottreppenhäuser nach oben, versuchten Wege aus der Hölle zu weisen und zu finden, oft vergeblich. Als die Türme nacheinander einstürzten, hatten mindestens 2123 Menschen ihr Leben verloren, darunter 343 Feuerwehrleute.

Helfer und Attentäter

In den Türmen des »World Trade Center« kamen viele Menschen beinahe zufällig um. Touristen, Techniker, Reinigungspersonal und selbst die vielen Büroangestellten waren nicht das eigentliche Ziel des Anschlags, sondern der Doppelwolkenkratzer selbst als Symbol für die westliche Wirtschaft. Andere starben am 11. September mit voller Absicht. Sie sahen es als ihre heilige Pflicht an, sich zu opfern. Sie leben weiter in den Bildern und in den Geschichten, die man sich seitdem von ihnen erzählt.

Da sind einerseits die todesmutigen Feuerwehrleute, die, obwohl es an Wahnsinn grenzte, möglichst viele Menschen aus den brennenden Riesengebäuden retten wollten. Da sind andererseits die 19 jungen Fanatiker, die gleichsam in der Höhle des Löwen lebten, unter dauernder Gefahr, entdeckt zu werden, die sich monatelangen Schulungen unterzogen und schließlich vier Flugzeuge entführten, um sie als gigantische fliegende Brandbomben zu verwenden.

Ganz egal, was man persönlich darüber denkt: Die Feuerwehrleute wie die Attentäter verehrt man heute als Helden! Und es gibt nicht nur »Kollegen« der Terroristen, die sie bewundern und ihre Bilder aufhängen, weil sie für vorbildliche Kämpfer gehalten werden. Nein, in

1   Ein unbekannter New Yorker Feuerwehrmann, der den Einsturz
des »World Trade Center« überlebt hat.

der ganzen islamischen Welt findet man Menschen, die sie – wiederum aus sehr unterschiedlichen Gründen – verehren: Zum Beispiel, weil die Attentäter die Supermacht Amerika öffentlich demütigten. Oder weil nur 19 Männer den Kampf mit einer Supermacht aufgenommen hatten. Oder weil sie ein Symbol des westlichen Kapitalismus in Schutt und Asche gelegt hatten: das »World Trade Center«. Oder einfach, weil man sie als Märtyrer betrachtet.

Ein Mensch, der von einem Feuerwehrmann aus Rauch und Hitze und Vernichtung gerettet wurde, jemand, der weiß, dass fast 350 Feuerwehrleute beim Einsatz am 11. September starben, wird die Verehrung der Attentäter als dumm, zynisch und widerlich empfinden. Doch könnte man sogar die schrankenlose Bewunderung der uniformierten Retter in Frage stellen.

War es nicht ihr Beruf, Feuer zu bekämpfen, selbst wenn sie so riesig waren wie die am 11. September? Warum beachtete man nur sie so stark, obwohl doch auch sehr viele Polizisten und Sanitäter starben? Wie sieht es mit den unbekannten Helden aus, Männern und Frauen, die in und um das »World Trade Center« ohne Verpflichtung und ohne Ausrüstung und ohne Erfahrung anderen unter Todesgefahr das Leben retteten? Unmenschlich hart war der Einsatz für die Feuerwehrleute, jeder Zehnte von ihnen starb, doch zählen ihre Opfer mehr als beispielsweise die 40 000 bis 70 000 von US-Truppen im Irak als sogenannter »collateral damage« (»Nebenschaden«) getöteten Zivilisten? Und noch einfacher gefragt: Was ist mit all den anderen, die bei Katastropheneinsätzen in den USA und auf der Welt überhaupt Tag für Tag ihr Leben mutig für die Allgemeinheit aufs Spiel setzen? Ist man nur dann ein Held, wenn man sich in Todesgefahr begibt? Dann wären die Attentäter vielleicht sogar mutiger, denn sie gingen ja bewusst in den Tod, während die Feuerwehrleute immerhin eine wenn auch kleine Chance hatten, lebend von ihrem Einsatz zurückzukehren.

Ruhm und Zufall

Heldenverehrung hängt durchaus damit zusammen, welchen Standpunkt man einnimmt. Amerikaner haben eine andere Perspektive als Ägypter, Männer eine andere als Frauen, Sportler eine andere als Autoren, Jugendliche eine andere als Erwachsene. Es gibt ein paar berühmte Helden, auf die sich viele einigen können, aber sicher nicht alle Menschen.

Heute machen auch die Medien Helden. Wen sie zeigen und verehren, der hat einfach viel mehr Chancen, berühmt zu werden. So wurden die Feuerwehrleute besonders prominente Helden, weil sie – böse gesagt – das Glück und das Pech hatten, zur richtigen Zeit am richtigen Ort zu sterben und damit unsterblich zu werden. Es gab Unmengen fernsehtauglicher Bilder von ihrem Einsatz und ihren Leiden, es starben besonders viele von ihnen, und es gab doch zahlreiche

Überlebende, die nachher vor den Kameras dramatische Geschichten erzählen konnten. Ähnlich war es, als der Flugkapitän Chesley »Sully« Sullenberger seinen Airbus auf dem Hudson River notlanden konnte. Eine so große Maschine auf einer so dicht befahrenen Wasserstraße inmitten einer der größten Städte der Welt zu wassern: verrückt. Aber die fliegerische Meisterleistung rettete den 155 Insassen das Leben. Innerhalb von Minuten ging die Nachricht mit Hilfe von Twitter und SMS um die Welt. Kameras in Handys und Fotoapparate lieferten dramatische Bilder. Bereits eine halbe Stunde nach der erfolgreichen Notlandung war der Flugkapitän ein weltberühmter Mann und ein Held.

Es ist manchmal bloßer Zufall oder von äußeren Umständen abhängig, dass bestimmte Menschen als Helden verehrt werden. Aber was ist mit persönlichen Voraussetzungen wie Charakter, Entschlossenheit, Mut, Selbstlosigkeit? Oder kann jeder ein Held werden?

EXTREM HOCH, EXTREM TIEF UND RUNDHERUM
Die Familie Piccard und die Grenzen der Erde

*Auguste brach den Höhenrekord, Jacques erreichte die tiefste Tiefe,
Bertrand flog mit dem Ballon rund um die Erde. Und alle hießen
Piccard. Dreimal folgte in dieser Familie dem forschenden Vater der
forschende Sohn. Ihnen zu Ehren heißt einer der Kommandanten
der »Star Trek«-Serie Picard mit Nachnamen.*

Bei Musikerfamilien ist die Weitergabe musischer Begabung bekannt.
Das berühmteste Beispiel hierfür heißt Bach. Neben dem weltbekannten Johann Sebastian Bach komponierten und musizierten Dutzende
Verwandte vor und nach ihm. Kann einem aber auch das Helden-
dasein im Blut liegen, also vererbt oder anerzogen werden?

Wie der Vater, so der Sohn

In der Schweizer Familie Piccard scheint das der Fall zu sein. Sie
brachte immer wieder Helden hervor. Vielleicht weil sie eine Tradition
aufrechthielt? Jahrhundertelang trat ja der Sohn in die Fußstapfen des
Vaters. Das Kind eines Müllers betrieb als Erwachsener eine Mühle,
und das Kind eines Schusters machte Schuhe. So folgte bei den Piccards vom 17. bis zum 19. Jahrhundert ein Pfarrer dem anderen. Dann
kamen zwei Generationen Beamte. Wahrscheinlich gab das wissenschaftliche Interesse eines Sohns der Familientradition eine Wendung:
Sein Hobby war die Archäologie. Der nächste Piccard namens Jules
forschte und lehrte bereits als Professor in Basel. Er hatte vier Kinder:
Paul, Marie und die Zwillinge Jean und Auguste. Die beiden wurden
am 28. Januar 1884 geboren und waren lange Zeit unzertrennlich. Sie
studierten gemeinsam in Zürich, wobei Physik, Maschinenbau, Che-

mie und Biologie auf dem Programm standen. Und beide entwickelten eine Vorliebe für das Fliegen. Jean machte als Erster seinen Doktor, ging zunächst nach Deutschland und später in die USA, wo er und seine Frau spektakuläre Ballonfahrten unternahmen. Auguste, der seine Ingenieursprüfung bestanden hatte, blieb in der Schweiz und erforschte den Magnetismus des Wassers und der Luft. Er entdeckte chemische Stoffe und entwickelte ein revolutionäres Erdbebenmessgerät.

Wissenschaftler und Luftschiffer, aber kein Abenteurer

Das Labor genügte Auguste allerdings nicht. Er erforschte die Schweizer Gletscher und trat 1912 dem »Ostschweizer Verein für Luftschifffahrt« in Zürich bei. Dort traf er Alfred de Quervain und Robert Emden, die mit Ballons die Atmosphäre untersucht hatten. Auguste Piccard erwarb am 8. September 1914 sein Ballon-Patent, den Luftführerschein. Im selben Jahr wurde er Professor für Physik in Zürich. Nach dem Ersten Weltkrieg beschäftigte er sich mit Aerodynamik und stellte zutreffende Vermutungen über das Durchbrechen der Schallmauer und die Verwendung von starken Kompressoren beim Fliegen in großer Höhe an.

1920 heiratete Piccard die Professorentochter Marianne Denis. 1922 ging er mit der Familie nach Brüssel, um dort als Professor für Physik ein experimentelles Labor aufzubauen. Mit dem Ballon fuhr er aber weiterhin, obwohl das gefährlich sein konnte. Einmal hatte er in einem heranstürmenden Gewitter an einem Rennen teilgenommen, das die Ballons noch am Boden gegeneinandertrieb. Sie bekamen Risse oder platzten, und Hüllen rissen sich von Gondeln los. Blitze setzten sogar Ballons in Brand, die heil in die Luft gelangt waren. Auguste Piccard selbst landete vorzeitig nach einer Stunde, weil er das Risiko des Weiterflugs als zu hoch einschätzte. Er war kein Abenteurer, sondern Wissenschaftler. Und nutzte den Ballonflug deshalb weiterhin für wissenschaftliche Experimente. Um die Konstanz der

Lichtgeschwindigkeit auch in großer Höhe zu beweisen, baute er 1926 einen Ballon samt Messeinrichtung. Er funktionierte tadellos.

Up, up and away in your beautiful balloon

Ein anderes Forschungsgebiet reizte ihn aber noch mehr: die kosmische Strahlung oder Höhenstrahlung. Über ihren Ursprung und ihre Beschaffenheit konnte man nur spekulieren, weil sie sich beim Weg durch die Atmosphäre veränderte. Piccard wollte sie deshalb in 16 Kilometer Höhe untersuchen, denn hier, in der Stratosphäre, lagen neun Zehntel der Atmosphäre unter einem. Bedeutend weniger Moleküle konnten die kosmische Strahlung beeinflussen. Das klingt nach reiner Wissenschaft, doch Piccard bewegten auch Fragen der Energieentwicklung und -nutzung.

Kollegen und Medienleute bezweifelten die Durchführbarkeit des Plans. Zwar gelangten Ende des 19. Jahrhunderts Forscher schon bis auf über 7000 Meter, doch es hatte Tote gegeben. Piccard konstruierte deshalb einen neuen Ballontyp. Als Auftriebsgas nahm er Wasserstoff, der zwar leicht brennbar ist, dafür billiger als Helium, leichter und tragfähiger. Sehr ernst nahm er die Berechnungen der Tragfähigkeit in großer Höhe und bei niedriger Temperatur. Immerhin wogen Gondel und Nutzlast etwa eine Tonne. Piccard suchte lange nach dem idealen Stoff für die Hülle, nach ihrer optimalen Form und Füllmenge. Schließlich besaß der Ballon 30 Meter Durchmesser, erhob sich 50 Meter über den Boden und hatte ein Volumen von 14 130 Kubikmeter. Unter dem Ballon hing die neuartige Gondel: eine druckfeste Kugel aus 3,5-Millimeter-Aluminiumblech, in der zwei Luken mit 46 Zentimeter Durchmesser den Ein- und Ausstieg ermöglichten. Dass es zwei waren, gehörte mit drei Fallschirmen und Körben, die als Sitzmöglichkeit und Sturzhelme dienten, zu den vielen Sicherheitsvorkehrungen, die Piccard traf: Wie gesagt, er handelte als Wissenschaftler, nicht als Abenteurer.

2   Auguste Piccard und Paul Kipfer mit ihren »Sturzhelmen«. Die Körbe dienten während der Fahrt außerdem als Behälter für Reserveinstrumente und als Sitzgelegenheiten.

Die Kugel steckte voller Instrumente, um die Ionisation der Luft zu messen, die Strahlungsintensität und -art, dazu gab es mehrere Höhenmesser und Thermometer. Die Sicht ermöglichten acht kleine Bullaugen. Die Kosten für das Gefährt übernahm die belgische Wissenschaftsstiftung »Fond National de la Recherche Scientifique«, weshalb der Ballon »FNRS« hieß.

Rekord: Nebensache!

Nach 20 Monaten komplizierter Arbeit war er endlich fertig. Piccard hatte an alles gedacht, auch an einen Kopiloten: Paul Kipfer. Nur eine Sache erschien ihm unwichtig: sich bei der Organisation anzumelden, die offiziell die Höhenrekorde anerkannte. Erst als sein Förderer, die »FNRS«, ihn darum bat, tat er es. Piccard wollte forschen. Rekorde interessierten ihn nicht. Umso mehr störte ihn der Rummel am Startplatz Augsburg. Die Journalisten und Zuschauer erdrückten sich und ihn fast.

Am 13. September 1930 muss Piccard einen ersten Start abbrechen, weil der Wind widrig weht. Um den Spott von Presse und Kollegen kümmert er sich nicht. Die Sicherheit und der Erfolg der Mission bedeuten ihm alles. Am 27. Mai 1931 versucht er es erneut. Wieder gibt es Schwierigkeiten. Die Kugelgondel wird leicht beschädigt. Ein feiner Riss, den Piccard und Kipfer beim Aufstieg bemerken, lässt sich wegen des hohen Innendrucks in der Kabine mit Isolierband und einem Putzwolle-Vaseline-Gemisch schließen. Als gefährlicher erweist sich, dass die Ventilleine verklemmt ist, mit der sie das Sinken einleiten können.

Die Startprobleme halten die beiden Ballonfahrer so in Atem, dass sie viel zu schnell 15 781 Meter Höhe erreichen und kaum Messungen beim Aufstieg vornehmen. Auch hier oben – in Rekordhöhe – bleibt ihnen nur wenig Zeit, weil Kondenswasser die Instrumente beschädigt. Jetzt wollen sie wieder abwärts, doch ohne Ventilleine können sie kein Gas aus dem Ballon lassen. Das Sicherheitsdenken Piccards rettet ihnen das Leben, denn er hat Ersatzsauerstoffflaschen mitgenommen. Ersticken müssen sie erst einmal nicht in der hermetisch abgeschlossenen Gondel. Nun heißt es, auf sinkende Temperaturen zu warten, durch die sich der Auftrieb verringert. Erst gegen 21 Uhr 45 fahren sie tief genug, um eine Luke öffnen und Luft schöpfen zu können. In der Dunkelheit der Berge und ohne Einfluss auf die Sinkgeschwindigkeit zu landen ist allerdings lebensgefährlich. Dreimal prallt der Ballon auf, prallt zweimal wieder hoch, bis die Gondel liegen bleibt. Nach 17 Stunden und vier Minuten sind die Ballonfahrer unverletzt auf einem Gletscher im Ötztal gelandet. Die seltsam aussehenden Sturzhelmkörbe haben sich bewährt. Bei Sonnenaufgang steigen sie ins Tal zum Dorf Obergurgl. Sosehr sie sich freuen, überlebt zu haben, ärgert sie doch die geringe wissenschaftliche Ausbeute. Sie planen einen zweiten Aufstieg.

Wenig später trifft ein Pulk Journalisten im Dorf ein, Hunderte Glückwunschtelegramme dazu, zum Glück auch Freunde und Helfer.

Piccard und Kipfer gelten als Helden, weil sie weit höher als je ein Mensch zuvor gekommen sind. Eine Reihe glänzender Empfänge folgt, ein besonders feierlicher in Zürich. Ein Kollege schreibt darüber und schließt mit Worten, die viel über die Zeit verraten: »Aller hatte man gedacht, gedankt, nur der Tapfersten nicht, der Gattin. Sie war in echter Fraulichkeit versteckt im Heim bei der Kinderschar geblieben und hatte still Angst und Bangen erduldet. Eine wahre Heldin des Alltags.«

Am 17. August 1932 startet Piccard erneut, diesmal von Zürich aus, mit verbesserter Ausstattung und verbesserten Instrumenten. Es gelingt ein perfekter Aufstieg auf 16 500 Meter, so dass viele Messungen durchgeführt werden können. Piccard bleibt sogar Zeit, eine Tafel Schokolade zu essen, die ihm sein Sohn Jacques zugesteckt hat.

Das Beispiel Piccards löst eine intensive Forschung mit Stratosphärenballons aus. Ein russischer Ballon gelangt 1933 auf 18 500 Meter, ein zweiter im Januar 1934 sogar auf 22 000 Meter, doch reißen die Trageseile. Die Gondel stürzt in die Tiefe. Es dauert zu lange, die 24 Schrauben der Ausstiegsluken zu öffnen. Beide Ballonfahrer sterben.

Vater und Sohn

In den dreißiger Jahren hatte sich Auguste Piccard schon überlegt, dass man das Prinzip seines Ballons für die Unterwasserforschung nutzen könnte. Es gab längst militärische U-Boote, doch ihre übliche Tauchtiefe – das ist noch heute so – betrug 100 Meter. Damit blieb fast der gesamte Ozean unerforscht. Das reizte Auguste Piccard besonders an der Tiefseeforschung: »So viele Fragen – so viele Rätsel. Wir können nur hoffen, sie aufzuklären, wenn wir selbst in die Tiefen des Meeres hinabsteigen. Was werden wir dort sehen? Ich kann es nicht sagen. Aber eine Tatsache ist bereits oft bewiesen worden: Alle wissenschaftliche Forschung trägt früher oder später Früchte.«

Seinen Tiefpunkt erlebte Auguste Piccard, als der Zweite Weltkrieg ausbrach, der zu allem Unglück auch seine Unterwasserforschungspläne durchkreuzte. Immerhin kam die Familie glücklich durch die schlimmen Jahre. Nach 1945 musste Piccard neues Geld auftreiben, das wiederum von der belgischen Forschungsstiftung aufgebracht wurde.

Damals holte er auch seinen Sohn Jacques (1922–2008) ins Boot, obwohl der Wirtschafts- und Sozialwissenschaften sowie Geschichte studiert hatte. Doch Vater und Sohn verstanden sich offensichtlich gut. Und trennten die Kompetenzen klar: Auguste Piccard leistete die Berechnungen und Konstruktionsarbeiten, Jacques die kritische Durchsicht, dazu die Koordination und Überwachung beim Bau des neuen Unterwasserfahrzeugs. Dass sie beide sehr groß – Auguste 1,92, Jacques 2 Meter – waren, half vielleicht auch, auf Augenhöhe miteinander zu arbeiten.

Die Piccards nannten ihr Fahrzeug »Bathyskaph«, denn im Griechischen heißt *bathys* »tief« und *skaphos* »Schiff«. Das Prinzip gleicht dem des Ballons. Statt Helium oder Wasserstoff dient Benzin als Auftriebskörper, feiner Eisenschrot als Ballast. Dem ungeheuren Druck in großer Tiefe muss nur die kleine Stahlkugel für die zwei Mann Besatzung standhalten. Der mächtige Schwimmkörper passt sich dem steigenden Umgebungsdruck an, indem Wasser eingelassen oder das leichte Benzin abgelassen wird. Flutet man die Luftkammern, sinkt das Bathyskaph, lässt man Ballast ab, verlangsamt sich das Sinken oder das Tauchboot steigt. Natürlich dachte Auguste Piccard auch wieder an Sicherheitssysteme. So schlossen sich die Ballasttanks elektrisch, und ein Elektromagnet hielt die Eisenschrotmasse fest. Bei einem Stromausfall öffneten sich die Tanks automatisch, der ausgefallene Magnet ließ den Ballast losrieseln, und das Schiff stieg auf.

Erste Ausführungen erwiesen sich als fast ausgereift, doch immer neue Probleme mit dem Projektpartner in Belgien und später in Frankreich brachten die Piccards auf neue Wege. Mit Hilfe von Schweizer Spendengeldern, weiteren Spenden aus Triest und der italienischen Marine bauten sie in nur 15 Monaten ein technisch aus-

3   Das Bathyskaph »Trieste« wird in Guam zu Wasser gelassen. Der obere große Teil ist der
Auftriebskörper, die Stahlkugel unten die Kabine für die beiden Forscher.

gereiftes Bathyskaph, die »Trieste«. Ihr Schwimmkörper konnte mit
acht bis neun Knoten geschleppt werden, sie hatte eine verbesserte Kabine und bessere Instrumente. Am 1. August 1953 lief sie vom Stapel.
Noch im August ging man auf eine 1000-Meter-Tauchfahrt, der am
30. September 1953 der neue Tiefenrekord von 3150 Meter folgte: in
der engen Kabine quetschten sich die hochgewachsenen Auguste und
Jacques Piccard zusammen.

Bis zum tiefsten Meeresgrund

Ab 1955 konnte die »Trieste« ihren Zweck erfüllen und zu ozeano-
graphischen Forschungsfahrten aufbrechen. Allerdings kosteten der
Betrieb und die Instandhaltung sehr viel. Da traf Jacques Piccard
zufällig Robert S. Dietz, einen Zivilangestellten des »Office of Naval
Research« (ONR) der Vereinigten Staaten. Er bat Jacques Piccard, mit
ihm in die USA zu kommen, um die Marine und andere staatliche
Stellen als Geldgeber für weitere Tauchgänge zu gewinnen. Tatsächlich
setzte sich das ONR für die Sache ein, nachdem viele amerikanische,
italienische und Schweizer Wissenschaftler begeistert von ihren Forschungsfahrten mit dem Bathyskaph berichtet hatten. Die »Trieste«
war auch ein einmaliges Labor für die Ozeanographie! Man konnte die
Schallkanäle unter Wasser erforschen, die den Walen als Kommuni-
kationskanäle dienen, Strömungen messen, Plankton analysieren und
Tiefseebewohner erstmals in ihrem Element erleben.

Schließlich verkauften die Piccards die »Trieste« an die US-Marine,
wobei Jacques als Berater und Ausbilder verpflichtet wurde. Das Geld
verwendeten Vater und Sohn, um ein Mesoskaph zu bauen, mit denen
sie die mittleren Tiefen der Ozeane erforschen wollten.

Die »Trieste« wurde in San Diego stationiert und diente für weitere
Forschungsfahrten, während in Deutschland eine neue Stahlkugel gebaut wurde für das »Unternehmen Nekton«. Während Plankton sich
passiv mit der Strömung bewegt, bezeichnet Nekton die frei schwim-
mende Meeresfauna, und die »Trieste« glich ihm, weil sie zwei Pro-
peller als Antrieb besaß. Das Ziel der Aktion war die »Challenger Tiefe«, mit elf Kilometern der tiefste Punkt des Meeres. 1958 entstand bei
Krupp in Essen eine neue Kugel für das Bathyskaph aus drei Teilen,
die verklebt wurden. In der Schweiz baute man die Kabine samt Instrumenten neu. 1959 ging es auf die weite Reise nach Guam. Von
dem dortigen US-Marinestützpunkt aus waren es nur 360 Kilometer
bis zur »Challenger Tiefe«. Am 15. November sank die runderneuerte
»Trieste« testweise auf 5670 Meter. Beim Aufstieg erschrecken Jacques

Piccard Explosionsgeräusche: Die Epoxydharzklebung der drei Kugelteile hatte versagt. Das war nicht lebensgefährlich, da der enorme Wasserdruck die Teile zusammenhielt, musste aber gleichwohl an Land repariert werden. Es spricht für das Vertrauen der Piccards in ihre Konstruktionen und Berechnungen, dass weitere Fahrten erfolgten, die zunächst auf 7000 Meter führten. Wieder kam es zu Implosionen, diesmal von zerdrückten Relingstützen.

Schließlich bricht der große Tag an, doch die raue See lässt höchstens einen Tauchversuch zu. Für Jacques Piccard steht schon fest, dass seine tiefste auch seine letzte Fahrt mit der »Trieste« sein wird. Er will mit dem Mesoskaph weiterforschen.

Das tiefste Gebiet im Marianengraben zu finden fällt schwer, ist es doch nur sieben mal zwei Kilometer groß. Mit 800 kleinen Bomben loten die Begleitfahrzeuge es aus. Der hohe Wellengang von fast acht Metern hat die »Trieste« beschädigt. Beide Tachometer für vertikale Geschwindigkeit funktionieren nicht mehr. Die Sinkgeschwindigkeit muss mit Uhr und Manometer gemessen werden.

Gleichwohl entscheidet Piccard, den Morgen des 23. Januar 1960 zu nutzen. Um genau 8 Uhr 23 geht es für Don Walsh und Jacques Piccard in die Tiefe. Die größte Gefahr besteht darin, an die Wände des Grabens zu prallen. Piccard reduziert deshalb die Sinkgeschwindigkeit von 60 Meter pro Minute. Als Proviant dient ihnen übrigens Schokolade: wie bei der Stratosphärenfahrt des Vaters. Es treten Kleinstlecks auf, durch die Wasser sickert. Sie schließen sich, als der Druck steigt. Um 11 Uhr 44 erreichen sie Mount-Everest-Tiefe, eine Marke, die auch der Vater in seinem Stratosphärenlogbuch notiert hat. Angst befällt sie nicht, denn laut Berechnungen Auguste Piccards könnte die »Trieste« bis 20 000 Meter tauchen. Um 12 Uhr 06 hören sie bei 9875 Meter Explosionsgeräusche, doch sie fahren weiter. 13 Uhr 06 landen sie in 10 916 Meter Tiefe. Am Grund des Meeres begrüßt sie ein Plattfisch. Damit hätte niemand gerechnet. Hier erkennen sie auch die Ursache für den Knall: Ein Bullauge im Ausstiegskanal ist beschädigt. Deshalb leiten sie nach 20 Minuten schon den Aufstieg ein, zumal in der Kugel nur 10 Grad herrschen. Der Weg zurück dauert lange. Zum Glück hält das Bullauge die Druckveränderung beim Wasserablassen aus dem Ausstiegsschacht aus, so dass die beiden Forscher rasch an die Luft klettern können.

Von den Begleitschiffen kommt ein Schlauchboot, das den ersten Reporter samt Kamera bringt. Er hält den Moment des Triumphs für die Öffentlichkeit fest. Jacques Piccard ist daran nur wichtig, dass ihm die Popularität bessere Möglichkeiten für die Meeresforschung er-

öffnet. Tatsächlich ist er bald darauf mit dem Mesoskaph »Ben Franklin«– nach der Idee des Vaters gebaut – unterwegs, um den Golf-strom zu erkunden. 30 Tage bleiben er und die ihn begleitenden Wissenschaftler unter Wasser.

4 Jacques Piccard tauchte mit der »Trieste« bis in elf Kilometer Tiefe.

Enkel, Sohn und eigener Kopf

Bei den Vorbereitungen für die Golfstromfahrt zog Jacques Piccard mit seiner Familie für zwei Jahre nach Florida. So erlebte sein Sohn Bertrand (geboren 1958) jeden Start der »Apollo«-Missionen 7–12 mit. Als »Apollo 11« im Jahr 1969 auf dem Mond gelandet war, hatte er das Gefühl, das letzte große Ziel der Menschheit sei erreicht. Das könnte den Sohn und Enkel der zwei Männer, die den tiefsten und höchsten Punkt erreicht hatten, enttäuschen, aber auch beruhigen. Von ihm konnte man nichts Vergleichbares erwarten.

Ein wenig zufällig lernt Bertrand Piccard 1974 Drachenfliegen. Wie sein Großvater liebt er das freie Dasein in der Luft. Das Fliegen steigert seine Konzentration und Leistungsfähigkeit, auch in der Schule. Ohne Zweifel regte ihn der Vater mit seiner wissenschaftlichen Kompetenz an. Genauso wichtig war aber seine Mutter, die sich mit Musik,

Psychologie, orientalischen Religionen und Philosophie beschäftigte. Bertrand Piccard entschloss sich, Arzt und Psychiater zu werden. Nach fünf Jahren Medizinstudium nahm er sich drei Jahre Auszeit, um weitere Flugerfahrungen zu sammeln, und schloss erst dann die Universität ab. Es folgen acht Jahre psychiatrische und psychothera-peutische Praxis, ohne dass er den Drachenkunstflug aufgibt. Er wird sogar Europameister. Natürlich sprechen ihn Journalisten oft auf seine berühmten Vorfahren an. Piccard meint: »Ich hatte bei meiner Fliege-rei nie das Gefühl, ich müsste meinem Vater oder meinem Großvater etwas beweisen. (…) Mein Beruf war nicht, U-Boote oder Ballons zu bauen. Ich war Arzt und wollte Geist und Seele des Menschen er-forschen, nicht die physische Welt. Andererseits war die Abenteuerlust meiner Kindheit und Jugend ungebrochen.«

Wie so oft spielt der Zufall Regisseur, denn Piccard sitzt bei einem Essen neben dem Ballonfahrer Wim Verstraeten. Der bittet den erfah-renen Drachenflieger und Arzt, beim ersten Atlantik-Ballonrennen sein Kopilot zu sein. Spontan sagt Piccard zu. Tatsächlich gewinnen die beiden das Rennen, und es entsteht die Idee einer Weltumrun-dung im Ballon. Mit Forschung, wie die Fahrten des »FNRS« und der »Trieste«, hat das Unternehmen nichts zu tun. Gleichwohl gibt es viele, die von der Umrundung träumen. Manche haben sie versucht. Alle sind gescheitert. Die sportliche, technische und menschliche Heraus-forderung lockt.

Piccard sucht einen Sponsor und findet ihn 1992 in dem Schwei-zer Uhrenhersteller Breitling. Selbstverständlich hilft dabei sein be-rühmter Name. Wie Vater und Großvater beeinflusst er den Bau des Ballons. Es wird ein ähnlich großes Gefährt wie der »FNRS« mit einer druckfesten Kabine, allerdings verwendet Piccard statt Wasserstoff Helium und Heißluft. Die Fahrt verlangt noch gute Mitarbeiter, zu denen zwei Meteorologen gehören, die günstige Winde und widrige Wettersysteme orten müssen. Außerdem arbeiten in der Kontroll-station auf dem Flughafen Genf drei Doppelteams, die sich in drei Schichten abwechseln.

1997 steigt Piccard mit dem »Breitling Orbiter« auf und muss nach nur sechs Stunden notlanden, weil ein Kerosintank geplatzt ist. Ein Versuch mit dem »Orbiter 2« scheitert 1998. Kerosinverlust, eine undichte Heckluke und das Überflugverbot Chinas zwingen sie nach neun Tagen und 18 Stunden zur Landung in Birma.

Auch weil sie dabei mit 5266 Meilen einen neuen Dauerflugrekorden aufgestellt haben, sagt ihnen der Sponsor Geld für einen dritten und letzten Ballon zu. Die Stimmung im Team schwankt zwischen Entschlossenheit, Zweifel und Anspannung, zumal nicht weniger als fünf Konkurrenten ihre Ballons startklar machen. 1999 bringt man den neuen Ballon nach Château-d'Oex in den Schweizer Alpen auf 1000 Meter Höhe. Sein Gesamtvolumen beträgt 18 500 Kubikmeter, sein Gewicht 9,2 Tonnen, seine Höhe über 50 Meter. Außer Piccard wird Brian Jones mitfahren, der rein zufällig zum Ballonsport kam. Seit 1997 ist er im Piccard-Team.

Am 1. März 1999 feiert Bertrand Piccard seinen 41. Geburtstag mit dem Start. Mit Survivalmesser und Spezialkleidung, auf der ihre Blutgruppe und ihr Name stehen, gehen sie zum Ballon. Piccard meint zu Jones: »Ich glaube, wir sehen ziemlich professionell aus. Wenn die Leute nur wüssten, wie viel Schiss wir haben.« Sein Vater Jacques Piccard kann es sich zumindest vorstellen. Er wünscht dem Sohn viel Glück. Der nutzt die Gelegenheit: Ich »danke ihm, mir die Leidenschaft für das Abenteuer mitgegeben und ermöglicht zu haben, so viele wunderbare Menschen kennenzulernen, Astronauten und Forscher, mit denen er beim Bau seiner Unterseeboote in Florida in Kontakt gekommen war. Sie, die Helden meiner Kindheit, (…) haben mir gezeigt, wie wunderbar das Leben sein kann, wenn man als Forscher in die Welt hinauszieht.«

Dann ist es so weit. Sie heben ab. Die Menge unter ihnen freut sich lärmend. Kurz darauf schließen sie die Kabine. Es herrscht für Sekunden absolute Stille. Von nun an schlafen Piccard und Jones abwechselnd. Eine Langstreckenfahrt im modernen Ballon ist kein Spaziergang. Gleichwohl können sie traumhafte Bilder genießen. Die

Sahara bietet ihnen den spektakulärsten Anblick. Über dem Sandmeer steigen sie in 3000 Meter Höhe aus, um kleine Reparaturen durchzuführen, Eis abzuschlagen und leere Tanks abzuwerfen.

In der druckfesten Kabine leben Piccard und Jones eng aufeinander. Selbst auf der nach unten offenen Toilette ist man nicht allein. Die Hinterlassenschaften entschwinden übrigens in Supermarkttüten, weil man dem Teflon im Ablaufstutzen nicht genügend Glätte für das rückstandsfreie Ablaufen zutraut.

Nachdem sie Marokko, Algerien, Libyen, Ägypten und einen Teil Saudi-Arabiens überfahren haben, geraten sie über dem Jemen in ein Sperrgebiet, das sie zum Glück ohne Gefahren durchqueren können. Mit viel diplomatischem Geschick, einer Portion Glück und Dutzenden Telefonaten erhalten sie im letzten Moment die Erlaubnis, den indischen Luftraum zu nutzen. Nachdem auch China geschafft ist, liegen 13 000 Kilometer Pazifik vor ihnen. Dort sind sie vergleichsweise allein. Der Funkverkehr funktioniert oft nicht, außerdem bräuchten Rettungsmannschaften im Notfall hier wohl viel zu lange. Bertrand Piccard spürt wachsende Nervosität, gegen die er als erfahrener Psychologe Selbsthypnose einsetzt.

Er und Jones verstehen sich grundsätzlich weiterhin gut, doch zwischen ihnen und dem Kontrollzentrum wachsen die Irritationen. Nicht lange nachdem sie den Marianengraben überfahren haben, wo sein Vater den tiefsten Punkt erreicht hatte, zwingen sie Brennerprobleme zu einem weiteren Außeneinsatz in 2000 Meter Höhe über dem Pazifik. Am 15. März gelangen sie in einen hohen, kräftigen Luftstrom, einen sogenannten Jetstream, der sie mit 70 bis gut 100 Knoten (über 180 km/h) vorwärtsbläst. Über Mexiko treibt sie eine widrige Strömung Richtung Venezuela ab. Die Brennstoffvorräte gehen langsam zur Neige, und die Kälte in großer Höhe belastet sie. Piccard und Jones leiden unter Atembeklemmungen und Depression. Die Fahrt scheint zu scheitern. Über die Medien erfährt ein befreundeter Kollege von den Schwierigkeiten und führt über Funk mit Piccard ein psychologisches Gespräch, das ihn ganz neu motiviert.

Plötzlich gelingt alles. Mit Glück erfasst sie wieder der richtige Jetstream, der sie nach Jamaika bläst. Der Atlantik schreckt sie nur kurz, denn sie fahren immerhin mit 100 Knoten Richtung Osten. Kurz vor dem Ziel überfällt Piccard der Drang zu beten. Er und Jones beschließen das Glück, das man auf der Fahrt erlebt hat, mit der Menschheit zu teilen, indem sie die Hälfte ihrer Preissumme von einer Million Dollar und ihren Ruhm zugunsten einer Stiftung verwenden, »welche Respekt, Toleranz und Harmonie unter den Menschen und zwischen den Menschen und der Natur fördert«.

Obwohl sie kurz nach der afrikanischen Küste die imaginäre Ziellinie erreicht haben, dürfen sie nicht landen, weil die politische Lage unter ihnen zu unsicher ist. So fahren sie noch 4000 Kilometer bis in die Wüste Ägyptens. Nach 19 Tagen Fahrt kommen sie dort an. Die harte Landung bringt sie noch einmal ins Schwitzen. Um 6 Uhr 01 können sie endlich die Gondel verlassen und auf die Bergungsmannschaft warten. Erst jetzt spüren sie die totale Erschöpfung.

Auf dem kleinen Flughafen, wohin sie zuerst gebracht werden, stehen schon rund 100 Journalisten. In Kairo erwartet sie ein triumphaler Empfang, dann in der Schweiz und schließlich in ganz Europa und den USA. Nun kennt auch den Enkel fast die ganze Welt.

Dreierlei Helden?

War Auguste, Jacques oder Bertrand der größte Held? Soll man den Forscher höher schätzen, der sein Laboratorium in die Lüfte verlegte? Oder den Tiefseetaucher, der seine Rekordfahrt dazu benutzte, um Geld für die Meeresforschung zu bekommen? Oder den Arzt und Psychologen, der den Menschheitstraum Ballonerdumrundung stellvertretend für andere bewältigte?

5 Mit so einem Ballon umrundeten Bertrand Piccard und Brian Jones ohne Zwischenlandung die Erde.

Die Unterschiede der drei Personen und der Gründe für ihre wagemutigen Taten liegen auf der Hand. Jacques wäre ohne das Beispiel und die Vorarbeiten seines Vaters niemals in der »Trieste« auf den Grund des Meeres gekommen, und Bertrand hätte ohne die berühmten Vorfahren kaum dreimal so viel Geld für die Fahrten bekommen.

Dass die Medien und Millionen Menschen sie für Helden hielten, steht außer Frage. Ob sie selbst es taten, aber nicht. Alle drei wiesen ausführlich auf die unverzichtbare Leistung ihrer Mitarbeiter hin, ihrer Forscherkollegen und Teams. Die Bescheidenheit gehört offensichtlich wie der Mut zum Familienerbe. Alle drei vollbrachten die Taten, weil sie es als notwendig ansahen. Alle drei riskierten ihr Leben. Alle drei planten deshalb sehr genau und sorgten für Sicherheitsvorkehrungen.

Die Genetik spielt bei den Piccards wahrscheinlich eine eher geringe Rolle, eine große dagegen die Erziehung und das Vorbild. Und das ist wohl seit den Anfängen der Menschheit so.

SUPERMAN UND DER BEZWINGER DER HÖHLENBÄRIN
Eine kurze Geschichte des Heldentums

Heute trifft man überall auf Helden. 40 000 junge Leute bekamen 2007 von einem Radiosender blaue T-Shirts oder farbige Freundschaftsbänder mit dem weißen Aufdruck »Heldin« oder »Held«, weil sie Müll sammelten oder Spielplätze renovierten. Ein Fußballtrainer fordert im Interview mit der Zeitschrift »kicker« von seinen Spielern, »Helden« zu sein. Fernsehserien heißen »Heroes«, und Kinofilme zeigen die Super-Helden Batman, Spiderman, die X-Men oder Superman. Dominik Brunner, der in der Münchner S-Bahn Kinder vor jugendlichen Erpressern schützen wollte und zu Tode geprügelt wurde, nannten die Medien bald nur noch »den S-Bahn-Helden«. Und dann gibt es immer noch den spöttischen Spruch, den schon mein Vater verwendete, wenn ich mich bei irgendetwas blamiert hatte: »Na, du bist mir ein Held!«

Ist es sinnvoll, einen Begriff zu benutzen, der fast schon beliebig für gute Arbeiter, erfolgreiche Sportler, engagierte Jugendliche, mutige Soldaten, selbstlose Menschenretter oder gar als ironisches Schimpfwort verwendet wird?

Garp-Garp und wie er die Bärin sah

Helden haben ihre Geschichte. Die Vorstellung vom Heldentum erst recht. Es beeindruckte schon immer, wenn jemand seine Mitmenschen offensichtlich und weit überragte, ob an Körper- oder an Geisteskräften. Lange bevor die ersten Aufzeichnungen von ihnen erzählen, gab es bildliche Darstellungen oder Skulpturen von mächtigen Helden mit großen Körpern, langen Beinen, riesigen Waffen, Furcht erregenden Gesichtern. Krieger sind es, Herrscher, manchmal auch Priester oder Halbgötter, selten einmal Frauen.

Die Menschen sind und waren niemals alle gleich. In früheren Zeiten hing von der besonderen Kraft und Klugheit Einzelner oft das Überleben einer großen Gruppe ab. Kein Wunder, dass man solche Leute auch besonders verehrte.

Vielleicht kann man sich die Geburt eines Helden vor 30 000 Jahren etwa so vorstellen: Eine Horde Steinzeitmenschen wird von einer Höhlenbärin angegriffen, die ihr die Höhle streitig macht. Da entwickelt der kräftige und kluge Garp-Garp rasch einen Plan. Die anderen sollen das Tier mit Steinwürfen ablenken, so dass er unbemerkt auf einen Felsvorsprung klettern kann. So geschieht es. Garp-Garp ist nun auf Augenhöhe mit der Bärin und schlägt ihr mit seiner Keule so kraftvoll auf die Nase, dass sie in Ohnmacht fällt und gemeinsam getötet werden kann. Beim anschließenden Festmahl hält sich Garp-Garp die Ohren der Bärin an den Kopf und tanzt mit Triumphgeheul ums Feuer herum, während die Horde jubelt. Noch Generationen später erzählt man sich, wie Garp-Garp die Horde vor dem Tod unter Bärentatzen oder in der eisig kalten Höhlenlosigkeit bewahrt habe. Natürlich geht es dabei wie beim Spiel »Stille Post« zu. Was der Vater dem Sohn erzählt, erzählt der seiner Tochter nicht wortgetreu, sondern etwas verändert weiter und die wiederum ihrem Neffen. Weil es spannender klingt, vermehren sich die Gefahren und rettenden Taten im Laufe der Zeit: In späteren Erzählungen ist es dann eine Höhlenbärin mit ihren zwei fast erwachsenen Jungen, und Garp-Garp schreitet ihnen mutig ganz alleine entgegen. Dann verzaubert er sie mit magischen Worten, um sie darauf mit bloßen Händen zu erwürgen. Was für ein Gefühl, wenn eine Horde von so einem heldenhaften Vorfahren erzählen kann! Jedes Mal, wenn jemand die Garp-Garp-Geschichte erzählt, fühlen sich alle viel stärker und mutiger, denn sie gehören zu seiner Sippe.

50 Prozent göttlich?

Nicht nur der Kampf, auch Leben zu schenken oder zu bewahren wurde in alten Zeiten als heldenhaft angesehen. Ein heilkundiger Kräuterexperte und Knocheneinrenker oder einer, der in Verbindung mit den Göttern stand, sie alle konnten zu Lebzeiten verehrt werden und danach als Standbild auf einem Altar landen, wo man ihnen Opfer brachte.

Im antiken Griechenland nannte man sie alle »Heroen«. Daher kommt unser Wort »heroisch« für »heldenhaft«. Man hielt die ungewöhnlichen Menschen wegen ihrer besonderen Fähigkeiten oft für Nachfahren der Götter. Die griechischen Helden- und Göttersagen sind voll von Geschichten, in denen es zu Liebesaffären zwischen Oberwelt und Menschenwelt kommt. Der vielleicht berühmteste Held aller Zeiten wurde so geboren. Die Griechen nannten ihn Herakles, die Römer Herkules. Von ihm hieß es, er sei von Zeus, dem obersten der griechischen Götter, in einer Liebesnacht mit der Sterblichen Alkmene gezeugt worden. Er war dementsprechend zu 50 Prozent menschlich und zu 50 Prozent göttlich, kurz gesagt: ein Halbgott. Die schönste Frau der Antike gehörte auch zu diesem ruhmreichen Geschlecht, denn Helena hatte ebenfalls Zeus zum Vater, aber eine menschliche Mutter mit Namen Leda.

Selbst wenn man nicht an Götter glaubt, bezeichnet man doch Leistungen, die das gewohnte Maß weit übersteigen, als »übermenschlich«. Nicht alle herausragenden Männer und Frauen in den Götter- und Heldensagen stammen aber von Göttern ab. Manche wachsen an ihren Aufgaben und erst dadurch ihren Mitmenschen über den Kopf, zumal dann, wenn sie ihren Kopf gebrauchen können wie der listenreiche Odysseus, der immer wieder einen Ausweg aus schwierigen Situationen fand. Und dann begegnen einem in der Geschichte sogar oft erstaunlich junge Helden.

Nur Schwerter, Lanzen, Bogen?

Die berühmtesten Helden der vergangenen Jahrtausende sind trotzdem Kriegs- oder zumindest Kampfhelden. In der Bibel fordert König Saul von David zum Beispiel 100 Vorhäute gegnerischer Philister, bevor er ihm seine Tochter zur Frau gibt. Der germanisch-nordische Held Siegfried tötet einen Drachen mit seinem Schwert Balmung, badet im Drachenblut und wird so fast unverwundbar. In vielen Kriegen tötet er viele Gegner. Die griechischen Helden Herakles, Achill, Agamemnon, Perseus, Theseus, Jason, sie alle besiegen zahlreiche menschliche und tierische Feinde. Ihre Stärke, ihre Waffen, ihr Mut und ihre Klugheit bewirken ihren Erfolg.

Das galt ähnlich für die ritterlichen Helden der keltisch-christlichen Sagen um König Artus und den Gral, und doch kam hier noch etwas dazu: Tugend. Ritter sollten Meister im Kriegshandwerk und darüber hinaus gute Christen sein, die ihren Glauben gegen die Heiden verteidigten. Außerdem mussten sie Witwen und Waisen in Schutz nehmen, allen Frauen galant gegenübertreten und die Regeln des Kampfes einhalten. Ähnliches verlangte man in den muslimischen Heeren von den Kämpfern. Als Krieger bei Tag und Mönche bei Nacht bezeichnete sie ein christlicher Ritter, der einmal in Gefangenschaft geraten war und bei ihnen lebte. Viele muslimische Gelehrte interpretieren das Konzept des »Heiligen Kriegs« nicht als Kampf gegen Andersgläubige, sondern als den inneren Kampf des Moslems um ein gottgefälliges Leben.

Gleichwohl setzte sich die Tradition stärker durch, die den Helden mit dem reinen Krieger gleichsetzte. Kaum eine Gesellschaft verzichtete darauf, besonders mutige sagenhafte oder historisch gesicherte Helden als Vorbilder für die Jugend einzusetzen. Das konnten selbst Heerführer wie der Prinz Eugen oder Herrscher wie der preußische

6   Herkules bei einer seiner Heldentaten. Hier zwingt er den dreiköpfigen Höllenhund Zerberus, mit ihm zu gehen. Statue an der Wiener Hofburg.

König Friedrich II. sein. Sehr viele Jungen wuchsen also mit dem Wunsch auf, sich einmal als ähnlich tapfer zu erweisen, zumal die Schicksale der Helden spannend und verlockend beschrieben wurden. Man kann auch sagen, die Lust am kriegerisch-männlichen Heldentum wurde ihnen von Lehrern, Eltern, Schriftstellern förmlich eingeimpft. In dieser Schrumpfform erkennt man die edlen und hilfreichen Seiten des Helden nicht mehr.

Ohne Geschichten keine Helden?

Am erfolgreichsten gelang die »Impfung«, wenn man möglichst eindrucksvoll von den Taten, dem Leben und dem Sterben der Helden erzählte, vielleicht sogar noch Bilder zeigte oder Statuen. Herrscher erkannten schon früh die besondere Macht der Mythen und Geschichten für den Zusammenhalt eines Volkes. Und bis heute machen sich Staatenlenker, aber auch Lehrer und Wissenschaftler Gedanken darüber, welche Helden und welche Erzählungen für eine Gemeinschaft wünschenswert oder zeitgemäß wären.

Über Jahrhunderte bediente man sich der Sagen, ob es griechische, römische, keltische, germanische oder christliche waren. Sie eigneten sich besonders deshalb, weil man ihre Helden und Gestalten fast beliebig deuten konnte. Gleichzeitig ließen sich ihr ehrwürdiges Alter und ihre allgemeine Bekanntheit als zusätzliches Argument für ihre Vorbildlichkeit verwenden. Je nach Absicht wählte man Helden oder nur einen Teil ihrer Geschichte aus. Herkules beispielsweise musste zwölf besonders schwere Aufgaben ausführen, die er mit Mut und Klugheit bewältigte. Es ist schon ein Unterschied, ob man den gefährlichen Kampf mit dem neunköpfigen Ungeheuer Hydra auswählt oder das Ausmisten des riesigen Kuhstalls, in dem König Augias Tausende Rinder hielt. Herkules wirkt mit dem Schwert anders als mit einer Schaufel; er grub nämlich einen Kanal und ließ einen Fluss die Arbeit des Ausmistens tun.

Wie und was man von einem Helden erzählt, sorgt erst dafür, ihn zu einem ganz bestimmten Helden zu machen. Das Gegenteil sind die »unbesungenen Helden«, die zwar mutig, selbstlos, beispielhaft handelten, aber unbekannt blieben. Für sie selbst mag es keine Bedeutung haben, ob man sie verehrt und in Geschichten, Liedern und Dramen ihre Heldenleben preist, aber für ihre allgemeine Wirkung ist es entscheidend. Übrigens bezeichnet man jede wichtige Figur in einem Roman oder einem Drama ganz allgemein als Helden, auch wenn sie nicht besonders heldenhaft im engeren Sinne handelt, einfach, weil sie im Mittelpunkt steht.

Zeiten für Helden

Außer den sagenhaften Ausnahmegestalten gibt es natürlich historische Persönlichkeiten, die Bewundernswertes vollbrachten. Johanna von Orleans zog als junger Teenager bäuerlicher Herkunft in einen Krieg gegen die Engländer, um sie aus Frankreich zu vertreiben, was im 15. Jahrhundert die Menschen in grenzenloses Staunen versetzte, aber auch zutiefst verstörte. So etwas durfte eine Frau damals nicht tun! Johanna geriet in Gefangenschaft, wurde als Ketzerin verurteilt und verbrannt. Über 20 Jahre nach ihrem Tod hob man dann das Urteil auf. Im Volk liebte man sie immer, aber der französische Staat wählte Johanna erst 500 Jahre später als Nationalheilige und förderte ihre Verehrung. Man sprach von ihr in wichtigen Reden, gab Gemälde von ihr in Auftrag, unterstützte Filme über sie und tat alles, um sie als allgemeines Vorbild berühmt zu machen. Als die Deutschen Frankreich im Zweiten Weltkrieg (1939–1945) besetzten, wie gut 500 Jahre zuvor die Engländer, wurde die heldenhafte Kämpferin Johanna erst recht als Symbolfigur des Widerstands gegen die Feinde ins Feld geführt.

Das Beispiel zeigt, dass es wie in der Wirtschaft auch bei Helden eine Konjunktur gibt. Jeder Held kann heute berühmt und morgen vergessen sein. Außerdem interessieren sich Länder und Epochen mal mehr, mal weniger für Helden. Gerade in Kriegs-, Krisen- und Notzeiten benutzt man ihre Ausstrahlung, um abzulenken vom bedrängenden Alltag, um an vergangene Größe zu erinnern oder auf eine bessere Zukunft hinzuweisen, um Gemeinsamkeiten zu beschwören oder die Möglichkeit, etwas an den Zuständen zu ändern. Da in Heldengeschichten oft wunderbare Wendungen vorkommen oder übermenschlich erscheinende Anstrengungen, eignen sie sich ideal für solche Gelegenheiten. Im gewöhnlichen Alltag und in Zeiten allgemeiner Zufriedenheit dagegen benötigt man Helden nicht so sehr. Sie dienen dann eher zur Unterhaltung. Oder man vergisst sie.

Manchmal wendet man sich sogar ganz ausgesprochen gegen sie. Der Schriftsteller Bertolt Brecht lässt in seinem Drama »Das Leben des Galilei« eine traditionelle und eine moderne Meinung zum Helden aufeinandertreffen. Der eine sagt: »Unglücklich das Land, das keine Helden hat.« Der andere widerspricht: »Nein. Unglücklich das Land, das Helden nötig hat.«

In Deutschland stimmten nach 1945 viele der zweiten Aussage zu. Sie hatten erlebt, wie im Ersten und im Zweiten Weltkrieg Männer aller Altersklassen auch mit Hilfe von Heldengeschichten in einen wahnsinnigen Kampf gelockt wurden. Es glich schon einer Art Gehirnwäsche, wenn in den militärisch geprägten Gesellschaften um 1914 und 1939 immer und immer wieder gefordert wurde, für das Vaterland mit der Waffe zu kämpfen und zu sterben. In der Schule, in der Universität, in den Zeitungen und bei unzähligen Gelegenheiten wies man darauf hin, wie ehrenvoll schon in der Antike die Germanen in der Schlacht gegen die Römer gefallen wären, wie die sagenhaften Nibelungen gegen die Hunnen gestritten und wie Deutsche in den Befreiungskriegen ab 1813 den Franzosen-Kaiser Napoleon vertrieben hätten. Immer habe es Helden gegeben, die – ohne mit der Wimper zu zucken – ihr Leben für ihr Land und ihr Volk geopfert hätten.

Süß und ehrenvoll ist es, im Buch zu sterben

Unzählige Autoren beschrieben damals die kriegerischen Heldentaten aller Zeiten als beispielhaft. Die Leser konnte mit dem Drachentöter Siegfried oder dem Kreuzzugritter Kaiser Barbarossa oder dem Befreiungskrieger Theodor Körner im wildesten Kampfgetümmel dabei sein, mit dem Helden das Schwert ziehen oder den Bogen spannen, die Köpfe der Gegner spalten oder ihnen Gnade erweisen. Und weil es nur auf den Buchseiten geschah, der Leser also in süßer Sicherheit blieb, wirkte das wohl für viele erstrebenswert. Es klang gut, wenn große Männer große Worte sprachen, wenn sie Tausende retteten durch den tapferen Einsatz ihres Lebens, wenn sie erst eine Menge Gegner besiegten, bevor sie selbst starben, wenn man den Helden schließlich Denkmale errichtete, Lieder widmete und ihrer noch nach Jahrhunderten gedachte. Mir ging es genauso. Ich wurde von Kämpfen und Schlachten in Büchern oder in Filmen auf eine besondere Weise angesprochen. Schon als Kind hatte ich mit meinen Brüdern gefochten, wobei wir Haselnussruten als Degen verwendeten, später stellte ich mir vor, an der Seite von Legolas, Gimli, Aragorn und Eowyn zu kämpfen. Zum Glück gab es zu meiner Zeit keinen Krieg, in den ich – wie mein Vater 1939 – hätte ziehen müssen. Ich hätte sicher meine Illusionen verloren und vielleicht mein Leben.

Zahlreiche junge Leuten zogen, von Bücherhelden beeinflusst, mit Begeisterung in den Krieg. Schon nach kurzer Zeit schrieben sie aber Briefe in die Heimat über die Wirklichkeit, die so ganz anders aussah: schmutziger, langweiliger, gefährlicher, sinnloser, brutaler als in den Büchern.

In Rittergeschichten treten Einzelkämpfer nach genauen Regeln gegeneinander an. In den Kriegen der Moderne zerfetzten Maschinengewehre, Bomben, Flammenwerfer die Menschen zu Tausenden und von einem Moment auf den anderen. Die Schlacht ähnelt nicht einmal mehr dem grauenvollen Schlachten, das sie immer schon war, sondern nur noch einer gigantischen Menschenvernichtungsmaschine.

Die Militärs und die Behörden sprachen und schrieben zwar im Ersten und Zweiten Weltkrieg immer noch vom »heldenhaften Kampf«, vom »heldenhaften Tod«, von den Millionen »Helden«, die sich für die deutsche Sache opferten, aber die blutige Wahrheit kam immer deutlicher ans Licht.

Nach 1945 wuchs ein starkes Misstrauen gegenüber großen Worten, die zu Hohlformeln geworden waren, wie »Vaterland«, »Tapferkeit«, »das Leben opfern«, »Mannhaftigkeit« und eben »Held«, weil die Nationalsozialisten mit diesen Wörtern ihre Propaganda gespickt und die Menschen verführt hatten. Für einige Jahrzehnte galt eine eher nüchterne Sprache als Ideal, und der Begriff »Held« wurde deutlich seltener verwendet. Wenn doch, füllte man ihn oft mit einer anderen Bedeutung.

Neue Helden braucht das Land

Gleichwohl begeisterte man sich für den gewaltlosen Widerstand Mahatma Gandhis gegen die britischen Kolonialherren in Indien oder für den davon beeinflussten Kampf gegen den Rassismus in den USA durch Martin Luther King. Gerade junge Leute sahen in Rock- und Folkmusikern wie den »Rolling Stones«, »The Who« oder Bob Dylan Vorbilder, weil sie gegen eine ungerechte, nur auf Gewinnstreben bedachte und unterdrückende kapitalistische Gesellschaft sangen.

In der DDR wie überall im Ostblock gab es auch noch den »Helden der Arbeit«. Früher hätte man das als Widerspruch gesehen, beurteilen doch die Helden in den meisten Mythen Arbeit als etwas Niedriges, für das sie viel zu hochgestellt seien. In den kommunistischen Staaten aber galten die Arbeiter offiziell als die Herrschenden, die nichts mehr für sich, sondern alles für die Gemeinschaft taten, weshalb sie wegen ihrer Verdienste um das Volk von der tatsächlich herrschenden Partei besonders geehrt wurden. Wer also außergewöhnlich viel mehr Kohle förderte, Kühe molk oder Mähdrescher reparierte als seine Genossen, der bekam einen Orden und eine Urkunde, die ihn als »Helden der Arbeit« auswies. Die Gewerkschaft Verdi stellt noch heute in jeder Ausgabe ihrer Zeitschrift eine Heldin oder einen Helden der Arbeit vor.

Im Westen wie im Osten hörte man eben nicht plötzlich auf, Helden zu verehren, man suchte nach neuen, weniger kriegerischen Vorbildern. Man überlegte, ob es »Helden des Alltags« geben könnte, obwohl das ja dem herausgehobenen, außergewöhnlichen Dasein des traditionellen Helden widersprach. Man suchte nach »stillen Helden«, Menschen, die beispielsweise in der Zeit zwischen 1933 und 1945 sich für Juden und andere Verfolgte unter Lebensgefahr eingesetzt, aber nie darüber gesprochen hatten. Die Sehnsucht nach dem großen Mann, der großen Frau aber blieb lebendig, obwohl man einsah, wie problematisch das Hervorheben solcher Figuren werden konnte.

Wann ist ein Held ein Held?

Heute gibt es wieder in vielen Ländern der Welt Heldenverehrung, in manchen hatte sie nie aufgehört. Dabei entscheiden die Sichtweise und die Zeit darüber, ob ein und dieselbe Person als ein Schwein oder ein Held angesehen wird. Adolf Hitler war ohne Zweifel einer der schlimmsten und skrupellosesten Massenmörder, gleichwohl verehren ihn Neonazis und viele antisemitische Araber als einen Helden. Andererseits wurden nach Georg Elser, der Hitler umzubringen versuchte, Straßen, Wege, Plätze, eine Festhalle in München und ein Preis für Zivilcourage benannt, sogar eine Sonderbriefmarke bekam er. Allerdings erst fünf Jahrzehnte nach der Tat.

Heldenbilder wandeln sich heutzutage häufig. Immer mehr und sehr unterschiedliche Menschen werden als Helden bezeichnet. Kann man bei allen Unterschieden und Moden überhaupt Gemeinsamkeiten finden, grundsätzliche Charaktereigenschaften oder Werte, die für jeden Helden und jede Heldin zutreffen?

Helden, wie sie im Buche stehen

Mit diesem Buch will ich es zumindest versuchen, indem ich ein gutes Dutzend Lebensläufe und Taten beschreibe, die mich besonders interessiert und bewegt haben. Sympathisch sind die geschilderten Personen nicht unbedingt. Es hätte auch viel mehr und ganz andere gegeben, wie die ebenfalls nicht vollständige Liste im Anhang beweist. Für mich war es spannend, über eigenwillige Heldinnen und Helden nachzudenken und über die Fragen, ob wir überhaupt Helden benötigen, welche Aufgabe für den Einzelnen und die Gesellschaft sie erfüllen und wie viel von einem Helden vielleicht in uns allen steckt. Ganz wichtig war für meine Auswahl, dass es sich um Menschen handelt, die aus eigener Entscheidung, ohne durch ihren Beruf dazu verpflichtet zu sein, sich für andere einsetzten, Risiken eingingen, Widerstand leisteten, Mut bewiesen und im besten Fall anderen das Leben retteten.

MIT ZITHER, HIRN UND SPRENGSTOFF

Georg Elser steht im Schatten von Sophie und Hans Scholl,
obwohl er nicht nur ihnen den Tod erspart hätte

Obwohl er nur eine einfache Bildung besaß, erkannte der Handwerker
Georg Elser die Gefährlichkeit Adolf Hitlers. Er versuchte 1939, den
Diktator mit einer selbst gebauten Bombe zu töten. Elser wurde gefasst,
geschlagen, gefangen gehalten und schließlich ermordet.

Adolf Hitler wollte Maler werden und bewarb sich 1907 an der Kunst-
akademie, wo man ihn aber ablehnte. 1908 versuchte er es erneut und
scheiterte wieder. Hätten ihn die Professoren damals als Studenten
angenommen, wäre Hitler vielleicht ein ganz normaler Maler geworden, hätte geheiratet und Porträts von Bürgern, ihren Hunden oder
Frauen angefertigt. Er wäre in Wien geblieben, hätte möglicherweise
jüdische Auftraggeber gehabt und weniger antisemitische Hetzschrif-
ten gelesen. Die Weltgeschichte wäre jedenfalls ohne ihn als Chef der
NSDAP und deutschen Reichskanzler anders verlaufen, mit größter
Wahrscheinlichkeit friedlicher.

Eine Katastrophe vermeiden

Sollen Kunstakademien nun jeden Bewerber annehmen, bloß weil
einer von ihnen zum neuen Hitler werden könnte? Ein kommender
Diktator könnte ja auch Mediziner oder Friseur werden wollen. Der
Fall Hitlers lässt uns dennoch keine Ruhe. Es gab viele Versuche, ihn
zu töten. Viele Menschen leisteten Widerstand, als ihnen klar wurde,
dass Hitler sich, seine Partei, die Deutschen und vielleicht die ganze
Welt in den Untergang führen könnte. Die Mitglieder der »Weißen
Rose« Sophie und Hans Scholl, Christoph Probst, Willi Graf, Alexan-

der Schmorell und Kurt Huber setzten ihre Leben aufs Spiel, indem sie Flugblätter verfassten und verteilten. Sie wollten immer mehr Deutschen die Augen öffnen. Ein geradezu altmodischer Gedanke: Wenn alle wissen, wie verbrecherisch und katastrophal die Gewaltherrschaft der Nazis ist, werden sich die Deutschen von ihr befreien. Aber wie? Konkrete Maßnahmen, die zu ergreifen wären, formulierten sie nicht. Schließlich wurden die Mitglieder der »Weißen Rose« 1943 verhaftet, in einem Schauprozess verurteilt und enthauptet.

Erst 1942 hatte die »Weiße Rose« zu handeln begonnen. Andere kämpften da schon Jahre länger gegen Hitler, weil sie vor der Nazi-Diktatur politische Gegner waren. Nicht nur unter ihnen, sogar unter Mitgliedern der Reichswehr gab es Pläne, den obersten Kriegsführer aus dem Weg zu räumen, obwohl sie einen Treueeid auf Hitler geleistet hatten. 1944 dann versuchte Claus Schenk Graf von Stauffenberg mit anderen Offizieren, einen Militärputsch durchzuführen, doch verschiedene Zufälle ließen den »Führer« die Explosion der Bombe, die Stauffenberg selbst in dessen Nähe gestellt hatte, überleben. Den Attentäter und viele seiner Mitverschwörer erschoss man sofort, andere richtete man später hin. Stauffenberg war wie die Scholls sehr gebildet, trotzdem erkannte er erst 1938 Hitlers Gefährlichkeit.

Gesunder Menschenverstand und ein gutes Herz

Dabei konnte man lange vorher lesen und hören, welch eine Katastrophe sich da anbahnte. Eine gymnasiale Bildung oder gar eine Hochschule benötigte man dafür nicht, es genügten offene Augen und offene Ohren. Schließlich hatte Hitler in seinem programmatischen Buch »Mein Kampf« seinen Judenhass und seine Kriegspläne vor allem gegen die Sowjetunion überdeutlich formuliert. In Hunderten von Wahlkampfreden sprach er in diesen Punkten oft genug Klartext.

Jemandem mit festen moralischen Grundsätzen und gesundem Menschenverstand konnte dieser Hitler schon lange vor seiner

»Machtergreifung« im Jahre 1933 gefährlich erscheinen, wegen seiner unmenschlichen und diktatorischen Maßnahmen danach aber umso mehr. Warum dennoch ein Drittel der Wahlberechtigten Hitler zum Amt des Reichskanzlers verhalf, darunter Gebildete und Ungebildete, Arme und Reiche, kann hier nicht erklärt werden. Sicher ist aber, dass ihn viele falsch einschätzten und von ihm einfach eine Wende zum Besseren erwarteten. Er sollte als starker Mann alles richten, das Volk glücklich machen, die Unsicherheit und Not beenden, dem Land neue internationale Anerkennung verschaffen, und sei es mit Hilfe von Drohungen und militärischer Macht.

Doch nach Hitlers Regierungsantritt ging es vielen Menschen im Deutschen Reich erst einmal nicht besser, obwohl die Propaganda es behauptete. Das konnten gerade die Arbeiter am eigenen Leib und am eigenen Geldbeutel erfahren.

Die neue Führung richtete schnell eine Diktatur auf. Missliebige Parteien und Organisationen wurden verboten, Gegner eingesperrt, vor allem Juden und Kommunisten verfolgt, misshandelt, in Konzentrationslager gesteckt, getötet. Internationale Verträge brach man, setzte sich mit Gewalt und Willkür über geltendes Recht im Inneren und Äußeren hinweg. Sogar militärisch griff Deutschland wieder in das Weltgeschehen ein, so im Spanischen Bürgerkrieg 1936, mit dem sogenannten Anschluss Österreichs oder der Besetzung tschechoslowakischer Gebiete 1938. Damit wuchs natürlich die Gefahr eines Krieges, den Hitler oft genug beschwor.

Eine Bombe gegen den Krieg

Zu dieser Zeit arbeitete bereits jemand fleißig an der Beseitigung des Diktators. Ein Jahr später explodierte genau nach Plan seine Bombe im »Bürgerbräukeller« in München und hinterließ Tod und Zerstörung. Am 8. November 1939 türmte sich um 21 Uhr 20 an der Stelle, wo Hitler zu seinen Anhängern gesprochen hatte, drei Meter hoch der

Schutt, die ganze Saaldecke war eingestürzt, dazu etwa 15 Meter der Außenmauer, Stahlträger ragten ins Leere. Ein fachmännischer Augenzeuge sagte am nächsten Tag im Rundfunkinterview: »Ja, es ist die sprengtechnisch günstigste Stelle gewesen ...« Etwa 1500 Menschen hatten sich an diesem Abend versammelt, um Adolf Hitler zuzuhören, um Joseph Goebbels zu sehen, dazu eine Menge anderer Nazi-Größen. Deren Ehrenplätze bedeckten ebenfalls Trümmer. Nur 69 Tage zuvor hatte der Krieg mit dem Angriff auf Polen begonnen. Jetzt hätte er zu Ende sein können. Drei Menschen sind nach der Explosion sofort tot,

 vier Verletzte sterben kurz darauf, weitere 63 Verletzte kommen in Krankenhäuser, am 13. November stirbt ein Achter. Bis auf die Aushilfskellnerin Maria Henle, die erst 29 war, kommen nur Parteimitglieder ums Leben. Hinter dem Bombenattentat steckte der Schreiner Georg Elser, der ganz allein die Bombe gebaut und gelegt hat.

Die Laufbahn eines Attentäters?

Obwohl Elser erst 1903 geboren wurde und also nicht im Ersten Weltkrieg (1914–1918) kämpfen musste, erlebte er als Kind und Jugendlicher im heimischen Württemberg, wie der Krieg Not und Tod über die Menschen brachte, worunter am meisten die einfacheren, ärmeren Leute litten.

Elser war der älteste Sohn eines Fuhrunternehmers, der später Holzhandel und etwas Landwirtschaft betrieb, zu viel und zu oft trank. War er betrunken, schlug er Georg, seine Geschwister und die Mutter. Georg wehrte sich gegen den Familientyrannen offensichtlich so gut wie nie. In der Volksschule, die er sieben Jahre bis 1917 besuchte, war Schlagen ebenfalls üblich. Wenigstens wusste Elser meistens, weswegen er dort bestraft wurde.

Nach allem, was man weiß, lernte er durchaus gern, musste allerdings viel im Haushalt, auf dem Feld und im Holzhandel mithelfen. Er begann eine Eisendreherlehre und wurde auf der Gewerbeschule für seinen Fleiß gelobt. Wegen Krankheit wechselte er die Lehrstelle, ging zu einem Schreiner und machte als Jahrgangsbester seinen Abschluss.

Sein Leben spielte sich in den nächsten Jahren im engen Kreis um die Heimatstadt Königsbronn ab. Er arbeitete gut und genau, meistens als Möbelschreiner, oft angestellt, in der Inflationszeit aber auch als Schwarz- oder Gelegenheitsarbeiter. Obwohl er nicht viel verdiente, machte er im Gegensatz zu seinem Vater nie Schulden. Er lebte so genügsam, dass er sogar etwas sparen konnte.

1925 begann eine Wanderzeit. Elser arbeitete kurz bei der Dornier-Flugzeugwerft, dann bei einem Uhrmacher als Uhrengehäuseschreiner. In Konstanz hielt er sich gerne auf und trat dort eines Arbeitskollegen wegen in den »Roten Frontkämpferbund« ein, der zur Kommunistischen Partei Deutschlands gehörte. Der wurde allerdings schon 1929 verboten. Elser gab später an, die KPD gewählt zu haben, weil die etwas für Arbeiter erreichen könne. Parteimitglied wurde er nicht. Die Nazis lehnte er wie viele Arbeiter schon damals ab.

Dass er praktisch nie Alkohol trank und Mitglied im Abstinenzlerverein war, unterschied ihn stark von anderen. Geselligkeit gefiel ihm aber. Er machte schon seit der Schulzeit Musik, konnte Flöte spielen und Ziehharmonika, später auch Zither und Kontrabass, womit er bei Tanzveranstaltungen seines Trachtenvereins für Stimmung sorgte. Er konnte sogar schuhplatteln. Sympathisch wirkte Elser auf die meisten, und ab und zu hatte er auch ein Verhältnis mit einer Frau, ohne heiraten zu wollen.

Weil er so peinlich genau arbeitete, oft überprüfte und besonders fleißig war, stellten ihm seine Arbeitgeber sehr gute Zeugnisse aus – nicht aber die Frauen. Mathilde Niedermann zum Beispiel schwängerte er, doch er wollte das Kind nicht. Versuche, in der Schweiz eine Abtreibung vornehmen zu lassen, scheiterten, weil die Schwangerschaft zu weit fortgeschritten war. 1930 wurde so der Sohn Manfred geboren. Elser und Niedermann trennten sich. Seine Vaterpflichten vernachlässigte er in den folgenden Jahren konsequent und verweigerte die Unterhaltszahlungen. Ja, er gab sogar Anstellungen auf, damit ihm das zuständige Amt nicht den Lohn pfänden konnte. Das ist so wenig heldenhaft wie der Umstand, dass er – längst erwachsen – seine Mutter für sich waschen und flicken ließ.

Seit 1933 lebte er wieder im heimischen Königsbronn bei der Familie, doch privat wie allgemein blieben die Zeiten hart. Wegen hoher Schulden musste Ende 1935 nach dem Landbesitz auch das Familienanwesen verkauft werden. Als die Familie Georg Elser, der immer tatkräftig mitgeholfen hatte, in einem neuen bescheidenen Haus kein Wohnrecht einräumte, trennte sich Georg Elser von ihr.

Warum wollte dieser fleißige, gesellige, doch in ärmlichen und schwierigen Verhältnissen lebende schwäbische Handwerker in die Weltgeschichte eingreifen?

Ein biblisches Beispiel

In allen Kulturen steht Mord unter Strafe, die meisten Religionen verbieten das Töten. Dennoch gibt es fast immer Ausnahmen. Dazu gehört die Notwehr, erst recht die eines ganzen Volkes, das angegriffen wird. Viele Heldengeschichten ranken sich um mutigen Widerstand gegen überlegene Feinde. Am meisten preisen sie Einzelne, die der Gewalt tapfer und erfolgreich entgegentreten.

Eine der berühmtesten und eindrucksvollsten Gestalten, die so handelte wie später Elser, ist die Witwe Judith, von der ein eigenes Buch im Alten Testament berichtet. Sie allein rettet ihr Volk, als Holofernes, der Oberbefehlshaber des Königs Nebukadnezar, mit 170 000 Mann und 12 000 Berittenen die Israeliten angreift. Holofernes besetzt als Erstes die Quellen der Stadt Betulia, so dass die Bewohner nach 34 Tagen zu verdursten drohen. Alle sind erschöpft und mutlos. Sie bitten ihre Führer um die Übergabe der Stadt an den Feind. Die wohlhabende, fromme und sehr schöne Witwe Judith hört davon und verspricht, selbst Hilfe zu bringen. Sie betet lange, schmückt sich dann aufs Schönste und geht hinaus vor die Stadt zu den Feinden. Sie behauptet, Holofernes einen Weg verraten zu wollen, wie er das ganze israelische Bergland einnehmen könne. Weil sie so schön ist und so gut lügt, glaubt der Feldherr Holofernes ihr alles. Drei Tage bleibt sie im Lager, geht jeden Abend mit ihrer Dienerin hinaus, um zu beten und zu baden. Am vierten Tag aber bittet Holofernes sie zu sich, um sie zu verführen, worauf sie scheinbar eingeht. Er schickt alle anderen weg, doch trinkt er im Vorgefühl solcher Lust mehr, als ihm guttut. Als er einschläft, nimmt Judith sein Schwert und schlägt ihm mit zwei Hieben den Kopf ab, den sie ihre Dienerin in einen Sack stecken lässt. Dann gehen sie angeblich wieder zum Beten, in Wirklichkeit jedoch zurück nach Betulia, wo sie den Kopf vorweisen. Am nächsten Morgen greifen die Israeliten die weit überlegene Streitmacht der Feinde an. Weil sie inzwischen die kopflose Leiche ihres berühmten Heerführers gefunden haben, leisten sie kaum Widerstand und wenden sich zur Flucht. Die Geschichte lehrt: Die Entscheidung zum Handeln hängt nicht von den absoluten Erfolgschancen ab, und gerade die scheinbar Schwachen können mit Tatkraft und Klugheit die Starken besiegen.

Wie man sich zum Tyrannenmord entschließt

Warum genau Georg Elser Hitler umbringen wollte, ist nicht einfach zu beantworten. Fast alles, was man heute über ihn weiß, stammt nicht direkt von ihm. Ein Tagebuch, Briefe oder andere Aufzeichnungen fehlen, doch immerhin gibt es Erinnerungen von Freunden, Verwandten, zufälligen Bekannten, die sich allerdings erst viele, viele Jahre später äußerten.

Am meisten kann man den ausführlichen Verhörprotokollen Elsers, seiner Verwandten, seiner Freunde und Geliebten trauen. Sie wurden nach seiner Verhaftung kurz nach dem Anschlag angefertigt und haben sich erhalten. Die Geheime Staatspolizei, die SS und andere

Ermittlungsstellen rechneten damals nicht damit, dass ihre Akten Feinden in die Hände fallen könnten. Deren Fälschung ist also sehr unwahrscheinlich.

In ihnen kann man lesen, dass Elser schon in der Weimarer Republik die NSDAP verachtete, dass er sich, als sie zur Macht gekommen war, weigerte, an verordneten Ritualen teilzunehmen. So grüßte er die Parteifahne nicht, verweigerte den Hitlergruß und entzog sich dem gemeinsamen Anhören von Radioansprachen Hitlers.

Das hieß nicht, dass er sich nicht informierte, im Gegenteil. Er hörte nur andere Sender, ausländische. Er las Zeitungen, vor allem aber sprach er mit vielen und achtete darauf, wie sich die Lage des Landes veränderte. Elser gab zu Protokoll: »Die seit 1933 in der Arbeiterschaft von mir beobachtete Unzufriedenheit und der von mir seit Herbst 1938 vermutete unvermeidliche Krieg beschäftigten stets meine Gedankengänge. (…) Ich stellte allein Betrachtungen an, wie man die Verhältnisse der Arbeiterschaft bessern und einen Krieg vermeiden könnte. Hierzu wurde ich von niemandem angeregt, auch wurde ich von niemandem in diesem Sinne beeinflusst.«

In der Tat zählte er nur eins und eins zusammen. Er rechnete den Verhörenden an konkreten Beispielen vor, wie die Löhne der Arbeiter unter den Nazis gesunken, die Steuern aber gestiegen waren. Genauso erkannte Elser die Beschneidung sehr vieler Freiheiten: So konnte man unter Hitler den Arbeitsplatz und den Wohnort nicht mehr einfach wechseln, so entfremdete der Staat die Kinder ihren Eltern, in dem sie in die Hitlerjugend gedrängt wurden, und so griffen die Nazis die Kirchen und ihre Anhänger massiv an.

Dies sind für Elser genauso wichtige Gründe wie die Kriegstreiberei Hitlers, und alles zusammen lässt für ihn nur einen Schluss zu: »Die von mir angestellten Betrachtungen zeitigten das Ergebnis, dass die Verhältnisse in Deutschland nur durch eine Beseitigung der augenblicklichen Führung geändert werden könnten. Unter der Führung verstand ich die ›Obersten‹, ich meine damit Hitler, Göring und Goebbels. Durch meine Überlegungen kam ich zu der Überzeugung, dass durch die Beseitigung dieser drei Männer andere Männer an die Regierung kommen, die an das Ausland keine untragbaren Forderungen stellen, die kein fremdes Land einbeziehen wollen und für eine Besserung der sozialen Verhältnisse der Arbeiterschaft Sorge tragen werden.«

Die meisten Nazis, die ihn verhören, wollen nicht glauben, dass ein Einzelner eine so einsame, verantwortungsvolle und klare Entscheidung trifft. Sie vermuten vielmehr, es habe Hintermänner gegeben, wahrscheinlich im Ausland, der britische Geheimdienst oder der geflüchtete Widersacher Hitlers, Otto Strasser, hätte den Attentäter beauftragt. Doch Elser kann durch genaue, überprüfbare Aussagen und den Nachbau seiner Bombe samt Zeitzünder beweisen, dass er für den Anschlag im »Bürgerbräukeller« keine Hilfe benötigte.

Selbst der Leiter der Sonderkommission zur Aufklärung des Attentats, Arthur Nebe, schreibt in einem Brief im Dezember 1939: »Dieser Mann aus dem Volke liebte das einfache Volk; er legte mir leidenschaftlich und in simplen Sätzen dar, Krieg bedeute für die Massen aller Länder Hunger, Elend und millionenfachen Tod. Kein ›Pazifist‹ im üblichen Sinne, dachte er ganz primitiv: Hitler ist der Krieg, und wenn dieser Mann weg ist, gibt es Frieden ...«

Die einsamen Monate des Georg Elser

Der Entschluss, Hitler zu töten, ist das eine, doch wie kann man ihn umsetzen? Obwohl Elser meint, 1938 im Herbst den Entschluss zum Attentat gefasst zu haben, ist es gut möglich, dass er deutlich früher schon den Gedanken entwickelte, denn im Herbst 1936 suchte er eine Anstellung in einer Fabrik, wo er sich Zünder, Pulver und Kenntnisse im Umgang mit Sprengstoff aneignen konnte.

Dieser im Grunde gewaltlose, freundliche Mensch arbeitet viele, viele Monate ganz allein und sehr folgerichtig seinem Ziel entgegen, was auch heißt, dass er in dieser Zeit allen etwas vorspielen muss.

Mit niemandem darf er über die Sache sprechen, um das Vorhaben nicht zu gefährden. Niemand hilft ihm bei den technischen und persönlichen Problemen. Stattdessen tüftelt er langsam, aber sicher einen Plan aus und die dafür notwendige Apparatur. Besonders schwierig und aufwendig ist es, einen verlässlichen Zeitzündermechanismus zu entwickeln. Es gelingt Elser nach langem Nachdenken optimal. Er verlässt sich nicht auf eine Uhr, sondern baut zur Sicherheit zwei Uhren ein. Die lösen über einen Draht einen Sperrhebel, der wiederum eine Art Schlittenkatapult festhält, das drei Nägel wie Schlagbolzen auf drei Patronen (ohne Kugeln) zuschießen lässt. Das Zündhütchen entzündet das Pulver in der Patrone, dieses wiederum das Schwarzpulver und die Sprengkapseln, so dass alles explodiert. Das Tickgeräusch der mechanischen Uhren dämpft er mit Kork. Er lebt fast nur noch für das Gelingen des Attentats.

Als er die Ankündigung liest, dass Hitler in München im »Bürgerbräukeller« sprechen wird, bringt ihn das auf den bestmöglichen Ort und die ideale Gelegenheit. Elser reist im November 1938 nach München, um sich alles genau anzuschauen. Er erfährt, dass Hitler jedes Jahr zum Gedenken an seinen gescheiterten Putschversuch am 8. November 1923 in den »Bürgerbräukeller« kommt. Sogar die Zeit, zu der er den Saal betritt, steht fest: 20 Uhr 30. Elser beschließt, im nächsten Jahr bei dieser Gelegenheit die Bombe platzen zu lassen und Hitler damit zu töten.

Ab diesem Moment wendet Elser alles Geld für das Gelingen seines Planes auf. Die ständige Lebensgefahr verdrängt er. Er versucht konsequent, in den vielen Monaten, die folgen, niemanden in die Sache hineinzuziehen. Dass die Firma, in der er arbeitet, immer mehr Rüstungsaufträge bekommt, bestätigt seine Befürchtungen, ein Krieg werde vorbereitet. Er präsentiert sich als so braver Arbeiter und harmloser Mensch, dass er Sprengstoff und Zünder aus der Fabrik stehlen kann. Danach lässt er sich eine Zeit in einem Steinbruch anstellen, um Sprengkapseln zu besorgen. Mit Hilfe einer frei verkäuflichen Anleitung für militärische Pioniere erfährt er genügend über die wirksamste Anbringung und Gestaltung der Bombe. Jetzt muss er sie nur noch bauen. Sicherheitshalber nimmt er sogar einige Probesprengungen vor.

Ab August kommt der gefährlichste Teil des Vorhabens. Elser fährt wieder nach München und geht dort jeden Abend in den »Bürgerbräukeller«. Dass er sich spätabends versteckt und einschließen lässt, fällt niemandem auf. Wenn alle gegangen sind, arbeitet er die ganze Nacht daran, eine Säule hinter dem Rednerpult auszuhöhlen. Er braucht genügend Platz, um dort den Sprengstoff samt Zünder unterzubringen. Das dauert viele Nächte. Eine Art Klappe in der Holzvertäfelung, die er bastelt, macht das Loch tagsüber unsichtbar. Das herausgebrochene Mauerwerk muss natürlich verschwinden. Er verbirgt es erst in einem alten Teppich und bringt es später mit einer Tasche heimlich heraus, um es in die Isar zu kippen. Den Hund des Nachtwächters hat er Tage zuvor schon an sich gewöhnt.

Da bricht am 1. September der Krieg aus. Elser hat es nicht verhindern können. Dennoch arbeitet er weiter. Vielleicht kann er ihn durch seine Tat wenigstens verkürzen. Trotz seiner Umsicht und Vorsicht entgeht er in den kommenden Nächten oft nur knapp einer Entdeckung. Elser schuftet über Wochen auf den Knien, um eine Sprengkammer von 70 mal 90 mal 40 Zentimeter zu schaffen. Extrem leise muss das geschehen und unauffällig, was Zeit kostet, die langsam drängt. Am 1. und 2. November kann er den Sprengstoff einfüllen, am 4. versucht er, den Zündmechanismus einzubauen, was nicht gleich gelingt. Er muss ihn noch etwas zurechtsägen, so dass er ihn erst am 5. einbauen und scharfmachen kann. Er hat den Zündzeitpunkt auf 21 Uhr 20 eingestellt. Um diese Zeit hat sich Hitler üblicherweise so richtig warm geredet. Später kontrolliert Elser, ob die Uhren auch wirklich funktionieren. Die Bombe ist scharf. Sie müsste Hitler ein für alle Mal beseitigen. Dann macht er sich auf den Weg nach Konstanz, um in die Schweiz zu entkommen.

8   Der Münchner »Bürgerbräukeller« nach der Explosion der Elser-Bombe.
Die NS-Führung hätte kaum eine Überlebenschance gehabt.

Das Wetter rettet Hitler und die sture Reichsbahn. Der Diktator möchte am Morgen nach der Feierstunde im Münchner »Bürgerbräukeller« gleich wieder nach Berlin, um dort noch am Vormittag einzutreffen. Deshalb kommt er mit dem Flugzeug. Weil aber Morgennebel droht, der seinen Flug nach Berlin verhindern könnte, entschließt sich Hitler, an diesem Abend einen Sonderzug zu nehmen. Die Reichsbahn stimmt zu, schreibt ihm aber den Termin vor: »Abfahrt 21 Uhr 30«. Hitler ist ein Gewaltherrscher, doch der Reichsbahn unterwirft selbst er sich. Vor allem unterwirft er die Dramaturgie seines abendlichen Auftritts dem Fahrplan. Er redet schneller und kürzer, um den Zug zu erreichen. Ungefähr um 21 Uhr 07 verlässt Hitler den Saal unter dem Jubel der weit über 1000 Anhänger, die sich dann rasch entfernen. 13 Minuten später explodiert pünktlich Elsers Bombe. Der Minister für »Volksaufklärung und Propaganda« Joseph Goebbels notiert in seinem Tagebuch: »Wäre die Kundgebung wie alle Jahre vorher programmgemäß durchgeführt worden, dann lebten wir alle nicht mehr.«

Schnell ist klar, dass es sich um ein Bombenattentat gehandelt hat. Sofort beginnt eine umfassende Fahndung nach dem Täter. So umsichtig Elser das Attentat organisiert hat, so schlampig plant er seine Flucht. Vielleicht ist er auch einfach zu erschöpft von den Monaten härtester körperlicher und seelischer Anstrengung. Er kennt zwar den Grenzübergang bei Konstanz in die Schweiz von früher her, doch nun herrscht Krieg, weshalb die Kontrollen wesentlich verschärft sind. Elser läuft Zollbeamten in die Arme und wird verhaftet. Man findet verdächtige Dinge bei ihm. Wenige Tage danach stellt sich heraus, dass er der gesuchte Attentäter ist. Außer ihm werden in den nächsten Tagen fast wahllos etwa 1000 Leute verhaftet und bleiben teils monatelang in Haft. Es gibt viele Denunziationen. Auch Elsers Eltern und Geschwister kommen ins Gefängnis, dazu viele aus seinem Umfeld.

Als Elser in Verhören überführt und von Zeugen erkannt wird, erklärt er sich schuldig und betont, dass er allein gehandelt habe. Besonders zu Anfang foltert man ihn. Auch im folgenden Jahr versucht man, den britischen Geheimdienst als Auftraggeber aus ihm herauszuprügeln. Vergeblich. Im Ausland und in Deutschland glauben nicht wenige, die Nazis hätten das Attentat selbst verüben lassen, um den deutschen Kriegswillen zu verstärken. Zu seltsam erscheint Hitlers Rettung. Der Diktator selbst stilisiert sie als Werk der Vorsehung. Dabei müsste er eher der Reichsbahn danken.

Lange Zeit verhört man Elser in München und im Berliner Reichssicherheitshauptamt, bringt ihn 1940 ins KZ Sachsenhausen, wo er zunächst weiter gefoltert wird, um Hintermänner zu nennen. Doch plötzlich kommt von höchster Stelle die Entscheidung, ihn aufzusparen für einen Schauprozess nach dem gewonnenen Krieg. Elser bleibt im Konzentrationslager, bekommt aber gewisse Sonderrechte. Dazu gehört eine Zuteilung von 120 Zigaretten in der Woche und die doppelte Ration Essen. Er erhält auch mehr Raum, eine Schreinerwerkstatt, in der er sich eine Zither, dazu Möbel für sich und für seine Wachen bauen kann. Andere Häftlinge darf er nicht sehen. Doch der Krieg läuft immer schlechter für die Nazis. Anfang Februar 1945 verlegt man Elser ins KZ Dachau. Da ist er nach verschiedenen Aussagen schon ein geistig-körperliches Wrack. Als die Niederlage unausweichlich ist, wird von Hitler und Himmler der Befehl nach Dachau geschickt, Elser bald hinzurichten, es aber wie einen Tod durch einen Luftangriff aussehen zu lassen. Am 9. April 1945 holt man ihn aus der Zelle und erschießt ihn beim Krematorium. Am nächsten Tag wird seine Leiche verbrannt.

Kein einfaches Nachleben

Weil man Georg Elser in den fünf langen Haftjahren im KZ streng isolierte, ihm dabei aber bestimmte Vergünstigungen gewährte, weil die Nazis über ihn kaum etwas an die Öffentlichkeit gelangen ließen, kam es schon während des Krieges und erst recht danach zu allerlei Gerüchten und Verleumdungen: Elser sei SS-Mann gewesen, Agent, Kommunist oder ein williges Werkzeug der Nazis. Seine Angehörigen erleben wieder eine schlimme Zeit, da keiner glauben will, dass ein Handwerker klarer sah als die Eliten des Landes und dafür sogar sein Leben aufs Spiel setzte.

Seit Mitte der 1960er wurde langsam bekannter, was er wirklich getan hatte. Forscher fanden die Verhörakten und konnten die Verschwörungstheorien und Verleumdungen entkräften. Langsam verbreitete sich Elsers Ruf, aber nie erreichte er den Ruhm der Scholls oder Stauffenbergs. Ein Dokudrama brachte 1969 seine Geschichte den Fernsehzuschauern nah. Der Spielfilm »Georg Elser – Einer aus Deutschland« erregte 1989 mit Klaus Maria Brandauer als Regisseur und Hauptdarsteller gewisses Aufsehen. Der »Bürgerbräukeller« wurde wie Elsers Geburtshaus abgerissen, aber es gibt fast 30 Straßen, Plätze und Schulen, die nach ihm benannt wurden. Eine gut gestaltete Gedenkstätte samt sehr aktiven Mitarbeitern und Unterstützern gibt es inzwischen in Königsbronn, einen Georg-Elser-Preis seit 2001, eine Sonderbriefmarke folgte 2003. Regelmäßig hört man seinen Namen aber nur in München, weil die »Georg Elser Hallen«, wo viele Konzerte und andere Kulturveranstaltungen stattfinden, nach ihm benannt sind.

Der Held und seine Verantwortung

In seinen Vernehmungen fragte man Elser immer wieder, ob er denn den Tod so vieler Menschen durch seine Bombe wirklich gewollt habe. Er habe doch oft Kirchen besucht. Wie stehe es um sein Gewissen, schließlich habe er acht Personen umgebracht. Es wären außerdem wesentlich mehr gewesen, wäre der Plan geglückt. Elser war aber offensichtlich mit sich im Reinen. Der Krieg hatte zwar schon begonnen, als er die Bombe einbauen konnte, doch die Chance, vielleicht Millionen zu retten und ihr Leben zu verbessern, genügte ihm als Rechtfertigung.

Hätte Elser mehr auf Hilfe durch andere bauen, sich rückversichern, den Plan verbessern sollen? Das hätte einen Misserfolg nur wahrscheinlicher werden lassen. Elser handelte wie einst der Schweizer Nationalheld Wilhelm Tell nach dem Motto: »Der Starke ist am mächtigsten allein.« Auch Tell beging – so überliefern es spätere Texte aus dem 15. Jahrhundert – einen Tyrannenmord. Er soll um 1300 ein Armbrustschütze gewesen sein, der einen Landvogt wegen dessen brutaler, arroganter und ungerechter Willkürherrschaft erschossen habe. Im Laufe der Zeit wurde ihm eine richtige Sage mit spannenden Episoden angedichtet, doch die Obrigkeit versuchte, die Erinnerung an diesen eigenständigen und selbstbewussten Schweizer einschlafen zu lassen. Zu gefährlich war Tells Handeln ja jeder Herrschaft, wenn sie nicht vollkommen gerecht und untadelig handelte. Erst im 19. Jahrhundert erkannten auch die Behörden und die Regierung, wie gut man Tell als einen Nationalmythos verwenden konnte.

Taugt Georg Elser als Nationalheld wie Wilhelm Tell? Dass er scheiterte, macht es schwieriger. Seine Tat liegt auch noch nicht so lange zurück wie die eines Tell, aber verdient sie nicht mehr Bewunderung als die Stauffenbergs und seiner militärischen Mitverschwörer, die jahrelang Hitler gedient und Krieg geführt hatten? Und mehr als die Taten der »Weißen Rose«, die todesmutig, aber wenig handfest ausfielen? Ohne Zweifel gedenkt man Elsers wesentlich weniger umfassend und ausführlich als anderer Widerstandskämpfer. Es könnte daran liegen, dass Elser bewies, wie offensichtlich die Gefährlichkeit Hitlers selbst für einen Handwerksgesellen war, und zwar schon vor dem Krieg. Dazu bekannte er sich zu linken Positionen, wählte die Kommunisten, was man nach 1945 im Westen verdächtig fand. Schließlich ging er ganz allein zu Werke, ohne Hilfe und Schutz, allein seinem Gewissen vertrauend. Für alle Deutschen, die wie er in der Nazi-Zeit gelebt haben, musste sein Beispiel höchst peinlich sein.

Aber ist es so einfach? Und ist ein Tyrannenmord überhaupt gerechtfertigt? Darf man einen mehrfachen Mörder als Vorbild für eine ganze Nation hinstellen? Diese Frage ist am schwierigsten zu beurteilen. Man könnte die Entscheidung dem Gewissen eines Einzelnen überlassen. Doch wenn nun ein Mitarbeiter einer Umweltschutzorganisation den amerikanischen Präsidenten oder den Vorsitzenden der Kommunistischen Partei Chinas als schlimmste Klimasünder ansähe und damit als verantwortlich für den Tod von Tausenden, wäre ein Anschlag dann gerechtfertigt? Was genau ist ein Tyrann? Wer sagt einem, dass so ein radikaler Entschluss wirklich der einzig gerechte und beste ist?

Für eine Judith, einen Wilhelm Tell oder für Georg Elser stand die moralische Rechtfertigung ihrer Tat außer Frage. Die Geschichte hat Elser recht gegeben. Hätte er Erfolg gehabt, stünde er aber vielleicht ganz anders da. Schließlich hätte eine NSDAP ohne Hitler vielleicht ein machtvolles Großdeutschland aus einem Weltkrieg herausmanövrieren und sich bis heute halten können. Ausgeschlossen ist das nicht. Man muss nur an den faschistischen General Franco denken, der Jahrzehnte nach dem Krieg noch Spanien regierte. In so einem Deutschland gälte Elser als Meuchelmörder und nicht als Held.

IN TÖDLICHER MISSION
Das tragische Schicksal des schwedischen Diplomaten
Raoul Wallenberg in Ungarn und Russland

Weil er die Juden in Ungarn retten wollte, ließ sich der junge Schwede
Raoul Wallenberg mitten im Zweiten Weltkrieg als Diplomat nach
Budapest schicken. In abenteuerlicher Weise und unter Lebensgefahr
setzte er sich sehr erfolgreich für sie ein. Als die sowjetischen Truppen
Budapest eroberten, geriet er in Gefangenschaft und verscholl.

In der israelischen Gedenkstätte Yad Vashem findet man einen Baum
und eine Gedenktafel für den Schweden Raoul Wallenberg. Er gehört
zu den berühmtesten »Gerechten unter den Nationen«. Journalisten
nennen ihn den »Retter der Hunderttausend«. Das klingt gleichzeitig
bewundernswert und unglaublich. Wie kann ein Einzelner so viele
Menschen vor dem Tod bewahren? Außer der Zahl der Geretteten
machte ihn die Tatsache berühmt, dass er keine Rücksicht auf sich
oder die Vorschriften nahm, wenn es darum ging, Menschen vor der
Deportation zu bewahren. Und dann zeichneten ihn noch Charaktereigenschaften aus, die für einen Diplomaten ungewöhnlich sind:
Schauspieltalent, Abenteuerlust, Risikobereitschaft und Mitleid. Sein
tragisches Ende steigerte seinen Ruhm.

Die besondere Lage der ungarischen Juden

Überall, wo die deutschen Truppen im Zweiten Weltkrieg einmar-
schierten, versuchten sie, die Juden zu verschleppen und zu töten. Bis
1944 hatten sie damit fast überall in Europa schon schaurigen Erfolg
gehabt. Seltsamerweise gab es unter den von den Deutschen besetzten
Ländern zwei, die sich kategorisch weigerten, ihre Staatsangehörigen,

nur weil die Deutschen sie zu Juden erklärt hatten, auszuliefern: Bulgarien und Dänemark. Ohne Zweifel hätten die Deutschen nie so viele Juden töten können, wenn alle Behörden und Einrichtungen in allen besetzten Ländern sich geweigert hätten, Listen zu erstellen, Menschen in Lager einzusperren und ihre Eisenbahnen mit menschlicher Fracht zu beladen. Was zeichnet die Bulgaren und die Dänen aus? Warum machten dagegen die Ungarn mit?

Ungarn hatte nach der Niederlage im Ersten Weltkrieg riesige Gebiets- und Bevölkerungsverluste hinzunehmen, weswegen viele Bürger sehr unzufrieden waren. Beherrscht wurden sie seit 1920 von Admiral Miklós Horthy als sogenanntem Reichsverweser von Ungarn. Mit dem Deutschen Reich unterhielt man gute wirtschaftliche und politische Verbindungen. Sie verbesserten sich sogar noch, als Hitler an die Macht kam, denn er unterstützte den ungarischen Anspruch auf die verlorenen Gebiete. Immer enger konnte Hitler Ungarn an sich binden und sogar zum Kriegseintritt bewegen. Jeder Widerstand gegen dieses Bündnis wurde unterdrückt.

Die Juden traf es am schlimmsten, obwohl sie seit dem 3. Jahrhundert n. Chr. in diesem Gebiet lebten und im 19. Jahrhundert volle Gleichberechtigung erlangt hatten. 1910 war es ungefähr eine Million Menschen, deren Zahl sich allerdings durch Auswanderung verringerte. Schließlich hatte der Staatschef Admiral Horthy den Antisemitismus zur offiziellen Ideologie gemacht und antijüdische Gesetze erlassen. Im Mai 1938 wurde festgelegt, wer als Jude galt. In freien Berufen und der Wirtschaft wurde ihr Anteil erst auf 20, dann auf 6 Prozent beschränkt. 1941 erklärte die ungarische Regierung – gegen die Proteste der Kirche – auch Christen jüdischer Herkunft zu Juden. Ab August 1941 kam es zu Judentötungen, wobei man die Schuld anderen überließ. Man lieferte fast 24 000 Menschen der SS (militärische Schutzstaffel der nationalsozialistischen Partei) aus, die sie umbrachte. Noch immer handelte es sich um einzelne Aktionen, denn Horthy erkannte die Bedeutung der Juden für die ungarische Wirtschaft, für die medizinische Versorgung, als Zwangsarbeiter. Außerdem scheute er sich, in die Ermordung so vieler Menschen verwickelt zu werden, von denen nicht wenige Christen waren. Das Internationale Komitee vom Roten Kreuz, der Papst, der König von Schweden und die Schweiz übten Druck auf ihn aus, seine jüdischen Landsleute nicht in die Hände der Deutschen fallen zu lassen. Obwohl Hitler zur Deportation drängte, widersetzte sich Ungarn. 1944 waren die knapp 800 000 ungarischen Juden die größte Gruppe, die im deutschen Machtbereich der Vernichtung bislang entgangen war.

Im März 1944 verschlechterte sich Horthys Lage. Die russischen Streitkräfte rückten immer weiter nach Westen vor, alliierte Bomber griffen Budapest an, und die meisten Ungarn wollten offensichtlich das Bündnis mit dem glücklosen Deutschland auflösen. In dieser Situation wurde Horthy von Hitler erpresst, eine bedingungslos deutschenfreundliche Regierung einzusetzen. Gleichzeitig beorderte man SS-Brigadeführer Edmund Veesemayer und Adolf Eichmann nach Ungarn, um alle dortigen Juden ins Konzentrationslager zu verschleppen. Einerseits ging es den Fanatikern um eine möglichst vollständige Ausrottung der Juden, andererseits wollte man die Ungarn mitschuldig machen und ihnen damit die Möglichkeit nehmen, sich bei den Amerikanern, Engländern und Russen, lieb Kind zu machen.

Die Ungarn und Deutschen befahlen, einen Judenrat in Budapest zu gründen. Weitere antijüdische Gesetze folgten, außerdem Enteignungen, Ausplünderungen, Erpressungen, Menschenhandel, schließlich die Einschränkung der Lebensmittelversorgung. Ab dem 5. April 1944 mussten alle den Judenstern tragen, und am 27. April fuhren die ersten Züge mit Menschen nach Auschwitz – in den Tod. Bis zum 9. Juli wurden nach SS-Angaben aus ganz Ungarn 437 402 Juden deportiert, nur aus der Hauptstadt Budapest nicht, wo sich noch etwa 200 000 unter immer schlimmeren Bedingungen aufhielten.

Was sollten die Juden tun, nachdem ihr Staat ihnen keinen Schutz mehr bot? Sie versuchten sich durch Übertritt zum Christentum oder durch Ausreise zu retten. Deshalb spielten in den folgenden Monaten die Botschaften in Budapest eine wichtige Rolle.

Das späte Eingreifen der Alliierten zugunsten der Juden

Im Zweiten Weltkrieg fiel es schwer, die Berichte von millionenfacher, geradezu industrieller Ermordung der Juden zu glauben. Doch immer mehr Beweise konnten ins Ausland geschmuggelt werden. Pläne, den Massenmord zu beenden, indem man die Bahnlinien nach Auschwitz bombardierte, wurden von den Alliierten verworfen. Ebenso der Plan, den Nazis die Juden gegen Geld oder Lastkraftwagen abzukaufen. Stattdessen setzte man auf einen möglichst raschen Sieg als Rettung.

Das dauerte einflussreichen jüdischen Kreisen in den USA viel zu lange, da jeden Tag Tausende starben. Sie gründeten die Organisation »War Refugee Bond« (WRB), die sich vor allem um die Rettung der ungarischen Juden kümmern sollte. Um erfolgreich im Land arbeiten zu können, wählte man einen Umweg über das neutrale Ausland. Man bat die Schweden darum, einen Diplomaten nach Budapest zu schicken, der aber für das WRB tätig werden sollte. Man einigte sich schnell auf einen Kandidaten: Raoul Wallenberg, obwohl er mit 31 Jahren sehr jung für einen Diplomaten solcher Verantwortung war.

Ein Kaufmann als Diplomat

Was sprach für Wallenberg? Nun, er war welterfahren und stammte aus einer angesehenen Familie, die mit Bank- und anderen Geschäften zu einer der reichsten Schwedens geworden war.

Raoul Wallenbergs Leben stand jedoch unter keinem glücklichen Stern, als er am 4. August 1912 geboren wurde. Sein Vater, ein Marineoffizier, war schon vor seiner Geburt gestorben. Der Großvater half der alleinerziehenden Mutter May Wallenberg. Dieser Großvater war Diplomat. Die Verbindungen der Familie in alle Welt erlaubten dem jungen Raoul eine ungewöhnlich internationale Erziehung. Oft verbrachte er längere Zeit im Ausland, in England, Frankreich, Deutschland, und mit zwölf reiste er schon allein nach Istanbul zum Großvater. Am Ende der Schulzeit sprach er fünf Fremdsprachen: Englisch, Deutsch, Russisch, Französisch, Spanisch.

Seinen Wehrdienst leistete Raoul Wallenberg mit Fleiß und Überzeugung ab. Die Familie hoffte, er werde Jura studieren. Anfang der Dreißiger ging er zu diesem Ziel nach Frankreich, doch bald verfolgte er seine eigenen Pläne. Als wohlhabender junger Mann konnte er in die USA reisen und dort von 1931 bis 1935 in Ann Arbor Architektur studieren. Seinen Abschluss machte er mit Auszeichnung.

Als er in die Heimat zurückkehrte, herrschten schlechte Zeiten für Architekten, erst recht für solche mit einem ausländischen Diplom, das nicht anerkannt wurde. Immerhin gewann er in Stockholm einen 2. Preis bei einem Architekturwettbewerb, doch eine Arbeit fand er nicht. So reiste er 1935/36 ein halbes Jahr nach Kapstadt und Haifa. In Israel begann er, wiederum auf Wunsch der Familie, eine Banklehre. Er brach sie bald ab und kehrte in die Heimat zurück. Erst die Tätigkeit in der Im- und Exportfirma »Mellaneuropeiska Handelsaktiebolget« schien das Richtige zu sein. Wallenberg wurde zum Außenhandelsdirektor ernannt und reiste quer durch Europa, sogar noch als der Krieg ausbrach. Als Bürger eines neutralen Staates konnte er unbehelligt selbst durch die von Deutschen besetzten Gebiete fahren, so auch durch Ungarn. Das war das Herkunftsland des jüdischen Besitzers der Firma, für die Wallenberg arbeitete: Koloman Lauer.

Lauer war Mitglied in dem Gremium, das entschied, wen man für das WRB nach Ungarn schicken sollte. Dazu gehörte außerdem Iver Olsen, der Leiter des WRB in Schweden, Norbert Masur, der Stockholmer Vertreter des »Jüdischen Weltkongresses«, und Marcus Ehrenpreis, der schwedische Oberrabbiner. Sie alle hatten Zutrauen zu Wallenberg, weil er entschlussfreudig, tatkräftig, international erfahren und mutig war. Er hatte schon zuvor versucht, nach Ungarn zu gelangen, um Koloman Lauers Verwandte zu retten, aber keine

Einreiseerlaubnis bekommen. Als Diplomat würde er solche Probleme nicht haben.

Das Abenteuer, Menschen zu retten

Wallenberg ging das Schicksal der Juden zu Herzen. In Israel war er Flüchtlingen begegnet, die den Nazis entkommen waren. Von Koloman Lauer wusste er, wie die Juden in Ungarn verfolgt, gequält und ermordet wurden. So nahm er ohne Zögern den Auftrag des WRB an, für deren Rettung zu sorgen. Offiziell ging er aber als schwedischer Diplomat nach Ungarn. Seine Ernennung durch den Premierminister und den König machte ihn stolz, die Aufgabe noch mehr: »Ich soll versuchen, so viele Menschenleben zu retten, wie es möglich ist. So viele Leute, wie ich kann, den Klauen der Mörder zu entreißen.«

Etwas Abenteuerlust kam dazu. Als er im Juli über Berlin nach Budapest reiste, begleitete ihn leichtes und ungewöhnliches Diplomatengepäck: zwei Rucksäcke, ein Schlafsack, ein Mantel und ein Revolver: »Den Revolver«, schrieb er, »habe ich nur, um mir Mut zu machen.«

Blauäugig setzte sich Wallenberg der Gefahr aber nicht aus. So stellte er eine Reihe von Forderungen: Er wollte freie Hand bei der Rettung von Juden, die Ermächtigung zur Bestechung, dazu die Erlaubnis, auch mittels einer Pressekampagne in Schweden mehr Geld für den Zweck zu beschaffen. Sein Status solle der eines »Sekretärs der Schwedischen Gesandtschaft« sein. Kontakte zur ungarischen Opposition gegen die Regierung und die Nazis müssten erlaubt sein. Außerdem verlangte er, den Juden Asyl gewähren und Schutzdokumente ausstellen zu dürfen und jederzeit persönlich bei Regierungschef Horthy vorstellig zu werden. Dass seine finanzielle Ausstattung aus den USA kam, sollte geheim bleiben.

Nicht der Einzige, aber der Entschlossenste

Auf Bestechung gingen Nazis immer wieder ein, hielten sich jedoch nicht immer an die Abmachung. In Ungarn gelang es einzelnen unter ihnen, Millionen von den verzweifelten ungarischen Juden zu erpressen. Ein anderer Rettungsanker schien der Schutz der ausländischen Botschaften zu sein. Allerdings funktionierte das nur, wenn man enge verwandtschaftliche oder geschäftliche Kontakte in anderen Staaten hatte. Nur dann bekamen ungarische Juden manchmal provisorische Pässe, die einige Botschaften, darunter auch die schwedische, ausstellten. Von den ungefähr 200 000 ungarischen Juden, die in Budapest übrig geblieben waren, erhielten bis zum Eintreffen Wallenbergs nur etwa 650 Pässe der schwedischen Botschaft. Das lag schon daran, dass die Vertretung viel zu wenig Angestellte hatte, um alle Anträge zu prüfen. So war man durchaus froh, als Wallenberg zur Verstärkung eintraf, zumal er sehr bald auf eigene Rechnung weiteres Personal, fast ausschließlich Juden, beschäftigte. Sie durften ihre Judensterne abnehmen und bekamen gewisse Sonderrechte. Am Ende waren fast 400 Juden offiziell für Wallenberg tätig.

Alle zusammen arbeiteten daran, so viele Juden wie möglich mit sogenannten Schutzpässen auszustatten. Raoul Wallenberg hatte sie selbst entworfen und drucken lassen. So ein Pass war blau und gelb, mit den drei schwedischen Kronen verziert. Darin stand auf Ungarisch und Deutsch: »Die Kgl. Schwedische Gesandtschaft in Budapest bestätigt, dass der Obengenannte im Rahmen der – von dem Kgl. Schwedischen Außenministerium autorisierten – Repatriierung nach Schweden reisen wird. Der Betreffende ist auch in einem Kollektivpass eingetragen. Bis Abreise steht der Obengenannte und seine Wohnung unter dem Schutz der Kgl. Schwedischen Gesandtschaft in Budapest. Gültigkeit erlischt 14 Tage nach Einreise nach Schweden. Reiseberechtigung nur gemeinsam mit dem Kollektivpass. Einreisevisum wird nur in den Kollektivpass eingetragen.« Jeder Pass war mit einem Foto und der Unterschrift des Gesandten Danielsson versehen. Dabei war an eine Ausreise im Sommer 1944 gar nicht zu denken. Wallenberg erreichte, dass er 4500 solcher Schutzpässe ausgeben durfte. Sie galten nur für Einzelne, doch er stellte sie für ganze Familien aus, um wesentlich mehr Menschen zu schützen.

Wallenberg kam nicht als Erster auf die Idee mit den Schutzpässen. Carl Lutz, der Leiter der Schutzmachtabteilung an der schweizerischen Gesandtschaft in Budapest, war ebenso vorgegangen. Er hatte große diplomatische Erfahrung, unter anderem in den Jahren ab 1935 in Palästina, wo er auch deutsche Interessen vertreten hatte. Die Kontakte zu deutschen Diplomaten halfen ihm, Juden in Budapest zu schützen. Er organisierte die Auswanderung von 8000 Juden nach Palästina. Seine Vorgesetzten in der Schweiz unterstützten ihn dabei nicht, im Gegenteil. Sie verlangten von ihm strenge Beachtung der Bestimmungen. Lutz setzte sich über sie hinweg. Ohne Behinderung durch höhere Stellen hätte er noch wesentlich mehr Juden retten können. Nach dem Krieg wurde Lutz wegen seiner Eigenmächtigkeiten kritisiert. In einem offiziellen Schreiben an ihn heißt es: »Die Polizeiabteilung gelangt deshalb zu dem Ergebnis, dass eine Kompetenzüberschreitung Ihrerseits vorgelegen habe.« Erst 1958 gab es eine halbherzige Rehabilitierung, auch eine Ernennung zum Ehrenkonsul der Schweiz; ohne Gehaltsanpassung.

Der ungarische Schriftsteller György Konrad beschreibt die Wirkung der Maßnahmen, die Carl Lutz ergriff, so: »Der Schweizer kollektive Auswanderungspass und auch die massenhaft ausgestellten Schweizer Schutzpässe zeigen, dass selbst in unheilverkündenden Zeiten die Gefühle von Einzelnen das Schicksal beeinflussen können. Eine Anweisung zur Rettung von Menschen hatte Lutz nicht erhalten, die Anweisung dazu hatte allein er sich gegeben.

Und als er der Regierung der Pfeilkreuzler (so nannte sich die nationalsozialistische Partei Ungarns) ein Memorandum überreichte, worin er unter Berufung auf Präsident Roosevelt im Fall einer Verübung weiterer barbarischer Gräueltaten die persönliche Bestrafung der Verantwortlichen in Aussicht stellte, ließ der Schwung der methodischen Deportation und Verschleppung merklich nach, weil es die Schuldigen mit der Angst zu tun bekamen.

Auch gegen den Terror kann etwas getan werden. Ein einzelner Mensch kann gegebenenfalls Tausende retten.«

Der päpstliche Gesandte Angelo Rotta, der seit 1930 in Budapest für den Vatikan tätig war, protestierte im Auftrag des Papstes ebenfalls häufig und setzte sich vor allem für die getauften Juden ein. Selbst der Italiener Giorgio Perlasca, der sich als anständiger Faschist verstand, setzte sich als Mitarbeiter der spanischen Botschaft für die Judenrettung ein.

Das Internationale Komitee vom Roten Kreuz schließlich entschloss sich spät, Juden durch Schutzpässe zu retten, da man lange Zeit die Verfolgung der ungarischen Juden als »innere Angelegenheit« bewertet hatte.

Alle, die in Budapest den Juden helfen wollten, verdoppelten ihren Einsatz, als sie sahen, mit welchem Feuereifer sich Raoul Wallenberg engagierte. Die Dringlichkeit wurde allen bewusst, weil Wallenberg die Gefahr klar ansprach. Schon in seinem Bericht vom 17. Juli 1944 – da war er gerade eine Woche in Budapest – schildert er in allen Einzelheiten die Entrechtung und Verschleppung der Juden. Er schreibt von Auschwitz und Birkenau, den Gaskammern und Krematorien, aber auch vom Zwiespalt in der ungarischen Regierung, die von den Deutschen zum Mittun an den Verbrechen gezwungen werde.

Proteste des Auslands hatten durchaus eine Wirkung auf Admiral Horthy. So schickte ihm der schwedische König am 21. Juli 1944 ein Telegramm. Es geht darum, »Sie im Namen der Menschlichkeit zu bitten, Maßnahmen zu ergreifen, um zu retten, was von diesem unglücklichen Volk noch zu retten ist. Dieser Appell ist durch meine aufrichtige Sorge für Ungarns guten Namen und Ruf in der Gesellschaft der Nationen veranlasst worden.«

Das Beispiel Raoul Wallenbergs spornte Lutz, Rotta, Perlasca an, möglichst energisch den deutschen Judenvernichtungsplänen entgegenzuwirken. So wagemutig wie er gingen sie allerdings nicht vor.

Zwischen vielen Feuern

Per Anger, ein enger Mitarbeiter an der schwedischen Botschaft, beschrieb Wallenberg mit diesen Worten: »Wenn er auch nicht das war, was man gemeinhin unter einem Helden versteht, so war er doch ein furchtloser, geschickter Unterhändler und Organisator. Zudem war er ein guter Schauspieler, eine Fähigkeit, die ihm bei seinen Auseinandersetzungen mit den Nazis zustatten kam. Er vereinigte in sich zwei unterschiedliche Persönlichkeiten. Uns, seinen Mitarbeitern, zeigte er das Ruhige, Humorvolle, Intellektuelle und Warmherzige seines Wesens. Eine andere Seite offenbarte er gegenüber den Nazis: er verwandelte sich in eine aggressive Person, die sie bei einer Gelegenheit anschreien und ihnen drohen konnte, bei anderer schmeicheln und sie sogar bestach, ganz wie es die Umstände verlangten.«

Und die Umstände wechselten ständig. Wallenberg hinderte als internationaler Beobachter die Deutschen und die ungarischen Faschisten, die sich Pfeilkreuzler nannten, daran, in Ungarn so hemmungslos vorzugehen wie in anderen Ländern. Gleichzeitig sorgte er immer wieder für die Versorgung der Juden mit Lebensmitteln und Medikamenten. Bald stellte er die personifizierte Hoffnung dar und flößte den Juden neuen Mut ein. Allerdings erwartete man zunehmend fast schon Wunder von ihm.

Um die 4500 genehmigten Schutzpässe bewarben sich bei Wallenberg bis Mitte Oktober ungefähr 8000 Juden. Immerhin über 3500 wurden ausgestellt. Im November stieg die Zahl dann auf über 8000 Pässe. An alle 200 000 Juden gab man sie nicht aus, um die Pässe nicht zu entwerten.

Schließlich ging Wallenberg noch weiter. Er ließ Feldküchen und zwei Krankenhäuser einrichten, um die katastrophale Versorgung der Juden zu verbessern. Er beschäftigte immer mehr Juden persönlich, um sie zu schützen. Er kaufte »Schutzhäuser«, in denen die Juden mit schwedischen Schutzpässen vergleichsweise sicher leben konnten. Am Ende waren es 32 Schutzhäuser, teilweise mit Schulen und Großküchen.

Die Deutschen sahen es mit Ärger, doch selbst Admiral Horthy setzte sich für eine Verzögerung der Deportation ein. Er rechnete mit der baldigen deutschen Niederlage. Statt, wie geplant, am 5. August sollten die Juden erst am 25. deportiert werden. Wallenberg brachte alle neutralen Gesandtschaften dazu, am 21. August ein Protestschreiben zu verfassen, in dem es heißt: »Es ist ganz unzulässig, Menschen wegen der einfachen Tatsache ihrer Abstammung zu verfolgen und in den Tod zu treiben.

Wir bitten die ungarische Regierung, mit diesem Vergehen gegen die Ehre der Menschheit, das nie hätte beginnen dürfen, endgültig Schluss zu machen.«

Am Tag, als die Deportation stattfinden sollte, ergab sich Rumänien den Russen und erklärte Deutschland und Ungarn den Krieg. Horthy sagte daraufhin die Verschleppungen ab. SS-Chef Heinrich Himmler befahl, das hinzunehmen. Zum Herbst hin ergab sich sogar eine gewisse Entspannung der Lage für die Juden. Wallenberg dachte an eine Rückkehr nach Schweden. Er schrieb nach Hause, es gebe eine gewisse Hoffnung, vor dem Einmarsch der Russen Budapest verlassen zu können. Als Admiral Horthy am 15. Oktober den Frieden erklärte, schien die schreckliche Zeit für die Juden vorüber zu sein.

Doch die Deutschen entführten Horthys Sohn und erpressten den Staatschef, die Macht an die von Deutschland unterstützten Pfeilkreuzler zu übergeben. Nach diesem Putsch drangen die Pfeilkreuzler in Schutzhäuser ein, töteten Juden und verschleppten alle Männer zwischen 16 und 60. Sie mussten Zwangsarbeit leisten.

Wallenberg warf sich den Übergriffen mit seinem diplomatischen Einfluss entgegen. Es gelang ihm, wenigstens die meisten Schutzpass-Inhaber zu retten. Drei Tage später allerdings erklärten die neuen ungarischen Machthaber, Schutzpässe nicht mehr anerkennen zu wollen und: dass sie »die Judenfrage lösen werden. Diese Lösung, wenn sie auch erbarmungslos sein wird, wird so sein, wie sie das Judentum durch sein bisheriges und jetziges Verhalten verdient hat.«

Über persönliche Kontakte zur Frau des Außenministers erreichte

Wallenberg, dass die Schutzpässe wieder anerkennt wurden. Zusammen mit dem Schweizer Konsul Carl Lutz befreit er 6000 Juden, die man in einer Synagoge zusammengepfercht hatte. Gleichwohl kam es immer wieder zu Überfällen der Pfeilkreuzler. Wenn Wallenberg davon erfuhr, begab er sich selbst dorthin, um sie aufzuhalten, was in den meisten Fällen Erfolg hatte.

Je unübersichtlicher und gefährlicher die Lage in Ungarn wird, das von den Russen langsam erobert wird, umso weniger hält sich Wallenberg an Gesetze. Bestechung wird immer wichtiger. Außerdem stellt er eine jüdische Garde auf, um Juden zu schützen oder aus Gefängnissen zu befreien. Überlebende erzählen Jahre später von dramatischen Rettungsaktionen, die teilweise unglaublich klingen. Manches mag tatsächlich erfunden worden sein, gleichsam Heiligenlegenden über den tief verehrten Wallenberg.

Tatsache ist, dass Rotta, Lutz und Wallenberg in dieser Zeit die ungarische Regierung mit Protestschreiben eindecken. Dennoch fordert die ungarische Regierung am 7. November, die Juden in Schutzhäusern und ihrer Umgebung zu konzentrieren, wie in einem Ghetto. Beim Umzug dorthin werden sie durch Pfeilkreuzler ausgeraubt, misshandelt, manche getötet.

Es soll noch schlimmer kommen, denn im Oktober trifft Adolf Eichmann wieder in Ungarn ein. Er verlangt im Namen des Deutschen Reiches 50 000 jüdische Zwangsarbeiter. Am 20. Oktober werden alle arbeitsfähigen Männer dazu abgeordnet, danach auch Frauen zwischen 16 und 40. Bis zum 26. Oktober sind es 25 000 Männer und 10 000 Frauen. Da es an Eisenbahnwagen für die Verschleppung fehlt, sollen die Juden die gut 150 Kilometer nach Westen marschieren, obwohl sie sehr geschwächt sind. Die Deutschen zwingen Zehntausende zu Todesmärschen. Viele sterben an Entkräftung, viele werden von Wachtposten erschossen. Raoul Wallenberg, Carl Lutz und Nuntius Rotta versuchen verzweifelt, Juden aus den Kolonnen zu retten. Sie holen »ihre« Schutzjuden aus den Todeszügen, verteilen Essen, stellen Blanko-Ausweise aus und protestieren. Wallenberg schreibt: »Die

endlosen Mühen des Fußmarsches, der fast gänzliche Ausfall der Ver-
köstigung, gesteigert durch die quälende ständige Angst, dass sie in
Deutschland den Vernichtungslagern zugeführt werden, haben diese
armseligen Deportierten in einen Zustand versetzt, dass jedes menschliche Aussehen und jede Menschenwürde ihnen gänzlich fehlen.«

Für die Nazis ist Wallenberg ein rotes Tuch. Es gibt einen in-
szenierten Autounfall, bei dem er ums Leben kommen soll, doch er
überlebt unverletzt. Todesdrohungen erreichen ihn, man wolle den
»Judenhund Wallenberg« erschießen. Ende Dezember häufen sich die
Übergriffe auf die Schutzhäuser, auch schwedische, mit Hunderten
Toten. Wütend protestiert Wallenberg und verhandelt gleichzeitig mit
den Pfeilkreuzlern. Ab dem 8. Januar hören die Überfälle auf. Am
23. Dezember ist Eichmann zwar geflohen, doch befiehlt er noch, das
Ghetto zu zerstören und die etwa 75 000 Juden dort zu töten. Manche
behaupten, der zuständige General Schmidthuber sei von Wallenberg
dazu bewegt worden, es nicht zu tun, doch ist diese Geschichte sehr
unwahrscheinlich.

Am 13. Februar endlich wird Budapest von den Russen eingenom-
men, die ungefähr 120 000 Juden befreien.

Ein schreckliches Ende

Noch ist die ungarische Hauptstadt ein gefährliches Pflaster. Überall
wird geschossen. Da macht sich Raoul Wallenberg gegen den dringenden Rat seiner Botschaftskollegen auf den Weg zu den Russen,
um mit ihnen über einen Plan zu reden. Er hat ihn ausgearbeitet,
um Ungarns Juden, die so viel Fürchterliches erlebt haben, zu helfen.
Tatsächlich gelangen er und sein Chauffeur Vilmos Langfelder zu den
russischen Einheiten. Dort verspricht man, ihn ins Hauptquartier der
Roten Armee ins 200 Kilometer entfernte Debrezin zu bringen.

Das geschieht am 13. Januar. Vier Tage später werden die beiden
das letzte Mal gesehen, als sie sich noch etwas Gepäck holen. Sie wer-

den von russischen Soldaten begleitet, ob als Schutz oder als Gefangenenwache ist unklar. Wallenberg wirkt zuversichtlich, doch ab diesem Moment fehlt von ihm und Vilmos jede Spur.

Jahrelang behaupten Behörden in Moskau, nichts über das Schicksal Wallenbergs zu wissen. Seltsamerweise setzen weder die Familie noch die offiziellen schwedischen Stellen Himmel und Hölle in Bewegung, um etwas über Wallenberg und seinen Chauffeur zu erfahren. 1957 schließlich heißt es in einer Stellungnahme der Sowjetunion, Wallenberg sei am 17. Juli 1947 im Geheimdienst-Gefängnis in Moskau an Herzversagen gestorben. Da er zu diesem Zeitpunkt erst 34 Jahre alt war und vollkommen gesund, befürchtet man in Schweden, er sei hingerichtet worden. 30 Jahre später, 1989, übergibt man der Familie persönliche Gegenstände Wallenbergs, die sich zufällig gefunden hätten: sein Adressbuch, der Diplomatenpass, eine Gefängniskarte sowie Banknoten verschiedener Währungen. Außerdem erklärt man, der russische Verteidigungsminister habe am 17. Januar 1945 den Befehl zur Verhaftung gegeben. Man bedaure die Sache. Gründe für die Inhaftierung, den Tod, vielleicht die Hinrichtung, Vernehmungsprotokolle oder Akten bleiben unter Verschluss.

Das Geheimnis um Wallenbergs Verschwinden wird noch seltsamer, da sich bis in die jüngste Vergangenheit immer wieder Zeugen melden, die ihn nach seinem angeblichen Tod lebend als Gefangenen gesehen haben wollen. Eine offizielle Untersuchungskommission, die sich aus Schweden und Russen zusammensetzt, kommt zu unterschiedlichen Schlüssen. Für die russische Seite handelt es sich um ein unglückliches Versehen, weswegen Wallenberg in Haft geraten und 1947 gestorben sei. Die schwedische Seite geht auf Grund der fehlenden Dokumente davon aus, dass man bis heute Wallenbergs Schicksal nicht klären könne, ja es bestehe sogar – so sah man es im Jahr 2000 – die Möglichkeit, dass er noch lebe.

Ein Geheimagent im eigenen Netz?

Ohne Frage lebt Raoul Wallenberg weiter im Gedächtnis der ungarischen und aller Juden, die seine Taten mit Dankbarkeit preisen. Ebenso wenig verstummen die Stimmen derjenigen, die sich fragen, warum die siegreiche Sowjetunion den Status des Diplomaten Wallenberg weniger achtete als die ungarische Regierung, die Pfeilkreuzler und sogar die Nazis. War er ein Geheimagent? Das klingt überraschend, doch Ivar Olsen, der ihn für den WRB anstellte, war Geheimdienstmitarbeiter der USA. Ob Wallenberg das wusste, ist unklar. Sicher gab Olsen aber Informationen, die er von Wallenberg bekam, an die US-Geheimdienste weiter. Ein russischer Informant behauptet, dass Wallenberg auch für den sowjetrussischen Geheimdienst tätig war. Schließlich heißt es, er habe sogar der SS Informationen geliefert.

Man kann davon ausgehen, dass Wallenberg in der heiklen und undurchsichtigen Situation in Budapest zu allen Seiten Kontakte pflegte, dass er keine Chance ausließ, um Juden zu retten. Hat er sich bei diesen Verhandlungen möglicherweise im eigenen Netz verfangen? Vielleicht wirkte es so, als sei er ein Doppelagent, der beide Seiten bedient und beide betrügt. Möglicherweise hat der russische Geheimdienst im Auftrag des Diktators Stalin versucht, Wallenberg für sich zu gewinnen, weil er exzellente Kontakte zu allen Seiten hatte. Vielleicht wollte man ihn auch benutzen, um eigene Agenten im Austausch mit ihm freizubekommen. Es könnte sein, dass er sich der Anwerbung in Moskau entzog, was vielleicht seinen Tod, durch Vergiftung, verursacht haben könnte. Vielleicht hat sich auch die schwedische Regierung auf eine Erpressung nicht eingelassen und deshalb den Fall Wallenberg lange auf sich beruhen lassen.

Der offizielle Untersuchungsbericht geht davon aus, dass die Russen den schwedischen Diplomaten mit größter Wahrscheinlichkeit

---

10 Für Raoul Wallenberg wurden nicht nur in Ungarn, sondern weltweit Denkmale errichtet. Dieses steht am Great Cumberland Place in London und stammt von Philip Jackson.

für einen amerikanischen Spion gehalten hatten. Endgültig wird sich das wohl nie mehr klären lassen, denn Geheimdienste lassen sich auch noch nach einem halben Jahrhundert nicht gern in die Karten schauen.

Retter der Hunderttausend?

Wie viel Menschen hat Wallenberg nun gerettet? Wirklich 100 000? Sein Auftraggeber Iver Olsen nennt diese Zahl. Er betont, Wallenberg habe den anderen Botschaften in Budapest ein Beispiel gegeben und nur deshalb hätten so viele überlebt. Auch Wallenbergs Mitarbeiter Per Anger nennt 100 000. Recht verlässlich ist die Zahl von ungefähr 119 000 ungarischen Juden, die bis zum Kriegsende überlebt haben. Wahrscheinlich hat diese Zahl zu der griffigen Formulierung vom »Retter der Hunderttausend« geführt.

Genaue Zahlen sind in den chaotischen Monaten des Jahres 1944 nicht ermittelt worden, doch weiß man, dass in den schwedischen Schutzhäusern ungefähr 15 000 bis 20 000 Juden aufgenommen wurden. Alles in allem retteten die Botschaften Schwedens, der Schweiz, Spaniens, des Vatikans und San Salvadors zusammen mit dem Roten Kreuz wohl an die 50 000 Juden. 100 000 sind es, wenn man auch noch die Menschen dazurechnet, die zu Kriegsende im sogenannten allgemeinen Ghetto überlebt hatten. Dafür waren Wallenberg und die anderen immerhin mittelbar verantwortlich, setzten sie sich doch vehement gegen die Deportation der Juden Budapests ein. Macht es wirklich einen Unterschied, ob Wallenberg 100 000 gerettet hat oder »nur« 15 000?

Die ganze Welt

Als die Nationalsozialisten und ihre willigen Helfer ganz Europa terrorisierten, gab es sehr viel mehr Täter und Untätige als Helden. Trotzdem ist die Menge der mutigen Helfer so groß, dass nur die wenigsten bekannt oder gar berühmt wurden. Eric Silver schrieb ein dickes Buch mit dem Titel »Sie waren stille Helden. Frauen und Männer, die Juden vor den Nazis retteten«. Auch er musste sich auf eine kleine Auswahl beschränken.

An einem Platz wird aber aller gedacht, die sich dem Völkermord an den Juden entgegengestellt haben. Es ist die Gedenkstätte Yad Vashem in Jerusalem. Dort pflanzt man für jeden Retter einen Baum und schreibt seinen Namen auf eine Gedenktafel. Ein riesiger Park ist inzwischen entstanden, denn es sind fast 22 000 Bäume. Die Helden bezeichnet man als »Gerechte unter den Nationen«, denn sie stammen aus aller Herren Länder. Mancher von ihnen hat – wie Wallenberg – Tausende vor dem Tod bewahrt, mancher einen oder drei. Auf die genaue Zahl kommt es dabei nicht an. Wie sagt es ein jüdisches Sprichwort aus dem »Talmud«? »Wer einen Menschen rettet, rettet die ganze Welt.«

SCHWARZER SITZPLATZ, WEISSER SITZPLATZ
Rosa Parks Sieg gegen den Rassismus

Die schwarze Bürgerrechtlerin Rosa Parks kämpfte schon lange gegen die Rassendiskriminierung in den USA. 1955 wurde sie dann zur zentralen Figur im Widerstand gegen die Rassentrennung in den Bussen. Statt für einen Weißen den Sitz freizugeben, ließ sie sich verhaften und führte einen Prozess durch alle Instanzen, bis die Rassentrennung in der Öffentlichkeit abgeschafft wurde.

Eine merkwürdige Heldin tritt ganz am Ende des heldenreichen Buches »Der Herr der Ringe« auf: Lobelia Sackheim-Beutlin. Sie ist eine der ganz wenigen Hobbits, die sich den Besatzern des Auenlands widersetzt. Mit ihrem Schirm tritt sie den bewaffneten Feinden entgegen, dabei ist sie schon fast 100 Jahre alt. Ihre mutige Tat führt zu ihrer Verhaftung und zu einer Gefängnisstrafe. Kein Hobbit verteidigt sie oder lässt sich von ihrem Beispiel anstecken. Der Sieg über die Besatzer kommt dann von außen, als Frodo mit seinen Begleitern in die Heimat zurückkommt. Lobelia Sackheim-Beutlin wird befreit, und da erst applaudieren ihr alle Hobbits und ehren sie den kleinen Rest ihrer Tage als Heldin.

Was Tolkien in seinem Fantasy-Roman beschreibt, entspricht den Tatsachen. Immer wieder handeln Frauen im Widerstand gegen das Unrecht mutiger als Männer. Gleichzeitig werden sie immer wieder Opfer ihrer Tapferkeit, auch weil ihr Beispiel andere nicht wachrüttelt. Dank oder Ehre kommen für sie spät, oft nie. Ihre Waffen gleichen außerdem eher dem Regenschirm Lobelia Sackheim-Beutlins als den Schwertern, Gewehren und Bomben der Männer. Schließlich erzählt man häufig über tapfere Frauen rührende Geschichten, in denen sie weniger als planende und kluge, sondern vielmehr als gefühlsgeleitete und spontan handelnde Heldinnen geschildert werden. Zum Beispiel Rosa Parks.

Das Märchen von der müden Näherin

Es war einmal eine arme Näherin, die lebte mit ihrem Mann und ihrer Mutter in Montgomery, im Staate Alabama, im Süden der USA. Sie arbeitete hart und war eine einfache, anständige, nicht besonders gebildete schwarze Frau. Zur Arbeit fuhr sie immer mit dem Bus. Dort durfte sie nicht sitzen, wo sie wollte. Es gab vorne fünf bis zehn Reihen für Weiße und dann die anderen für Schwarze. Waren die vorderen Plätze besetzt, mussten die Schwarzen aufstehen, um ihren Platz einem Weißen zu geben. In einer kalten Dezembernacht des Jahres 1955 machte sich die Näherin, müde von der langen Arbeit, auf den Heimweg mit dem Bus. Da stieg ein Weißer ein. Die vorderen Plätze waren alle belegt. Also befahl der Fahrer den vier Schwarzen in der nächsten Reihe aufzustehen. Drei erhoben sich. Rosa Parks nicht. Sie war zu müde. Und sie war es müde, unterdrückt zu werden. Selbst als der Fahrer mit der Polizei drohte, weigerte sie sich. Parks wurde verhaftet und von einem Richter verurteilt. Da wurden die Schwarzen in Montgomery wütend. Ab dem nächsten Tag fuhren sie nicht mehr mit dem Bus. Weil aber drei Viertel der Fahrgäste Schwarze waren, machte die Busgesellschaft große Verluste. Eines schönen Tages wurde deshalb die Aufteilung der Bussitze in »weiße« und »schwarze« aufgehoben. Die Schwarzen freuten sich über den Sieg, und die mutige, sture, müde Näherin namens Rosa Parks wurde als Heldin gefeiert.

Die gefährlich dummen Kindergeschichten

In allen Grundschulen der USA steht diese wunderbare und tröstliche Geschichte über die erfolgreiche Tat einer Einzelnen auf dem Lehrplan. Meistens kommt die erfolgreiche Sitzenbleiberin Rosa Parks auch in den höheren Schulklassen als Lernstoff vor. Eine Menge Bilder-, Kinder- und Jugendbücher schildern die einfache, ergreifende, zu Herzen gehende Geschichte, um Jugendlichen ein Beispiel für verantwortungsbewusstes, mutiges Handeln zu geben.

Dahinter stecken gute Absichten, doch meistens werden die Tatsachen so vereinfacht und verkürzt, dass es schon an Lüge und Geschichtsverfälschung grenzt. Vielleicht will man Kinder und Jugendliche nicht mit einer komplizierten Geschichte überfordern? Vielleicht will man ihnen zu harte Fakten ersparen? Ein Grund, vereinfacht zu erzählen, ist sicher eine weitverbreitete Art der Heldengeschichte. Viele Sagen konzentrieren sich auf die Person des Helden und auf einen Grundkonflikt. Selbst wenn er jahrelange Fahrten und Dutzende Abenteuer zu bestehen hat, geht es doch immer um ihn und um die unermüdliche Arbeit an der Lösung des Konflikts. Am Ende hat der Held dank seiner hervorragenden Tapferkeit, Tatkraft und Opferbereitschaft Erfolg. Die Botschaft versteht jeder, und allen ist warm ums Herz.

Viel schwieriger ist es, historisch angemessen, wahrhaftig und doch anschaulich spannend zu erzählen. Doch Leser haben es verdient, ernst genommen zu werden, zumal es dumm und gefährlich sein kann, Tatsachen zu verschweigen.

Sweet Home Alabama?

Rosa Parks (1913–2005) war tatsächlich eine Näherin, stammte wirklich aus einfachen Verhältnissen und konnte deshalb kein College besuchen. Sie war eine Heldin und dennoch eine ganz normale Frau. Sie war kein Supergirl mit Wunderkräften, das plötzlich aus dem Nirgendwo auftaucht, um ihre schwarzen Leidensgenossen zu retten. Sie wurde zur Heldin, aber nicht erst in dem Moment, als der Busfahrer ihr befahl aufzustehen.

Damals, am 1. Dezember 1955, war sie 42 Jahre alt, verheiratet mit einem Friseur. Ihre Heimatstadt Montgomery liegt im Süden der USA, wo der Rassismus von den Weißen allgemein anerkannt war;

selbst heute noch viel zu sehr. Die ehemaligen Sklavenhalter sahen ihre ehemaligen Sklaven weiterhin als minderwertige Menschen an. Da die Weißen die Macht hatten, waren der ganze Bundesstaat Alabama und seine Gesetzgebung rassistisch. Strenge Rassentrennung galt fast überall. Das bedeutete, Weiße und Schwarze durften weder Schwimmbäder teilen noch Toiletten, Hotels, Wartesäle, Trinkwasserstellen, Restaurants, Büchereien, Kinos, Zug- und Busabteile. In der Regel gab es jeweils zwei Einrichtungen, eben »schwarze« Restaurants und »weiße«, »schwarze« Taxis und »weiße«, oder die Schwarzen und die Weißen wurden in Abteilungen voneinander getrennt. Die Schwarzen erlebten auf diese Weise Tag für Tag und auf Schritt und Tritt Demütigungen. Denn ihnen wurden stets die wesentlich einfacheren, billigeren und schlechteren Schulen, Wartehallen oder Toiletten zugewiesen.

Dazu kamen die Beschimpfungen. Fast kein Weißer dachte sich etwas dabei, Schwarze mit Spottnamen anzureden, nur mit ihrem Vornamen oder Schimpfwörtern. Man behandelte jeden als Diener und als Menschen zweiter Klasse. Selbst auf den minimalen Schutz durch die rassistischen Gesetze konnten sich Schwarze nicht verlassen. Wurden sie von einem Weißen misshandelt, vergewaltigt, beraubt oder ermordet, kümmerten sich Polizei und Gerichte oft nicht darum oder entschieden zugunsten der Weißen.

Und das alles, obwohl die Verfassung der USA und ihre Unabhängigkeitserklärung die Gleichberechtigung ihrer Einwohner schon fast 200 Jahre lang garantierten und obwohl schon fast 100 Jahre seit dem Amerikanischen Bürgerkrieg (1861–1865) vergangen waren, der zur Abschaffung der Sklaverei geführt hatte. Für die Schwarzen glich das immer wieder besungene Alabama viel zu oft einer Hölle. Man kann die Heldin Rosa Parks schwer verstehen, wenn man diesen Hintergrund nicht kennt.

Ein kleiner Schritt für die Menschheit, aber Tausende für Rosa Parks

Schon die Fahrt mit dem Bus gehörte zu den alltäglichen Demütigungen. Die meisten Schwarzen fuhren mit ihm, weil sie kein Geld für ein Auto hatten. Obwohl die Busgesellschaft ihr Hauptgeschäft mit ihnen machte, schikanierten sie und deren Fahrer die Schwarzen. Die Trennung in zwei Abteilungen war Gesetz, nicht jedoch diese Vorschrift: Schwarze mussten vorn beim Fahrer einsteigen, bezahlen, dann wieder aussteigen, den Bus entlang zur Hintertür gehen und dort zum zweiten Mal einsteigen. Öfters fuhren Busse einfach weg, wenn ein Schwarzer bezahlt hatte und auf dem Weg zur rückwärtigen Tür war. Beschimpft wurden sie außerdem regelmäßig.

Weil die Bus-Gesellschaft so abhängig von ihren schwarzen Benutzern war und weil die Demütigungen im Bus fast jeden Schwarzen betrafen, bot sich hier eine ideale Gelegenheit zum Widerstand. Rosa Parks war nicht die Einzige und nicht die Erste, die das begriff. Zehn Jahre zuvor hatte sich bereits Irene Morgan geweigert, in einem Interstate-Greyhound-Bus für einen Weißen aufzustehen. Sie klagte gegen ihre gesetzwidrige Behandlung und gewann 1946 den Prozess in letzter Instanz. Damit war wenigstens in Bussen und Zügen, die zwischen den US-Bundesstaaten verkehrten, Schluss mit der Rassentrennung.

So wichtig Einzelne in diesem Kampf auch waren, so hatten sie doch nur Erfolg, weil sie sich mit anderen zusammenschlossen. Es gab schon lange Organisationen, die gegen die verfassungswidrige Rassentrennung angingen. Die angeblich allein handelnde Rosa Parks aus den Schul- und Kinderbüchern war in Wirklichkeit eine der ersten Frauen in Montgomery, die sich in der »Nationalen Gesellschaft für die Förderung der Farbigen« (NAACP) engagierte. Neben ihrem Job als Schneiderin arbeitete sie dort über Jahre, hatte intensiven Kontakt mit Gewerkschaftern und erfuhr viel über Streikorganisation. Besonders stark setzte sie sich in der NAACP für die Jugendarbeit ein. Hier gelang ihr die erste aufsehenerregende Aktion gegen die Rassentrennung. Im Jahr 1954 kam der »Freedom Train« nach Montgomery, ein Zug als rollendes Museum. Hier konnte man ein Original der Verfassung und das der Unabhängigkeitserklärung bestaunen, die Bürgerrechtserklärung, dazu andere Dokumente und Ausstellungsstücke aus der Geschichte der amerikanischen Demokratie. Weil es eine Bundesausstellung war, war der Zug für alle offen. Die Behörde vor Ort konnte in diesem Fall keine Rassentrennung durchsetzen. Trotzdem wurde eine Trennung von allen ängstlich und genau beachtet, bis Parks sich mit ihrer Gruppe schwarzer Jugendlicher unter die weißen Besucher mischte: eine mutige und durchaus gefährliche Tat, denn Weiße hatten schon aus geringeren Anlässen mit Prügel und schlimmen Drohungen reagiert. Nicht nur damit machte Parks sich innerhalb der Organisation einen Namen. Energisch ging sie gegen die Rassentrennung in den Schulen vor, nachdem das höchste Gericht der USA sie verboten hatte. Um noch besser Widerstand leisten zu können, besuchte Parks 1954 ein Schulungscamp für sozial engagierte Führungskräfte.

Ihre Weigerung, am 1. Dezember aufzustehen, war also nur der berühmt gewordene Schritt einer Frau, die schon Tausende Schritte auf dem Weg des antirassistischen Kampfs gegangen war.

Ein geplanter Zufall

Dennoch wollte sie an dem Tag, als sie verhaftet wurde, nicht einfach Heldin spielen. Sie hatte oft gegen die Rassengesetze verstoßen und sich häufiger geweigert aufzustehen. Andere hatten es ebenfalls getan, und Parks wurde auch nicht als Erste oder Einzige verhaftet. In den Monaten vorher gab es mindestens drei ähnliche Fälle. Warum verlief dann dieser Abend so ganz anders?

Seit Jahren wussten die organisierten Schwarzen, dass ein Busboykott eine gute Möglichkeit darstellte, gegen die Rassentrennung vorzugehen. Umso wichtiger war es, ihn gut zu planen. Wann sollte man ihn beginnen? In welcher Stadt gab es die besten Chancen auf einen

Erfolg? Welche Person wäre geeignet, ihn auszulösen? Man wartete schließlich nur noch auf die passende Gelegenheit.

Alleine 1953 beschwerten sich mehr als 30 Schwarze über Misshandlungen durch die Busgesellschaft und ihre Fahrer. Einer 15-Jährigen schließlich, die kurz vor Parks verhaftet worden war, wollten die schwarzen Aktivisten die Belastungen durch Haft und Gerichtsprozess nicht zumuten, von der Gefahr ganz zu schweigen. Da war Rosa Parks, die gestandene Kämpferin aus den eigenen Reihen, schon ein anderes Kaliber. Man kannte sie als mutig und unbeugsam. Außerdem war sie anerkannt und beliebt, so dass sich viele für sie einsetzen würden. Als die schwarzen Bürgerrechtler erfuhren, dass sie verhaftet worden war, erkannten sie die günstige Gelegenheit und begannen damit, den Busstreik vorzubereiten. Niemand hatte den Vorfall inszeniert oder provoziert.

Leerfahrten als Lehrstück

Am 1. Dezember 1955 geschah kein pädagogisches Märchen. Es war vielmehr so: Die organisierte und aktive Kämpferin gegen den Rassismus Rosa Parks saß damals in der ersten Reihe der »Coloured Section«, dem Bereich für Schwarze, als ein Weißer ohne Sitzplatz zustieg. Das Gesetz besagte, dass in diesem Fall Schwarze einem Weißen Platz machen müssen. Drei Schwarze beugten sich dem Gesetz. Doch der Fahrer bestand darauf, dass alle vier gingen, denn der Weiße sollte nicht neben einer Schwarzen sitzen müssen – vier Plätze für eine Person. Die vierte Person war Rosa Parks. Wie so oft in ihrem Leben weigerte sie sich. Bei anderen Gelegenheiten hatten Busfahrer sie aus dem Bus geworfen, doch dieser drohte, die Polizei zu holen. Als Parks sitzen blieb, hielt er an und rief zwei Polizisten in den Bus. Die forderten sie noch einmal auf, den Platz freizugeben. Sie weigerte sich und wurde verhaftet.

Sie wussten nicht, dass sie es mit einer Führungspersönlichkeit des schwarzen Widerstands zu tun hatten. Die Nachricht von ihrer

Verhaftung verbreitete sich schnell, und da der Plan zum Busboykott schon lange bestand, konnte er rasch umgesetzt werden. Sofort trafen sich die wichtigsten Aktivisten, um die Entscheidung zu erwägen und dann zu fällen. Man schrieb in der Nacht den Text für Flugblätter und vervielfältigte sie. Insgesamt wurden es 50 000. Darin forderte man die Abschaffung der Rassentrennung in den Bussen. Solange sie nicht erfolge, werde kein Schwarzer mehr die Busse benutzen. Über Telefon verbreitete sich die Nachricht vom Boykott zusätzlich, so dass am nächsten Tag schon, dem 2. Dezember, der Streik beginnen konnte.

Die Fahrer müssen an diesem Morgen lange Gesichter gemacht haben, als sie mit leeren Bussen durch die schwarzen Stadtviertel fuhren. Die Aktion erwies sich von Beginn an als sehr erfolgreich, obwohl die Schwarzen nun oft weit zur Arbeit laufen mussten. Nur wenige hatten Fahrräder, und in den seltensten Fällen fanden sie eine Mitfahrgelegenheit: Fast kein Schwarzer besaß ein Auto, und Weißen war es verboten, Schwarze mitzunehmen. Leicht ließ sich die Forderung nicht durchsetzen.

Zwar wurde Rosa Parks bald auf freien Fuß gesetzt, doch der Staat, die Stadt und die Busgesellschaft wollten sich dem Druck der Schwarzen nicht beugen, obwohl die finanziellen Verluste gewaltig waren. Es war ein Machtkampf. Wer würde zuerst seine Position aufgeben? Wer hätte den größeren Durchhaltewillen?

Ein erster Erfolg kam rasch. Nach einigen Wochen Streik holten weiße Frauen ihre schwarzen Dienstmädchen, Köchinnen und Putzfrauen mit dem eigenen Auto ab – gegen das Gesetz. Wenn man sie verhaften wollte, protestierten sie und gaben an, so lange weiter die Schwarzen abzuholen, bis der Boykott beendet sei oder die Männer das Kochen, Putzen, Bügeln übernähmen. Den meisten Schwarzen fiel es schwer, ohne Busse auszukommen, weil sie zu Fuß manchmal Stunden länger zur Arbeit und wieder nach Hause brauchten – und das bei jedem Wetter! Trotzdem hielten sie über ein Jahr lang durch.

Dafür sorgte auch der Sprecher der ganzen Aktion, den man noch in der Nacht der Verhaftung gewählt hatte. Es handelte sich um den neuen, erst 26 Jahre alten Baptistenprediger und Doktor der Theologie Martin Luther King Jr. Mit seiner Ausstrahlung und Redegabe wurde er rasch zum »Gesicht« des Boykotts.

Und seine Rolle als Sprecher des Montgomery-Busstreiks machte ihn in kurzer Zeit berühmt, so wie zu einem der wichtigsten Köpfe im Kampf um die Gleichberechtigung. Für ihn wie für die meisten anderen organisierten Schwarzen war nicht nur während dieser Aktion der indische Freiheitsheld und Weisheitslehrer Gandhi ein wichtiges Vorbild.

Das Wasser und der Stein

Ein Regenschirm wäre dem Inder Mohandas Karamchand Gandhi (1869–1948), bei uns besser bekannt als Mahatma Gandhi, schon zu viel Waffe gewesen. Gewaltlosigkeit war für ihn als Wert und Grundsatz neben Wahrheit und Selbstdisziplin besonders wichtig. Er schrieb: »Wahrheit schließt die Anwendung von Gewalt aus, da der Mensch nicht fähig ist, die absolute Wahrheit zu erkennen und deshalb auch nicht berechtigt ist zu bestrafen.«

Gandhi ist weltweit so berühmt wie ein Popstar. Dass er gegen Gewalt war und den Spruch »Das weiche Wasser höhlt den Stein« gesagt haben soll, weiß man; mehr meistens nicht. Das Unwissen fängt schon mit dem Namen an, denn den Beinamen »Mahatma«, »Große Seele«, liebte Gandhi nicht. In seinem Heimatland ließ er sich lieber mit dem Ehrentitel »Bapu« ansprechen, was »Vater« heißt.

Ihm widerfuhr, was sehr berühmten Menschen oft geschieht. Ihr tatsächliches Leben tritt hinter den Geschichten zurück, die man sich von ihnen erzählt. Das nennt man »Heiligenlegende« oder »Heiligengeschichtsschreibung«. Dabei erzählt man nur Positives und konzentriert sich auf die wichtigsten Fakten. Fakten, die nicht zur schönen Geschichte passen, werden verändert oder verschwiegen. Es geht wie bei dem Spiel »Stille Post«, nur absichtlich: Aus den vielfältigen und komplizierten Daten, die ein Leben und eine Person ausmachen, entsteht durch ungeprüfte Weitergabe, durch bewusste oder unbewusste Missverständnisse ein Zerrbild. Am Ende steht kein Porträt, sondern ein geschöntes Heiligenbild oder eine Karikatur. Gandhi eignete sich exzellent für Karikaturen, schon weil er sich über Jahrzehnte fast immer gleich kleidete: in ein helles Tuch gewickelt, einen selbst gewebten Lendenschurz tragend, eine runde Nickelbrille und einen Wanderstab. Millionenfach sah und sieht man ihn so, sogar auf Postern – vor allem im Westen.

Die Inder dagegen beurteilen Gandhi unterschiedlich. Manche sehen in ihm einen komischen Heiligen, weil er Besitzlosigkeit predigte, aber ohne seine reichen Gönner niemals so viele andere hätte beeinflussen und an sich binden können. Außerdem predigte er unbedingte Gewaltlosigkeit, obwohl er im Privaten oder im Politischen durchaus Druckmittel einsetzte. Mehrfach trat er öffentlich in den Hungerstreik, um zu protestieren oder etwas zu erreichen; natürlich eine gewaltlose Aktion! Doch wusste die britische Kolonialbehörde, dass Gandhis Tod wegen eines Hungerstreiks Hunderttausende in Aufruhr versetzen könnte, die sich nicht auf Friedlichkeit beschränken würden. Selbst einflussreichen Förderern und Schülern erschien er oft eigensinnig zu sein, nicht besonders interessiert an den Meinungen anderer, und Kritik an seinen Gedanken oder Plänen mochte er nicht. Dabei formuliert er einmal grundsätzlich: »Die Meinungen, die ich mir gebildet habe, und die Folgerungen, zu denen ich gekommen bin, sind nicht endgültig. Vielleicht ändere ich sie morgen schon. Ich habe die Welt nichts Neues zu lehren. Wahrheit und Gewaltfreiheit sind so alt wie die Berge. Alles, was ich getan habe, ist, dass ich versuchte, in beiden Experimente auf einer möglichst breiten Basis durchzuführen. Dabei habe ich mich manchmal geirrt, und ich habe von meinen Fehlern gelernt.« Gandhis Auffassung, Maschinen sollten ausschließlich für Tätigkeiten eingesetzt werden, die nicht mit der Hand erledigt werden könnten, betrachten viele Inder sogar als gefährlichen Unsinn. Hätte die Regierung so gehandelt, wäre das Land heute ein extrem wenig entwickelter Staat, in dem noch viel mehr Arme lebten.

Dieser Inder Gandhi machte zu Lebzeiten eine Wandlung durch: vom Sohn aus reichem Hause und Rechtsanwalt mit vier Kindern zu einem politisch einflussreichen geistigen Lehrer, der ohne Besitz und getrennt von seiner Familie lebte. Nach seinem Tod wurde er dann zu einer Mischung aus Heiligem und Popstar. Vor allem außerhalb Indiens sah man ihn als strahlenden Helden und weisen Lehrer an, der sein Land gewaltfrei in die Unabhängigkeit geführt habe und schließlich sogar zum Märtyrer geworden sei. 1948 erschoss ihn ein Hindu, der seine Aussöhnungspolitik nach der Teilung Indiens für Verrat hielt.

Schon als Kind lernte Gandhi das Ideal der Gewaltlosigkeit kennen. Er studierte in London Rechtswissenschaften, las aber auch die Bibel, in der ihn vor allem die Bergpredigt mit ihrem Lob der Armut und der Friedfertigkeit faszinierte. Als Rechtsanwalt ging er nach Südafrika, wo ihn der alltägliche Rassismus empörte. Erfolgreich kämpfte er gegen die Vorrechte von Weißen. Allerdings setzte er sich nicht für alle Farbigen ein, sondern nur für seine indischen Landsleute, deren Besserstellung er mit anderen Aktivisten tatsächlich erreichte. Die Schwarzen blieben unterdrückt.

1915 kehrte Gandhi – schon recht berühmt – nach Indien zurück. Dort gewann er politische Macht und als Weisheitslehrer großen Einfluss. Mit anderen strebte er die Unabhängigkeit Indiens von der britischen Kolonialherrschaft an. Allerdings wollte er – wie er es in Südafrika gelernt hatte – nicht Waffen sprechen lassen, sondern mit passivem Widerstand und zivilem Ungehorsam zum Ziel kommen. Niemand sollte mit den Briten oder für sie arbeiten, ihre Gesetze sollten, wenn sie ungerecht waren, gebrochen werden, doch ohne Gewalt. Kein Wunder, dass die Kolonialherren Gandhi ins Gefängnis warfen! Insgesamt acht Jahre seines Lebens verbrachte er hinter Gittern. Seine

Aktionen verliefen nur zum Teil, wie er es sich erhofft hatte. Immer wieder gingen Polizisten und Soldaten so brutal gegen die friedlichen Demonstranten vor, dass die sich endlich doch wehrten. Gandhi bestürzten solche Vorfälle, aber er ließ nicht davon ab, zu spektakulären Demonstrationen aufzurufen, kannte er doch schon damals den besonderen Wert der öffentlichen Meinung. Und tatsächlich berichteten die Zeitungen auf der ganzen Welt über ihn und seine Politik.

Weil Indien 1947 die Unabhängigkeit gewährt wurde, hielt man ihn für einen Wundermann, der allein den Kolonialismus in seinem Heimatland überwunden habe. Dabei hatten Tausende Politiker und Millionen Inder sich mit ihm für die Unabhängigkeit engagiert. Außerdem entließ das hoch verschuldete Großbritannien Indien auch deshalb in die Freiheit, weil es sich dessen kostspielige Verwaltung nicht mehr leisten konnte. Dass Gandhi erschossen wurde, machte ihn zum Märtyrer und noch berühmter.

Ein Triumph mit Folgen, kein endgültiger Sieg

Rosa Parks erschoss man zum Glück nicht. Ohne Gewalt ging es aber in Montgomery 1956 nicht ab. Sie wurde fast ausschließlich von Weißen eingesetzt. Die Schwarzen hielten sich durchweg an Gandhis Grundsatz, dem Unrecht nur passiven Widerstand entgegenzusetzen. Wie Gandhis Aktionen erregten auch die der Schwarzen in Montgomery erhebliches Aufsehen. Bald berichteten nicht nur US-amerikanische, sondern auch die meisten internationalen Zeitungen über den Busboykott. Dennoch wurde die Geduld der Schwarzen auf eine harte Probe gestellt.

Erst nach 381 Tagen Busboykott entschied der Supreme Court der USA am 20. Dezember 1956, die Rassentrennung in den Bussen aufzuheben. Die Schwarzen jubelten, und Rosa Parks feierten sie besonders. Tatsächlich durften sie sich ab diesem Datum im Bus hinsetzen, wo sie wollten. Der organisierte Widerstand der Schwarzen hatte den

Rassisten eine Schlappe beigebracht. Das machte einige von ihnen so wütend, dass sie mindestens zweimal auf gemischtbesetzte Busse schossen. Viel öfter verprügelte man Schwarze, die sich ihr Recht nahmen. Die weiter bestehenden Gesetze zur Rassentrennung wurden kurz danach sogar besonders oft und streng angewendet. So wurden vor allem Weiße angeklagt, die gegen sie verstoßen hatten, beispielsweise ein Soziologieprofessor aus Illinois und seine 15 Studenten, die in einem »schwarzen« Restaurant gegessen hatten.

Es handelte sich eben um einen Etappensieg von großer juristischer und symbolischer Bedeutung. Der Kampf um die Gleichberechtigung und gegen den Rassismus profitierte stark von dem Erfolg. Zu Ende ist er selbst heute nicht, obwohl ein Schwarzer Präsident der USA werden konnte. Das Beispiel des Busstreiks in Montgomery hatte damals bewiesen, dass passiver Widerstand, dass friedliche Gegenwehr mehr Erfolg verspricht als Gewalt.

Wichtig für den Triumph waren führende Köpfe in der Stadt wie Rosa Parks und Martin Luther King Jr., die der Aktion Gesicht und Stimme gaben. Ohne ihre starke Organisation und die außergewöhnliche Solidarität der Schwarzen hätten sie es aber nie geschafft.

Nach der Heldentat ist das Leben noch schwerer

Rosa Parks galt nun als siegreiche Heldin. Der überwältigende Erfolg freute sie sehr. Ihre Probleme verringerten sich danach aber nicht, sie wurden noch größer. Nach der raschen Haftentlassung verlor sie im neuen Jahr ihre Arbeit. Von da an nahm sie Gelegenheitsarbeiten für daheim an und engagierte sich noch mehr in der Bürgerrechtsorganisation und der Kirche. Eine weitere Woche danach gab ihr Mann Raymond seinen Job im Friseursalon auf der »Maxwell Air Force Base« auf, weil sein Chef jede Erwähnung des Boykotts oder Rosa Parks' verbot. Genau zu diesem Zeitpunkt erhöhte ihr weißer Vermieter die Miete um zehn Dollar – Rosa Parks hatte vorher nur 25

12 Rosa Parks wurde nach dem erfolgreichen Ende des Busstreiks berühmt und immer wieder in ihrer Rolle als mutige »Sitzenbleiberin« fotografiert.

Dollar im Monat verdient. Das Leben wurde immer härter, denn fast jeden Tag kamen Briefe und Telefonanrufe mit Beschimpfungen und Todesdrohungen. Angst und Verzweiflung trieben ihren Mann dazu, immer mehr zu rauchen und zu trinken. Rosa Parks ließ sich aber noch nicht verjagen. Sie unternahm eine Reise, um Unterstützung für den Streik im Norden und Westen der USA zu erreichen. Aber sie bekam schlimme Magenprobleme. Zum ersten Mal in ihrem Leben musste sie sich verschulden, weil sie in Montgomery keine Arbeit mehr finden konnte. Zähneknirschend akzeptierte die stolze Frau die finanzielle Unterstützung durch Freunde. Schließlich hielt sie es nicht mehr aus. Sie folgte dem Rat eines Cousins und zog mit ihrer Familie im Herbst 1957 nach Detroit.

Andere hätten vielleicht gesagt: »Jetzt ist es genug. Ich habe mehr als meine Pflicht erfüllt!« Rosa Parks dagegen suchte sich Arbeit als Näherin, fuhr mit dem Bus zur Arbeit und engagierte sich gleich wieder für die Integration der Schwarzen, vor allem der Jungen.

Beim großen Marsch nach Washington 1963 mit abschließender Massenkundgebung war sie dabei. Allerdings hielt sie keine Rede. Die Führungspersönlichkeiten der Bürgerrechtsbewegung und die Kämpfer gegen Rassismus handelten als Macho-Männer. Frauen, selbst solche wichtigen Kämpferinnen wie Rosa Parks, durften damals nicht öffentlich sprechen; da waren sich weiße und schwarze Bürgerrechtler einig. Nur als Dekoration waren Frauen willkommen: Marian Anderson und Mahalia Jackson durften auf der Kundgebung singen.

Fast 25 Jahre arbeitete Rosa Parks bei einem Abgeordneten des Repräsentantenhauses, dem sie mit zum Wahlsieg verholfen hatte, dazu in einer Kirchengemeinde und für die Bürgerrechtsbewegung. Unermüdlich sorgte sie dafür, dass selbst nach ihrem Tod ihre Ideale weiterverbreitet werden würden. Sie gründete in ihrem Un-Ruhestand 1987 das »Rosa and Raymond Parks Institute for Self-Development«, in dem die Entwicklung 11- bis 17-jähriger Jugendlicher zu selbstbewussten Staatsbürgern gefördert wird.

Je älter sie wurde, umso häufiger ehrte man Rosa Parks. Man schmückte sich mit ihrer Berühmtheit und ihrer Tat, selbst wenn man nicht allzu viel davon wusste.

Ihr Beispiel macht sehr deutlich, dass es sich lohnt, Geschichten auf den Grund zu gehen. Dann erkennt man, dass Heldinnen viel heldenhafter sind, als man meint, dass Heldentaten schwierig sein mögen, viel schwieriger aber ein ganzes politisch engagiertes Leben ist, und dass schließlich keiner zum Held geboren wird. Vor allem lernt man aus Rosa Parks Geschichte, dass man am meisten erreicht, wenn man sich mit vielen anderen zusammenschließt.

EIN BUNTES HEMD MIT VERGANGENHEIT
Nelson Mandela und die Macht des gefesselten Prometheus

Der Rechtsanwalt Nelson Mandela war privilegierter als andere Schwarze, doch er wollte die Rassendiskriminierung und Unterdrückung nicht länger hinnehmen. Als Kämpfer und Leiter des »Afrikanischen National-Kongresses« wurde er gefangen genommen und verbrachte Jahrzehnte seines Lebens in Haft. Seine Widerstandskraft und Aufrufe zum gewaltlosen Wandel ermöglichten ein Ende der weißen Herrschaft in Südafrika. Er wurde der erste Präsident des neuen Südafrika und eine Ikone für den Kampf um Gleichberechtigung.

Hinter Gittern! Kaltgestellt! Weggesperrt! So sehen Gewaltherrscher einen Gegner am liebsten. Er soll im Gefängnis versauern. Man hat ihn dort in der Hand und kann unbeobachtet mit ihm tun, was man möchte. Jedenfalls in Halb-Diktaturen wie Südafrika in den Jahren vor 1994. Hier behandelte man alle Farbigen als minderwertig und sah das auch noch als Gottes gerechten Ratschluss an.

»Apartheid« nannte man das Prinzip dieser Politik, was erst einmal nur »Abtrennung« bedeutet oder »Separierung«. Im Lauf der Jahre aber bezeichnete der Begriff ein brutales System der Rassentrennung. Wer gegen die Apartheid ankämpfte, begab sich nicht selten in Lebensgefahr, wozu die lebenslange Haftstrafe gehörte. Wird jemand in Deutschland dazu verurteilt, kommt er bei guter Führung und nicht zu schwerer Tat nach 15 bis 20 Jahren aus dem Gefängnis. In Diktaturen ist das anders. Hier kann man hinter Gitterstäben verrotten.

Manchmal verhängen solche Regime auch Hausarrest, wie es die Militärherrscher in Birma mit Aung San Suu Kyi machten. Die Oppositionsführerin gewann zwar die Wahlen von 1990, aber anschließend wurde das Ergebnis unterschlagen und man verbannte Aung San Suu Kyi in die eigenen vier Wände; bis heute.

In Südafrika geschah es dem Führer des antirassistischen »African National Congress« (ANC), dass er nach vielen Prozessen am 11. 6. 1964 zu lebenslanger Haft verurteilt und auf die Gefängnisinsel Robben Island gebracht wurde, die er von vorigen Aufenthalten schon kannte. Die Wärter empfingen ihn und die anderen Häftlinge mit den Worten: »Dies ist die Insel. Hier werdet ihr sterben. Los! Los!«

Warum bringen Gewaltherrscher wie in Birma oder in Südafrika ihre Gegner nicht einfach um, sondern sperren sie für Jahre oder gar Jahrzehnte ein? Haben die Inhaftierten eine geheime Macht? Oder sollen sie einfach nur so lange wie möglich gequält werden wie einst Prometheus?

Ein Titan am Felsen

Prometheus war ein sehr freier Geist, dazu eine der interessantesten Gestalten der griechischen Mythologie. Als Titan besaß er übermenschliche Geistes- und Körperkräfte, doch fühlte er sich den Göttern nicht so nah wie den Menschen. Ihnen galt seine Neugier und sein Mitleid. Er betrog die Götter, stahl auch noch dem obersten mit Namen Zeus das Feuer und lehrte die Menschen, es zu bewahren. Er unterwies sie in Ackerbau, in der Schrift und anderen Überlebenskünsten, ja, nach manchen Überlieferungen erschuf er sogar selbst die Menschen.

Zeus verzieh ihm seinen Freiheitsdrang nie. Am wütendsten aber war der Göttervater darüber, dass Prometheus von einem Blitz das Feuer stahl und den Menschen brachte. Denn es machte die Menschen unabhängig von den Göttern. So beschloss Zeus, Prometheus für seine Taten zu bestrafen.

Der Titan wurde gefangen genommen und an eine Felswand im Kaukasus-Gebirge geschmiedet. Jeden Tag kam ein Adler, um mit seinen Krallen Prometheus den Bauch aufzureißen und Stücke seiner Leber zu verzehren. Da der Titan unsterblich war, heilte die Wunde jede Nacht, bis der Adler am nächsten Tag zurückkehrte, um ihn erneut zu foltern.

Einfache Menschen, die den Großen im Wege sind, schafft man einfach gewaltsam aus der Welt. Titanen dagegen behandelt man grausam, aber doch mit Vorsicht und Respekt. Götter und Diktatoren zeigen Vernunft, wenn sie mächtige Gegner nicht einfach umbringen. Schließlich gibt es kaum etwas Mächtigeres, als den Mythos eines Märtyrers, der manchmal Millionen aufwiegln kann. So hoffen die Gewaltherrscher auf den Einfluss der Zeit. Vielleicht vergessen die Menschen über den alltäglichen Sorgen ihre gefangenen Helden nach ein paar Jahren. Dass es die Diktatoren befriedigt, ihre Gegner durch die Haft zu quälen, ist sicher auch ein Grund.

Häuptling »Buntes Hemd«

Groß ist Nelson Mandela (geboren 1918) schon. Aber ein Titan? Mit knapp 1,90 Metern ragte er als junger Mann jedenfalls schon über seine Altersgenossen hinaus. Heute ist das oft immer noch so, und die Bewunderung für den »Retter« Südafrikas kennt kaum Grenzen.

Viele Jahre lang scheint es, als ob der erste schwarze Präsident Südafrikas hauptsächlich als beliebtes Fotomotiv der Mächtigen diente, das durch immer neue bunte Hemden auffällt. Arnold Schwarzenegger lässt sich mit Mandela ablichten, Beyonce Knowles, Brad Pitt, Will Smith, Whoopi Goldberg, Horst Köhler, Naomi Campbell, Annie Lennox, Gerhard Schröder, Franz Beckenbauer, Victoria Beckham, Charlize Theron, Bill Clinton und viele, viele andere. Alle Prominenten und Möchtegern-Prominenten drängen sich auf den Fotos zu ihm hin, fassen ihn an der Schulter, umarmen ihn. Das soll eine Nähe zu Mandela beweisen. Vielleicht wollen die Sänger, Politiker, Sportler, Schauspieler und Models auch etwas von seiner Energie für sich abzweigen. Am wichtigsten ist natürlich die positive Wirkung fürs Image: Er ist einer der beliebtesten Helden der Gegenwart!

Mandela macht gute Miene dazu, vor allem bei hübschen Frauen. Immer lächelt er leutselig, wagt hie und da mal ein lustiges Tänzchen, obwohl er inzwischen über 90 Jahre alt ist.

Viele Journalisten haben schon über den älteren Herrn gespottet, vor allem über seine Eitelkeit, und doch bleibt da eine Hochachtung, die sich scheut, Mandela wirklich lächerlich zu machen. Zu viel hat er durchleiden müssen, zu viel hat er für seine Heimat Südafrika erkämpft. Da verzeiht man ihm so manche Eigenheit. Er bleibt ein strahlender Held, auf den kein Schatten fallen zu können scheint.

Das Mündel eines Königs und kein Laufbursche der Weißen

Man könnte mit gewissem Recht sagen: Nelson Mandela ist ein geborener Held. In Sagen stammen Helden nämlich meist aus alten Adelsfamilien mit einem beeindruckenden Stammbaum. Sie erhalten an Höfen eine strenge und prägende Erziehung, die ihnen ihr Leben lang Selbstbewusstsein, Stolz und Weltgewandtheit verschafft.

In Südafrika stehen die Chancen für so eine Kindheit höchstens 1 zu 100 000, als Rolihlahla Mandela am 18. Juli 1918 in der Transkei im Osten Südafrikas geboren wird. Doch sein Vater ist ein Stammesführer der Thembu, der in Mvezo Recht spricht. Außerdem bestehen exzellente Beziehungen zum »König« der Thembu. Als Mandelas Vater mit einer Behörde in Streit gerät und entmachtet wird, kann er noch dafür sorgen, dass sein Sohn als Mündel des regionalen Herrschers an den »Königshof« darf. Das ermöglicht dem Jungen eine Schulausbildung, wie sie nur wenige Schwarze erhalten. Dort wächst er eher ungewöhnlich auf, denn man bringt ihm Hochachtung entgegen. Er lebt in einem Kosmos schwarzen Selbstbewusstseins und strebt danach, edel zu denken und zu handeln. Er möchte nach seinen eigenen Worten ein »black Englishman« werden, ein echter Gentleman, dessen Tugenden und Umgangsformen Mandela über alles schätzt.

Die meisten seiner Altersgenossen leiden dagegen täglich an De-

mütigungen, Beschimpfungen und Benachteiligungen. Die weiße
Oberschicht duzt praktisch alle Schwarzen. Jedes weiße Kind darf
einem schwarzen Erwachsenen Befehle erteilen. Die Schwarzen dürfen viele Bereiche des öffentlichen Lebens nicht betreten oder nur in
eigens vorgesehenen Abteilungen. Immer wieder erlebt die schwarze
Mehrheit, dass sie nur sehr wenig wert ist, unendlich viel weniger als
ein Weißer und erheblich viel weniger als ein Inder. Schließlich hatten Mahatma Gandhi und andere Politiker ihren in Südafrika lebenden indischen Landsleuten eine gewisse Anerkennung und ein paar
Rechte verschafft.

Der Junge mit dem sprechenden Namen – »Rolihlahla« bedeutet
»der den Ast vom Baum reißt« oder »der Unruhestifter« – erfährt
trotzdem auch Unangenehmes. Er muss sich gefallen lassen, dass die
Lehrerin ihn Nelson tauft, weil sie seinen für sie komplizierten Namen
nicht lernen will. Wenigstens heißt einer der wichtigsten Helden der
britischen Geschichte so: der Seekriegsheld Horatio Nelson.

In der Schulzeit lernt der junge Mandela noch eine Menge weiterer
Helden kennen, die ihm sein Leben lang Vorbild sein werden. Er begegnet ihnen in Büchern. Er liest viel und gerne, am liebsten die Dramen der griechischen Antike und William Shakespeares. Er schreibt
viele Jahre später, als er sich mit einer machtvollen Organisation gegen
die weiße Unrechtsherrschaft wandte: »Antigone war das Symbol für
unseren Kampf; sie war auf ihre Art eine Freiheitskämpferin.« Antigone ist die Heldin verschiedener griechischer Dramen. In ihnen stellt
sie immer das ungeschriebene moralische Recht über das geschriebe-
ne Gesetz, obwohl sie deshalb zum Tod verurteilt wird. Die literarischen Helden des Abendlandes flößen dem selbstbewussten Mandela
noch mehr Stolz ein. Er empfindet sich als ihr legitimer Nachfahre.

Auf der weiterführenden Schule, die er besucht, um Gerichts-
dolmetscher zu werden, erlebt er schon ab und zu, wie Schwarze
ungerecht behandelt werden. Unübersehbar wird für ihn die Unterdrückung der Schwarzen aber erst, als er 1941 aus dem ländlichen
Bereich nach Johannesburg flieht. Mandela ist in einen Konflikt um

eine Studentenwahl geraten. Noch wichtiger ist wohl der Umstand, dass sein königlicher Ziehvater ihn verheiraten will; mit einer Frau, die er nicht liebt.

Dieser Widerstand gegen seinen väterlichen Förderer fiel ihm sicher nicht leicht, da Mandela Werte wie Familie, Tradition und Dankbarkeit sehr hoch schätzte. Er ließ sich aber sogar noch etwas zuschulden kommen: Um seine Flucht zu ermöglichen und das Fahrgeld für sich und seinen Freund, den Sohn des »Königs«, aufzutreiben, verkaufte er zwei Ochsen, die ihm nicht gehörten.

In der Großstadt Johannesburg erlebt Mandela die Apartheid hautnah und hart. Ihm wurde klar, dass die bewunderte englische Rechtsordnung für Schwarze in vielen Fällen nicht oder nur sehr eingeschränkt galt. Sie durften nicht wohnen, wo sie wollten, nicht arbeiten, was sie wollten, nicht einmal Sex haben, mit wem sie wollten. Geschlechtsverkehr zwischen Weiß und Schwarz war strafbar.

Ein erfolgreicher Rechtsanwalt und Politiker

Mit viel Glück und dank seiner Beziehungen beginnt Mandela eine Ausbildung zum Rechtsanwaltsgehilfen und dann zum Rechtsanwalt. Er lernt seinen Beruf in einer Kanzlei dreier Juden, die zu den wenigen gehören, die überhaupt schwarze Klienten annehmen. Es dauert Jahre und kostet viel Geld, das Mandela lange nicht zurückzahlen kann, bis er als staatlich anerkannter Rechtsanwalt arbeiten darf. Wieder hat an seinem Erfolg in der Stadt ein väterlicher Freund größten Anteil, Walter Sisulu, mit dem er jahrzehntelang befreundet bleibt.

Mandela könnte friedlich leben, doch die Ungerechtigkeit empört ihn. Er trifft Kommunisten und schwarze Bürgerrechtsaktivisten. Er will begreifen, warum die zwei Millionen Weißen die acht Millionen Schwarzen so unnachgiebig unterdrücken. Mandela tritt 1942 in den ANC ein, den »African National Congress«. Obwohl es sich um die erste politische Partei Afrikas handelt, gehören ihr damals wenige an.

Vielleicht führt auch das zu dem rasanten Aufstieg des relativ jungen Mannes im ANC.

In den kommenden Jahren überlegt Nelson Mandela, ob man mit einem afrikanischen, schwarzen Nationalismus oder mit einer Vereinigung aller Rassen am erfolgreichsten gegen die Unterdrücker kämpfen kann. Es dauert, bis er sich dazu durchringt, mit weißen Kommunisten, Indern und grundsätzlich allen, die gegen die Apartheid kämpfen, zusammenzuarbeiten.

Die Strategie dagegen ist klar: Es geht um gesetzmäßigen, gewaltfreien Widerstand, der das Unrecht beseitigen soll. Erst einmal tritt das Gegenteil ein: 1948 werden die Apartheidsgesetze wesentlich verschärft. Die schwarzen Bürger werden aus den Städten und Vorstädten vertrieben und massenhaft umgesiedelt. Man will sie von den Weißen trennen. Die Ausbildungsmöglichkeiten der Schwarzen werden auf ein Minimum beschränkt und ihre Rechte noch weiter beschnitten.

Mit einer krankhaft ängstlichen Unterdrückungspolitik versucht die weiße Minderheit, die schwarze Mehrheit einzuschüchtern und schwach zu halten, die eigene Überlegenheit dagegen zu zementieren. Am Schluss umfasst das Buch mit den Bestimmungen, welche die Beziehungen zwischen Schwarzen und Weißen regeln soll, 1200 Seiten! Kein Wunder, denn es will die Rassentrennung in allen Bereichen regeln: am Wohnort und Arbeitsplatz, in der Liebe und unter Freunden, in Schulen, Kirchen, Vereinen, Restaurants, Beförderungsmitteln und öffentlichen Toiletten, ja sogar auf Friedhöfen. Im Gefängnis gibt es Weißbrot für Weiße und dunkles Brot für Schwarze. Ein absurder Zufall machte den systematischen Unsinn für alle sichtbar: Wegen einer medizinischen Behandlung färbte sich die Haut einer Weißen dunkel. Daraufhin wurde sie von ihrer Familie verlassen und von einem Gericht als Farbige abgestempelt.

Mandela hat unterdessen geheiratet und Kinder, doch daheim trifft man ihn selten an, nicht nur, weil seine Anwaltskanzlei für schwarze Klienten gut läuft, sondern auch wegen seiner politischen Ämter. Um sich körperlich in Form zu halten, läuft Mandela schon seit Schulzeiten möglichst jeden Morgen und trainiert Boxen. Da bleibt für die Familie nur wenig Zeit. Nach 14 Jahren Ehe wird es seiner Frau zu viel. Sie lässt sich scheiden.

Der General ohne militärische Vergangenheit und Zukunft

Nelson Mandela hätte sich ein schönes Leben machen können, denn trotz der Apartheidspolitik hat er als Anwalt genügend Möglichkeiten, in Wohlstand und Zufriedenheit zu existieren. Er gehört mit seiner ersten Ehefrau, die als Krankenschwester arbeitet, zu einer sehr kleinen Gruppe Schwarzer mit genügend Geld und Ausbildung: 50 000 von acht Millionen! Und unter ihnen sind wiederum nur sehr, sehr wenige Anwälte, der angesehenste Stand überhaupt, den ein Schwarzer erreichen kann. Spätestens 1952 hat Mandela in seinem Viertel die Stellung einer bedeutenden Persönlichkeit erreicht.

Aber es beleidigt und empört ihn, wie in Südafrika Grundrechte mit Füßen getreten werden, gerade weil er das britische Rechtssystem bewundert. Er organisiert Demonstrationen und Streiks mit anderen im ANC. Er verteidigt vor Gericht die Rechte Schwarzer. Er lässt sich von Einschüchterungsversuchen nicht beeindrucken. 1952 kommt er das erste Mal ins Gefängnis, wo er auch misshandelt wird. Wenig später verurteilt man ihn zu neun Monaten Gefängnis und Zwangsarbeit, was jedoch in zwei Jahre Gefängnis auf Bewährung umgewandelt wird. Mandelas Auftritte vor Gericht beeindrucken alle Seiten, denn er spricht sehr wirkungsvoll und setzt theatralische Effekte ein, bleibt dabei aber stets ein Gentleman. Selbst die Gegner nehmen seine vollendeten Umgangsformen verwundert, manchmal bewundernd zur Kenntnis.

Trotz rassistischer Willkürherrschaft gelten in Südafrika vor Gericht die gleichen Regeln für alle, selbst die schwarzen Angeklagten dürfen mit allen juristischen Mitteln kämpfen. So kann Mandela die Bank des Angeklagten als Rednertribüne benutzen, von der herab er manchmal stundenlang in wohlformulierten Forderungen spricht.

Der ANC profitiert von der öffentlichkeitswirksamen Verhandlungsführung und wächst von ca. 10 000 schnell auf 100 000 Mitglieder an. In den kommenden Jahren nutzt Mandela die Gerichtsbühne öfter, als es ihm lieb ist. So wird er 1956 mit vielen anderen wegen Hochverrats angeklagt. Die nächste Zeit steht er immer unter irgendwelchen Anklagen. Doch als geschickter Anwalt gelingt es ihm, mit geringen Strafen davonzukommen oder das Urteil jahrelang hinauszuzögern. In dieser schwierigen Phase lernt er Nomzamo Winifred Zanyiwe Madikizela kennen und heiratet sie 1958. Eigentlich ein nur privates Datum, das aber politisch wichtig werden wird.

13   Nelson Mandela und seine Frau Winni Madikizela-Mandela 1958.

Nicht nur die juristischen Auseinandersetzungen nehmen zu, auch die Polizei und polizeiähnliche Einheiten gehen immer härter gegen die durchweg friedlichen Demonstranten vor. In Sharpeville sterben 1960 mindestens 67 Schwarze, über 400 werden verletzt. Der Staat wendet Notstands- und Kriegsrecht an, verhaftet etwa 2000 Schwarze, Inder, Kommunisten, darunter auch Mandela, und verbietet den ANC sowie andere politische Institutionen, die für Rassengleichheit eintreten.

Die Stimmen unter den Farbigen, die einen gewaltsamen Unter-
grundkampf gegen die Rassisten fordern, werden lauter und lauter.
Mandela zitiert, um die zögernden Friedlichkeitsanhänger zu überzeugen, ein afrikanisches Sprichwort: »Die Angriffe einer wilden
Bestie kann man nicht mit bloßen Händen abwehren.« In diesem
Sinne gründen er und die anderen Führer des ANC mit »Umkhoto
we Sizwe« (»Speer der Nation«) eine Art Untergrundarmee, die An-
schläge verüben soll, um die Gewaltherrschaft der Regierung zu erschüttern. Mandela soll sie organisieren und führen, obwohl er keine
militärische Erfahrung besitzt. Also reist er erstmals ins Ausland, um
sich ausbilden zu lassen und Unterstützung für den ANC von anderen
afrikanischen Staaten zu bekommen. Nach seiner Rückkehr lebt er
in Verstecken oder tarnt sich, beispielsweise als Gärtner. Kurz darauf
findet ein erster Sabotageakt statt, bei dem es einen Toten gibt: Der
Sprengstoffleger selbst stirbt.

Mandelas Tarnung fliegt auf. Wahrscheinlich hat ihn ein Polizei-
spitzel verraten. Er wird am 5. August 1962 verhaftet. Es folgen unzählige Prozesstage, und zum ersten Mal kommt Mandela auf die Gefängnisinsel Robben Island, wo er schwere Zwangsarbeit leisten muss. Als
die Polizei die Pläne für die Untergrundarmee findet, folgt ein weiterer
Prozess, in dem diesmal die Todesstrafe droht. Mandela und andere
Führer des ANC werden schuldig gesprochen. Das Strafmaß bleibt
lange in der Schwebe.

Spätestens in diesem Prozess wird der inzwischen 46 Jahre alte
Mandela zu einer prominenten Persönlichkeit und zum unbestritte-
nen Star des Widerstands, so eindrucksvoll gestaltet er seine Auftritte,
so ungebeugt tritt er der Staatsmacht und ihrem Unrechtssystem entgegen; meist im Anzug, manchmal in traditioneller Kleidung seines
Volkes, dem Leopardenfell. Seinen Stolz, seine Haltung und seine
Furchtlosigkeit übernimmt Mandela von Vorbildern, hauptsächlich
aus der Literatur. Sie versorgt ihn mit Trost, Aufmunterung und Sätzen, die ihm Kraft geben. So betont er oft, wie wichtig ihm damals vor
Gericht Shakespeares Wort war: »Stellt euch als gewiss vor, dass ihr

sterben müsst; Tod oder Leben wird euch dadurch nur umso süßer werden.« Das Urteil lautet schließlich »Lebenslange Haft«.

Eine Gefängnislaufbahn

Man schickt ihn und die anderen Verurteilten wieder nach Robben Island. 27 Jahre und sechs Monate wird Mandela als Gefangener verbringen, davon 17 Jahre auf der Insel, wo sein »Name« 466/64 lautet. Seine Lebensumstände? Eine Zelle von drei mal drei Metern mit einer Tür zum Hof und einer mit einem kleinen Fenster zum Gang. Eine Sisalmatte als Bett. Drei graue Decke. Ein Kübel als Klo, dessen auswärts gewölbter Deckel als Waschtrog dient, wenn er aufgeklappt ist.

Etwa tausend Gefangene leben damals auf der Insel. Die politischen werden besonders schlecht behandelt. Am schlechtesten die schwarzen politischen Sträflinge. Ihr Alltag beginnt mit dem Wecken um 5 Uhr 30, dem folgt das Aufräumen und Säubern der Zelle. 6 Uhr 45: Ausleeren der Kotkübel, anschließend Frühstück, dann Arbeit bis 12 Uhr, Mittagessen, dann weiter Arbeit bis 16 Uhr, 30 Minuten für Waschen oder Duschen mit kaltem Seewasser, Abendessen in der Zelle. Um 20 Uhr sollen die Gefangenen schlafen. Das Licht in den Zellen erlischt nie.

So willkommen die Essenspausen sind, das Essen ist es nicht. Eintöniges, schlechtes und oft viel zu wenig Essen bekommen die Häftlinge, hauptsächlich Getreidebreie, in die sich etwas Gemüse und manchmal Fleisch verirrt. Trotzdem sollten sie Kraft aufbringen für die genauso eintönige Zwangsarbeit. Zuerst zerhämmert Mandela Steine, um daraus feines Geröll für Straßenbauarbeiten zu produzieren. Dann muss er mit den anderen in die Kalksteinbrüche. Alle tragen auf dem Weg dorthin Ketten. Die Hitze ist im Sommer unerträglich. Der Kalkstaub löst Entzündungen aus. Das grelle Licht zermürbt und schädigt die Augen, manchmal für immer: wie bei Mandela. Viel zu spät gibt man Sonnenbrillen an die Gefangenen aus. Etwa 14 Jahre muss Mandela in den Kalksteinbrüchen schuften. Immerhin mildern sich die sehr harten Arbeitsbedingungen im Lauf der Zeit deutlich.

In den ersten Jahren quälen besonders die Wärter. Sie verhalten sich unberechenbar und lassen die Gefangenen fast unentwegt ihre Verachtung spüren. Sie schlagen die Häftlinge. Sie urinieren auf sie. Manche graben die Wärter zur Strafe ein, so dass nur ihr Kopf herausschaut. Manchmal müssen sich die Gefangenen nackt ausziehen und stundenlang in der Kälte der Nacht aushalten. Strafen erfolgen vollkommen willkürlich. Die Häftlinge sollen gedemütigt und zermürbt werden. Deshalb isoliert man sie auch weitgehend von der Außenwelt. Radio und Zeitung sind verboten. Ein Besuch und ein Brief sind nur alle sechs Monate erlaubt.

Nelson Mandela beweist selbst in dieser Lage Selbstbewusstsein. Er fordert Rechte für sich und seine Mitgefangenen ein. Er verweigert die von den Wärtern geforderte unterwürfige Anrede und den Laufschritt. Ihre Beschimpfungen ignoriert er, so gut es geht. Zäh verteidigt er die Würde der Gefangenen, macht Eingabe um Eingabe (so nennt man juristisch ein Änderungsgesuch), um die Haftbedingungen zu verbessern. Er berät Häftlinge in Rechtsfragen und darf nach einiger Zeit immerhin lesen und Theater spielen. Er vermutet, dass die Regierung seinen Tod in Haft vermeiden will. Ein gebrochener Mandela nützte ihr viel mehr. Man signalisiert ihm mehrfach, dass er früher freikommen könne. Er müsse nur als Führer des ANC der Gewalt abschwören, sich aus der Politik zurückziehen und wieder in die Provinz, in die Transkei ziehen. Man hält ihn für einen Mann, mit dem man verhandeln kann. Mandela lehnt ab.

Wie kam es, dass ihn weder die Regierung noch die Öffentlichkeit, noch seine Organisation vergaßen? Warum wuchs sein Ruhm, obwohl er so isoliert war? Was machte den Gefangenen besonders? War es wirklich sein beeindruckendes Aussehen, seine noble äußere und innere Haltung – selbst in Häftlingskleidung? Waren es seine herausragenden Fähigkeiten im Umgang mit Menschen: Charme, Einfühlungsvermögen, psychische Stärke, Selbstbewusstsein? Kann man damit erklären, dass er fast 20 Jahre später als die Hoffnung für eine friedliche Lösung in Südafrika erscheinen konnte? Schließlich ging der Kampf draußen weiter, gelangten andere in Führungspositionen, verschärften sich die Auseinandersetzungen.

Jeder Mythos braucht mehr als einen Erzähler

Sicher spielte seine kluge Frau eine wichtige Rolle in dem Drama mit dem Schlussakt »Freiheit für Nelson Mandela«. Nomzamo Winifred Mandela war 16 Jahre jünger als ihr Mann, aber sie stammte wie er aus einer angesehenen, wohlhabenden Familie und war sehr selbstbewusst aufgewachsen. Als Mandela in Haft kam, beteiligte sie sich mehr und mehr am Kampf gegen die Rassendiskriminierung. Als mutige und standhafte Frau des inhaftierten ANC-Führers genoss sie besonderes Ansehen. Es dauerte aber nicht lange, bis sie sich selbst einen Ruf erworben hatte.

Winnie Mandela setzte sich für die Kinder- und Jugendbewegung ein. Das verschaffte ihr eine besonders treue Anhängerschaft und den Beinamen »Mutter der Nation«. Als redegewandte Politikerin sorgte sie dafür, dass die Geschichte und die Geschicke ihres Mannes weltweit Thema blieben. Wie gut, dass sie in der Weltsprache Englisch erzählen konnte! Sie trieb unermüdlich die »Free Nelson Mandela«-Kampagne voran, bei der immer berühmtere Künstler und Politiker mitmachten.

Während die südafrikanische Regierung Folter, Mord, Entführungen zu alltäglichen Methoden der Unterdrückung machte und offiziell zugab, mindestens 138 ANC-Mitglieder im Exil getötet zu haben, solidarisierte sich die westliche Welt zunehmend mit der Sache der Schwarzen in Südafrika. Jahrzehntelang waren nur skandinavische Länder mit Sanktionen gegen Apartheid vorgegangen.

Obwohl die Kampagne für Mandelas Freilassung gleich nach seiner Inhaftierung begonnen hatte, gewann sie erst 1982 richtig an Kraft.

Der ANC regte für den 20. Jahrestag der Inhaftierung weltweite Proteste an. Es kam zu Unterschriftensammlungen, Solidaritätskonzerten, -demonstrationen, -reden, die Hunderte Millionen Menschen in aller Welt unterstützten.

Es spricht für die Stärke der Bewegung, dass sie so lange zu ihren gefangenen Führern hielt, unter denen Nelson Mandela zum Symbol für den Kampf um Gleichberechtigung wurde. Der einflussreiche und geschätzte südafrikanische Bischof Desmond Tutu, Friedensnobelpreisträger 1984, setzte sich ebenfalls mit aller Kraft für die Freilassung Mandelas ein. Er sagte am 31. Januar 1986: »Wir fordern seine Freilassung nicht aus humanitären Gründen. Wir fordern sie aus politischen Gründen. Wir betonen, dass er unser Führer ist. Dieses ist der anerkannte Führer der Gruppe, die von den meisten Schwarzen unterstützt wird, aber darüber hinaus betonen wir, dass er ein Symbol ist, denn wir wollen, dass alle Führer, alle politischen Gefangenen freigelassen werden, nicht aus humanitären Gründen, sondern aus dem Grund, dass dies ein Teil dessen sein wird, wie wir eine Atmosphäre schaffen können, die Verhandlungen förderlich ist.«

Zu diesem Zeitpunkt hatte die Regierung Mandela und die wichtigsten Funktionäre des ANC von Robben Island verlegt. Seit 1982 lebten sie wenigstens unter wesentlich besseren Haftbedingungen. In aller Heimlichkeit kamen hochrangige Besucher. Immer noch forderten sie vor allem einen Gewaltverzicht von den Führern des ANC. Dafür versprachen sie die Freilassung aller politischer Gefangener.

Darauf konnten Mandela und die anderen unmöglich eingehen. Die Regierung hatte gerade innerhalb von nur sechs Monaten etwa 25 000 protestierende Schwarze eingesperrt und allein in der Zeit von September 1984 bis Dezember 1985 weitere 700 getötet. Außerdem säte die politische Führung Zwietracht unter den Schwarzen. Sie nahm offensichtlich selbst offenen Bürgerkrieg in Kauf. Ein Friedensschluss schien ausgeschlossen. Wie sollten die Schwarzen die Jahrzehnte der Unterdrückung, all die Toten, Verletzten, Gefolterten, all die Verachtung vergessen und vergeben?

Übermenschlich weise?

Die verbohrte Regierung erkannte immerhin, dass Mandela die Schlüsselfigur war. Die Schwarzen Südafrikas und die liberale Weltöffentlichkeit sahen in ihm fast schon einen Heiligen, gleichzeitig aber einen konsequenten und verlässlichen politischen Führer. Kaufen ließ er sich nicht, nicht zermürben, nicht vom ANC und dessen Positionen entfremden. Dieses ungeheure Prestige ermöglichte Mandela eine ganz ungewöhnliche Handlungsfreiheit. Sein moralisches Kapital war in den über 20 Jahren seiner Gefangenschaft ins Unermessliche gewachsen.

In zähen Verhandlungen mit der Regierung gelang ihm nicht weniger als ein Wunder: der friedliche Übergang von einem rassistischen Polizeistaat in eine Demokratie. Im Juli 1989 traf er sich mit Präsident Botha, im Dezember mit Staatschef Frederik Willem de Klerk. 1990 hob man das Verbot des ANC und anderer angeblich staatsfeindlicher Organisationen auf. Am 11. Februar desselben Jahres kam Nelson Mandela frei.

27 Jahre und sechs Monate, das benötigt hier im Buch kaum eine halbe Zeile. Wie kann man das begreifen? Weit über 10 000 Tage inhaftiert zu sein. Bischof Tutu versuchte es mit einem Bild: »Diese 27 Jahre und all das Leid, das sie mit sich brachten, waren wie ein Schmiedefeuer, in dem er gehärtet wurde. Vielleicht wäre er ohne dieses Leid weniger mitfühlend und großmütig. Und sein stellvertretendes Leiden für andere gab ihm die Autorität und die Glaubwürdigkeit, wie sie von nichts anderem hätte kommen können.«

Immer noch konnte die Situation jeden Moment außer Kontrolle geraten, denn wie sollte Frieden geschaffen werden zwischen Folterern und Folteropfern, Mördern und Angehörigen der Ermordeten, Spitzeln und Bespitzelten, weißen Polizeischlägern und schwarzen Geschlagenen? Außerdem versuchten Regierungskreise weiterhin, schwarze Gruppen, vor allem die Zulu, gegen den ANC und Mandela aufzubringen. Es kam zu Überfällen, bei denen immer mehr Menschen starben, die Polizei aber wegsah. Kein Wunder, dass Racheakte des ANC folgten. Sie führten zwischen 1990 und 1993 zu mindestens 3653 »politisch motivierten Todesfällen«. Auf der anderen Seite brachten die Zulu-Kämpfer der »Inkatha Freedom Party« wohl zwischen 7000 und 19 000 Menschen um. Die Jahre nach Mandelas Freilassung verliefen alles andere als friedlich!

Trotzdem verhandelt er weiter und betont, dass er keine Rachegefühle habe, dass er alles tun werde, um Frieden zu erreichen. Als er wegen eines Treffens mit dem kriegstreiberischen Zulu-Führer Mangosuthu Buthelezi kritisiert wird, meint er: »Ich werde vor all jenen in die Knie gehen, die unser Land in ein Blutbad treiben wollen.« Nur seine Popularität und sein perfekter moralischer Ruf ermöglichen ihm, dem Anfangswunder ein weiteres folgen zu lassen: die Übergangsregierung unter Beteiligung aller Rassen und Konfliktparteien. Am 3. Juni 1993 wird die vorläufige Verfassung verabschiedet. Mandela und de Klerk bekommen den Friedensnobelpreis, und am 27. April 1994 wird Mandela zum ersten Präsidenten des neuen Südafrika gewählt.

Seine Aufgabe ist damit keineswegs erfüllt. Der inzwischen 76 Jahre alte Mandela setzt sich an tausend Stellen für den friedlichen Übergang ein: mit Grundsatzreden, symbolischen Versöhnungsgesten und der Suche nach Ideen für eine erfolgreiche Vergangenheitsbewältigung. Schließlich setzt er die »Wahrheits- und Versöhnungskommission« ein, die Bischof Tutu leitet. In ihren Sitzungen seit 1996 sollen Täter und Opfer zusammenkommen – im Idealfall nicht nur räumlich. Wer hier seine im politischen Auftrag begangenen Verbrechen öffentlich und in allen Einzelheiten zugibt, geht straffrei aus. Die Opfer oder deren Angehörige bekommen Entschädigungen. Nur auf diese Weise hofft man, die volle Wahrheit über das Apartheidsregime erfahren zu können und eine Wiedereingliederung der Täter wie der Opfer in die Gesellschaft zu erreichen.

Zu den Tätern gehört auch die Frau des Präsidenten, die im ersten Kabinett stellvertretende Ministerin geworden war: Winnie »Mutter der Nation« Mandela, die zu seiner Freilassung so viel beigetragen und im ANC viel Macht errungen hatte. In den Kampfjahren hatte sie ihre eigene Leibwache, den »Mandela United Football Club«. Die Mitglieder kämpften gegen die eigenen Leute. Sie misshandelten Verdächtige, entführten sie, vergewaltigten und töteten angebliche oder tatsächliche Verräter. Ihre Brutalität kannte keine Grenzen. Sie brachten Menschen um, indem sie ihnen mit Benzin getränkte Autoreifen über den Kopf stülpten und anzündeten. »Necklacing« (»Halsbanden«) nannte Winnie Mandela diese grässliche Tötungsart, und sie drohte öffentlich mit ihr. Vor Gericht konnte man ihr wenig nachweisen. Es reichte, um sie zu sechs Jahren Gefängnis zu verurteilen. Sie wurden – nach der Berufung – in zwei Jahre zur Bewährung und eine hohe Geldstrafe umgewandelt. Man befand sie für schuldig, dass sie vier Jugendliche hatte entführen lassen, wovon einer, wie ihr Leibwächter aussagte, auf ihren Befehl hin getötet wurde. Ihr Mann, dessen Politik der Versöhnung und des Ausgleichs ihr zu weich war, hielt in dieser Zeit zu ihr, was ihm viele vorwarfen. Dass er sie 1994 trotzdem zur Ministerin machte, hing allerdings mit ihrem Einfluss im ANC zusammen. Als sie nach einem knappen Jahr unter Bestechlichkeitsverdacht geriet, verhinderte er ihren Rücktritt nicht. 1996 ließen sich die beiden scheiden.

Der Ring des Prometheus

Als Präsident reiste Mandela sehr viel, wobei ihm Dankbesuche in den Ländern, die den Kampf am stärksten unterstützt hatten, besonders wichtig waren. Politisch handelte er in den kommenden Jahren zwar nicht immer weise, doch machte er keine so schweren Fehler, dass sein Versöhnungswerk gefährdet wurde. Dass er einen Nachfolger vorschlug, der sehr eigenwillige Wege ging, vor allem in der AIDS-Politik, machten ihm viele zum Vorwurf, ohne ihn aber zu hart anzugreifen. Auch nach der Amtszeit als Präsident setzt sich Mandela mit seiner ganzen Autorität für ein friedliches, wohlhabendes Südafrika ein, kümmert sich um AIDS-Kranke, um Bildung. Er lässt sich mindestens

14   Nelson Mandela und seine Frau Winni Madikizela-Mandela werden 1990
begeistert empfangen.

so gerne besuchen, wie er selbst gerne in andere Länder reist: zu Preis-
verleihungen oder Kongressen. Überall jubelt man ihm zu, er jubelt
zurück und flößt den Menschen Mut und Freude ein.

Gibt es also keine Flecken auf der weißen Weste dieses Helden?
Ist Mandela eine Lichtgestalt? Jedenfalls verzeiht man ihm so gut wie
alles, weil man weiß, was beinahe Übermenschliches er erreicht hat.
Man verzeiht ihm beispielsweise, dass er seit 1994 sehr viel Geld verdient. Schließlich hat er Jahrzehnte im Gefängnis verbracht. Niemand
weiß, wie viele Millionen er inzwischen besitzt, wahrscheinlich nicht
mal er selbst. Niemand weiß, wie er in einen Betrugsfall hineingeraten

konnte. 2004 stellte man offiziell fest, dass angeblich von Mandela gemalte Kunstwerke, deren Verkauf Millionen eingebracht hatten, nicht von ihm stammten, ja sogar seine Unterschrift gefälscht wurde. Dann gibt es noch die »Nelson Mandela Foundation«, die seinen Namen vermarktet. Für jedes T-Shirt, jede Baseballkappe, jedes Bild mit dem Namen Mandela oder seiner Gefangenennummer 466/64 kassiert sie Lizenzgebühren. Selbst der »Nelson Mandela Children's Fund«, der Geld für AIDS-Waisen sammelt, steht in der Kritik: Sein prächtiges Gebäude entstand in einem Reichenviertel, nicht in der Nähe der Armen. Wie die Millionen in den Stiftungen Mandelas verwendet werden, weiß niemand. Besonders schlimm finden viele, dass Mandela zur schrecklichen Situation im nahen Simbabwe schweigt. Er kennt den dortigen Diktator Mugabe sehr gut und hätte seit Jahren die Menschenrechtsverletzungen dort öffentlich kritisieren können. Aber erwartet man nicht etwas zu viel von dem alten Mann? Wahrscheinlich hat sich Mandela in den letzten Jahren manchmal gefragt, wie sein Leben sich so hatte entwickeln können. Er wird sich bewusst sein, dass er neben überragenden Fähigkeiten auch überragendes Glück gehabt hat. Seine Kindheit und Ausbildung stärkten seine Persönlichkeit. Die Liebe zu Literatur und Sport stählte seinen Körper und Geist. Zu Beginn seiner politischen Laufbahn schien es, als wolle er der Lehre von der weißen Überlegenheit eine von der schwarzen entgegensetzen, doch erkannte er den Fehler rechtzeitig. Selbst die Inhaftierung kam genau im rechten Moment, denn er hatte zuvor lange Zeit friedlich gekämpft und sich gerade erst zur Gewalt entschlossen, aber noch niemanden töten lassen. Seine Gegner fürchteten und achteten ihn damals schon so sehr, dass sie ihn nicht einfach ermordeten. Und seine Freunde in Freiheit hörten nicht auf, sich für ihn einzusetzen. So ist von Flecken auf der weißen Weste keine Rede, hie und da gibt es vielleicht Fusseln, die auf dem bunten Hemd nicht weiter auffallen.

Die Erinnerung an ein halbes Leben in Haft wird Nelson Mandela weiter begleiten. Vielleicht ist es so, wie die Sage von Prometheus berichtet. Zeus soll ihn nämlich nach langen Jahren der Qual begnadigt haben. Weil Zeus aber den Schwur, ihn an den Kaukasus zu schmieden, nicht zurücknehmen konnte, musste Prometheus einen Ring tragen, den statt eines Diamanten ein Stück Kaukasus-Fels schmückte. Prometheus trug ihn wohl als ein ungebrochener Geist, als ein wahrer Held, wie ihn sich Mandela vorstellt, der über seine Gefängniszeit erzählt: »Ich spielte eine unvergessliche Rolle, die des Thebanerkönigs Kreon in der Antigone des Sophokles. Ich hatte im Gefängnis mehrere antike griechische Dramen gelesen und fand sie ungeheuer anregend. Charakter, so lautete für mich ihre Lehre, bemisst sich daran, wie man schwierigen Situationen entgegentritt, und ein Held ist jemand, der auch unter den unangenehmsten Umständen nicht zusammenbricht.«

ABSOLUTE AFFENLIEBE
Wie Dian Fossey ihr Leben für Gorillas einsetzte

Obwohl sie keine Biologin war, erforschte Dian Fossey das Verhalten der Berggorillas in Zentralafrika. Unter schwierigen, teils lebensgefährlichen Umständen sorgte sie durch jahrelange Arbeit dafür, dass man mehr über die faszinierenden Tiere erfuhr und sie endlich wirksam schützte. Doch ihr Engagement für die Affen brachte ihr Kritik ein und machte ihr Feinde. Sie wurde von einem Unbekannten ermordet.

Die Soldaten kommen am 9. Juli 1967 um halb vier Uhr nachmittags und umstellen das Forschungscamp. Es liegt einsam in der Virunga-Vulkan-Region zwischen Zaïre (heute »Demokratische Republik Kongo«), Ruanda und Uganda. Die Soldaten berichten, ein Aufstand sei ausgebrochen, sie bleiben über Nacht und nehmen am folgenden Morgen die amerikanische Gorillaforscherin Dian Fossey »zu ihrer eigenen Sicherheit« mit den Berg hinunter nach Rumangabo in der Provinz Kivu. Dort wird Fossey eingesperrt. Es herrscht Bürgerkrieg. Unübersichtliche, gefährliche Verhältnisse. An Hilfe von den Behörden oder gar das ferne amerikanische Konsulat ist nicht zu denken.

16 Tage muss Dian Fossey den Arrest ertragen. Dann taucht sie plötzlich, bewacht von zaïrischen Soldaten, mit ihrem Landrover in Uganda vor dem Hotel Walter Baumgärtels auf. Kaum hält der Wagen, stürzt sie heraus und versteckt sich im Hotel. Die Soldaten zögern verwirrt. Sollen sie Fossey mit Gewalt herausholen? Schließlich ziehen sie lieber ab, weil sie Komplikationen im Nachbarland befürchten.

Fossey erzählt in ihrem Buch »Gorillas im Nebel« von dieser abenteuerlichen Flucht. Sie hatte behauptet, sie könne in Uganda Geld holen. Was aber genau in den 16 Tagen Gefangenschaft geschehen ist, weiß niemand. Im Buch schreibt Fossey nur: »Diese außerordentlich unangenehme Zeit wurde noch schlimmer dadurch, dass ich die Hänge des Mount Mikeno von meinem Zimmer aus sehen konnte und mich dauernd fragte, ob ich wohl jemals zu den Gorillas der Berge zurückkehren könnte.« Das klingt erträglich. Freunde und Mitarbeiter behaupten allerdings, Fossey habe ihnen später von schrecklichen Erlebnissen in der Haft berichtet. Sie sei in einen Käfig gesperrt worden, Soldaten hätten über sie uriniert, sie sei mehrfach vergewaltigt worden. Die traumatischen Ereignisse, meinen manche Vertraute, Kollegen und Sachbuchautoren, hätten Fossey zu einer Schwarzenhasserin gemacht, unerbittlich gegen Menschen überhaupt, zu einer äußerst labilen, schwierigen, streitsüchtigen, verrückten Alkoholikerin, die nur noch ihre Affen geliebt habe.

So unklar das wirkliche Geschehen bleiben wird, so klar ist, welch großen Mut Fossey bewies, als sie nach kurzer Zeit wieder in die Vulkanregion aufbrach. Diesmal wählte sie die ruandische Seite, um die wenigen Berggorillas, die es auf der Welt noch gab, weiter zu erforschen. Jeder hätte verstanden, wenn sie zurück in die USA geflogen wäre oder sich zumindest eine längere Auszeit genommen hätte.

Aber was hat diese 35-jährige, gut 1,80 Meter große Amerikanerin, die nur wenige Worte der dortigen Sprachen beherrscht, überhaupt allein im Bergregenwald Zentralafrikas zu suchen?

Ein großes Mädchen

Als Dian Fossey am 16. Januar 1932 im kalifornischen San Francisco zur Welt kommt, rechnet niemand damit, dass sie ein ungewöhnliches Leben führen wird. Ihre Mutter arbeitet unter anderem als Model, der Vater als Versicherungsagent. Doch in den Jahren der Weltwirtschaftskrise wird er zum Alkoholiker. 1938 folgt die Scheidung. Die kleine Dian bleibt bei ihrer Mutter, die 1939 wieder heiratet. Das Verhältnis zu ihrem Stiefvater Richard Price ist offenbar nicht besonders eng. In der Schule ist Dian Durchschnitt, dazu kränkelt sie öfters, leidet an

Asthma, Lungenentzündung und ihrer Größe. Mit 14 überragt sie mit gut 1,80 Meter alle in ihrer Umgebung, selbst die meisten Männer. Ihre Mutter sieht das als Krankheit an und lässt sie deshalb – ohne Erfolg – behandeln. Kein Wunder, dass Dian immer schüchterner wird und sich am wohlsten unter Tieren fühlt. Auf einer Farm in Montana kann sie in den Ferien arbeiten und reiten.

Am liebsten würde sie Tiermedizinerin werden, doch beginnt sie auf Wunsch ihres Stiefvaters 1948 ein Wirtschaftsstudium, um zwei Jahre später dann doch noch ihren eigenen Kopf durchzusetzen. Zuerst geht es gut, vor allem in Zoologie und Biologie, aber sie fällt durch die Prüfungen in Chemie und Physik. Also muss sie sich wieder neu orientieren. 1952 versucht sie es mit dem Fach Beschäftigungstherapie und macht darin tatsächlich 1954 ihren Abschluss. Es ist nicht ihr Traumberuf, gleichwohl arbeitet sie ab 1955 als Direktorin in der Kosair-Kinderklinik für behinderte Kinder in Louisville, Kentucky. Die Tätigkeit fällt ihr relativ leicht. Sie tritt zum Katholizismus über und lebt auf einer alten Farm, nur von Tieren umgeben: Hunden, Vieh, Waschbären und Opossums.

Lockruf der Wildnis

So hätte ihr Leben weitergehen können, doch der Zufall führt ihr eine Kollegin aus reichen Verhältnissen zu. Die erzählt nach einer Afrikareise von ihren Erlebnissen, und plötzlich weiß Fossey, dass sie eine Entscheidung treffen muss. Sie nimmt einen Kredit von 8000 Dollar auf und unternimmt eine abenteuerliche Siebenwochentour durch Afrika. Über 20 Jahre später schreibt sie über diese doch sehr dramatische Entscheidung: »Weder Vorsehung noch Schicksal brachten mich nach Afrika. Noch war es Romantik. Ich hatte den tiefen Wunsch, wilde Tiere zu sehen und mit ihnen zu leben, in einer Welt, die noch nicht von den Menschen vollkommen verändert worden war. Ich glaube, ich wollte in der Zeit rückwärtsreisen.«

Die Zeitreise fängt schon damit an, dass sie touristische Orte meidet. Stattdessen nimmt sie sich einen erfahrenen Führer. Es scheint Schicksal zu sein, dass sie in Tansania dem berühmten Anthropologen Louis Leakey begegnet. Von ihm hört sie, dass in der Virunga-Vulkanregion Berggorillas leben, über die man nur sehr wenig weiß. Ihr Bestand ist höchst gefährdet. Obwohl sie krank ist, fährt sie in diese Gegend. Fast schon unverschämtes Glück hat sie, als sie auf die Tierfotografen Alan und Joan Root trifft, die ihr nach ein wenig Zögern den einheimischen Fährtenleser Sangwekwe »ausleihen«. Man kann schon damals der entschlossenen Dian Fossey schlecht etwas abschlagen.

Ohne ihren ausgezeichneten Führer hätte sie sicher nie gesehen, was ihr weiteres Leben bestimmen wird: »Das Geräusch ging der Sicht voraus, der Geruch beidem, in der Art einer moschusartigen, bauernhofartigen, menschenähnlichen Ausdünstung. Ich war getroffen von der körperlichen Majestät der großen glänzend schwarzen Körper, die sich von der grünen Palette des Walddickichts abhob.« Fossey erlebt Liebe auf den ersten Blick, als sie die Gorillas sieht.

Die sanften Monster

Eigentlich hätte die weiße Frau vor den schwarzen Monstern schreiend davonlaufen müssen. So entspricht es jedenfalls den Vorstellungen, wie sie Film, Comics und Literatur verbreiten. Im Kino kann man »King Kong« bewundern, einen Riesengorilla, der Menschenopfer verlangt und Kampfflugzeuge wie lästige Fliegen vom Himmel holt. In den »Tarzan«-Büchern und -Comics kommen die gewaltigen Menschenaffen mit ihren mächtigen Muskeln und Zähnen als gefährliche Kämpfer vor. Furchterregend wirkt es auch, wenn ein 150 Kilogramm schweres Gorillamännchen auf einen zustürmt, sich vor einem aufrichtet, brüllt und laut mit den Fäusten auf seine Brust trommelt. Wie so oft haben allerdings die Affen mehr Grund, die Menschen zu fürchten, als umgekehrt. Sie leben meist scheu und zurückgezogen in

15   Dian Fossey umringt von ihren geliebten Berggorillas, 1982.

den Berg-Regenwäldern. Nur bei Gefahr richtet sich der Chef einer
Gruppe zu seiner ganzen Größe auf und geht zum Angriff über. Doch
selbst der besteht erst einmal darin, sich brüllend und trommelnd zu
nähern. Die Drohgebärden genügen in der Regel, um Eindringlinge in
die Flucht zu schlagen.

Bei Menschen reicht es nicht. Sie machen Jagd auf Gorillas und
schränken ihren Lebensraum immer weiter ein. Rinderherden brauchen neue Weiden, Felder neue Flächen. Gorillafleisch ist in Zentralafrika durchaus beliebt, ihre Gliedmaßen werden für magische Rituale
verwendet oder – als Aschenbecher umfunktioniert – an Touristen
verkauft, die dann daheim mit wohligem Schauder ihre Zigaretten in
einer Monsterhand ausdrücken können.

Eine verrückte Forschungsreise

Dian Fossey hätte sich mit dem faszinierenden Anblick der Affen begnügen können. Sie hätte in den USA weiterarbeiten, eine Familie gründen und später ihren Kindern Geschichten von ihrem ungewöhnlichen Abenteuerurlaub erzählen können.

Doch sie ist wie infiziert und versucht alles, um wieder nach Afrika, wieder zu den Gorillas zu kommen. Obwohl sie keine Ahnung von Verhaltensforschung, geschweige denn von Primatologie, der Lehre von den Menschenaffen, hat, gelingt ihr das Unmögliche. Sie nimmt in den USA wieder den Kontakt mit Louis Leakey auf, bombardiert ihn mit Plänen und überzeugt ihn, dass sie die Richtige ist, um die Berggorilla-Forschung zu revolutionieren. Es gibt zwei Gründe für dieses kleine Wunder: einerseits Fosseys Überredungskunst und Energie, andererseits Leakeys Überzeugung, dass begeisterte Laien mehr wahrnehmen können als erfahrene, aber betriebsblinde Forscher. Deshalb besorgt er Geld, um die Forschungsexpedition zu finanzieren, und schickt Fossey in den Urwald: ohne hinreichende Fach-, Sprach-, Orts- oder Kulturkenntnisse; ach ja, und ohne Gehalt. Nur einen Crashkurs in Datenerhebung und Camp-Leitung bekommt sie von Jane Goodall. Sie gleicht Fossey in vielen Punkten, denn auch sie wurde von Leakey, obwohl sie nur ausbildete Sekretärin war, als Schimpansen-Forscherin eingesetzt. Die dritte der »Leakey-Ladies« war übrigens Biruté Galdikas, die sich auf Anregung Leakeys mit den Orang-Utans beschäftigte; nur sie hatte vorher schon studiert, nämlich Anthropologie.

Alle drei Forscherinnen leisten Außergewöhnliches auf ihrem Gebiet, alle drei werden berühmt mit ihren revolutionären Erkenntnissen, alle drei setzen sich unermüdlich und erfolgreich für den Schutz der Menschenaffen ein. Trotzdem ist es verantwortungslos, die drei in die Wildnis zu schicken, dazu unzureichend ausgestattet und vorbereitet. Ohne Zweifel beweisen die drei Frauen unerhörten Mut, ihr Leben im Dienste der Wissenschaft zu riskieren. Gleichzeitig handeln sie tollkühn und etwas blauäugig. Dian Fossey ganz besonders.

Aktiver Tierschutz

Seit Dezember 1966 verbringt Fossey die meiste Zeit bei den Gorillas, seit 1967 in einem Basislager zwischen den beiden Vulkanen Karisimbe und Visoke auf ruandischem Staatsgebiet. Es dauert lange, bis sie die Lebensgewohnheiten der Berggorillas gut genug versteht, um sie ausführlich beobachten zu können. Eigentlich soll sie die seltenen Tiere nur zählen. Selbst das erweist sich schon als sehr schwierig.

Die Vegetation der Vulkanregion ist extrem dicht, der Regenwald von scharfen Dornen und unangenehm brennenden Nesseln durchsetzt. Statt Wegen gibt es höchstens Wildwechsel, und sehr oft muss man klettern, um weiterzukommen. Fossey, die an Höhenangst leidet, überwindet nicht nur diese Hindernisse. Das nasskalte Klima belastet die Asthmatikerin und Raucherin. Außerdem haust sie in der Wildnis primitiv. Wochenlang ernährt sie sich – auch aus Geldmangel – nur aus Dosen. Doch sie gibt nicht auf.

Nach jahrelanger, geduldiger Arbeit und mit Hilfe wertvoller Tipps erfahrener Kollegen gewinnt sie das Vertrauen einiger Gorillas. Durch Nachahmung ihres Verhaltens kann sie sich ihnen immer weiter nähern. Sie lernt, die einzelnen Tiere zu identifizieren, und gibt ihnen – wie vorher Jane Goodall – menschliche Namen. Teilweise benennt sie die Gorillas nach Verwandten. Viel Zeit verbringt sie mit Kotsammeln, Beobachten, Zählen, Suchen, Notizenanfertigen und Materialauswerten. Sie versucht, das Schicksal möglichst vieler Gruppen und Einzeltiere zu verfolgen, und kommt ihnen damit emotional immer näher.

Eigentlich könnte Fossey glücklich sein, zumal sie sich sogar langsam einen wissenschaftlichen Ruf erarbeitet hat. Einige Kollegen halten jedoch von einer Quereinsteigerin ohne Fachausbildung nichts und kritisieren durchaus begründet ihre Methode der Annäherung. Erstens sind die Gorillas gefährlich. Zweitens riskiert die Forscherin durch die räumliche und emotionale Nähe ihre Objektivität. Drittens verändert die Anwesenheit des Menschen das Verhalten der Tiere.

Weit mehr als die kritischen Forscher belasten Fossey die Wilderer, die Bauern und die Viehhalter im Gorillagebiet. Sie begreift sehr schnell, dass es mit der Beobachtung bald vorbei sein könnte, weil die Zahl der Affen rasant sinkt. Sie schätzt, dass es nur noch 250 Tiere gibt. Zwar leben sie in einem Schutzgebiet, doch das beeindruckt Einheimische nicht besonders. Sie haben andere Werte und müssen vor allem an ihr eigenes Überleben denken.

Am besten wäre eine Aufklärungskampagne gewesen. Dafür fehlt Fossey aber einerseits Geld, andererseits Geduld. Stattdessen treibt sie die Rinder aus dem Nationalpark, schießt über ihre Köpfe und manchmal auch welche tot. Sie leidet körperlich, wenn sie Gorillas sieht, die sich bei verzweifelten Befreiungsversuchen aus Drahtschlingen Füße oder Hände abgerissen haben, oder verstümmelte Gorillaleichen findet. Sie ist überzeugt: Man muss Schutzgebiete nicht bloß auf der Landkarte einzeichnen, man muss ihr Gebiet aktiv schützen.

Im Lauf der Zeit kann Fossey Mitarbeiter einstellen. Als Erstes befiehlt sie, die vielen Gruben-, Schlag- und Drahtfallen im Gorillagebiet zu zerstören: es sind Hunderte in einem einzigen Jahr. Manchmal können sie Wilderer gefangen nehmen. Fossey versetzt die abergläubischen Männer in Angst und Schrecken, indem sie sich als eine Art Hexe ausgibt. Sie lässt sie – eher symbolisch – durch Nesselstreiche misshandeln und übergibt sie dann der Polizei. Ab und zu fordert sie die staatlichen Stellen dazu auf, die Wilderer zu erschießen, wie es in einigen anderen Ländern Afrikas üblich ist. Keine andere Strafe wirke so abschreckend, glaubt sie. Im Jahr 1973 erklärt sie einen offenen »Krieg gegen die Wilderer«. Kein Wunder, dass sich Hass gegen die als überheblich empfundene Amerikanerin regt!

Recht früh erkennt Fossey die Macht der Medien. Bilder von ihr und einem wild lebenden Gorilla, der ihre Hand fasst, gehen um die Welt. Plötzlich fließt das Geld für ihre Forschungs- und Schutzkampagnen reichlicher. Nun wollen allerdings auch andere Menschen die Affen in freier Wildbahn sehen. In Ruanda bemerkt man erstaunt, dass mit Gorillatourismus Geld zu verdienen ist. Nach kurzer Zeit erreichen die Einnahmen fast die Höhe der Gewinne aus den Hauptexportartikeln Kaffee und Tee.

Doch wiederum steht Dian Fossey im Weg. Sie weiß, dass die Menschenaffen sich bei Touristen tödlich anstecken können, dass sie sich an Gruppen gewöhnen und damit die Vorsicht Wilderern gegenüber verlieren. Außerdem könnten sie ihr Verhalten verändern, so dass der Park am Ende nur noch einer Art riesigem Zoo gliche. Sie wehrt sich massiv gegen den Tourismus. Damit bringt sie ruandische Regierungsmitarbeiter, manchen in der Parkverwaltung und westliche Organisationen, die mit dem Gorillatourismus Geld machen wollen, gegen sich auf.

Aber inzwischen ist sie berühmt geworden und hat in den Jahren 1970 bis 1976 im englischen Cambridge ihre wissenschaftlichen Ergebnisse in einer Doktorarbeit zusammengefasst.

Wiedererkennen, Wut und Ruhm

In England oder in den USA fühlt sich Fossey nie mehr richtig heimisch. Die Sehnsucht nach den Gorillas lässt sie nicht los. In Ruanda stößt sie dagegen auf immer stärkeren Widerstand. Da wird der Gorilla Digit, dem sie wie einem Freund oder Verwandten nahesteht, von Wilderern getötet, als er seine Gruppe verteidigt. Fossey erlebt den Verlust als schrecklichen Tiefpunkt. Verzweiflung und Wut erschüttern sie. Zu allem Unglück muss sie mit chronischen Schmerzen kämpfen, mit Finanziers, Wissenschaftlern, Behörden und Mitarbeitern. In dieser Krise nimmt sie ein Lehrangebot der Cornell-Universität an. Es erleichtert sie, die verzweifelte Situation hinter sich zu lassen. In den USA kann sie die Schmerzen behandeln lassen und ein Buch schreiben, das ihren Ruhm begründen wird: »Gorillas im Nebel«.

Für ein wissenschaftliches Buch ist es viel zu persönlich, für ein erfolgreiches Sachbuch etwas zu wissenschaftlich, und doch macht es Millionen neugierig. Sie wollen eine anrührende Heldengeschichte lesen. Sie wollen erfahren, wie eine mutige Amerikanerin im Urwald der Virungaberge ganz allein eine Spezies vor dem Aussterben bewahrt. Es trägt sicher zum Erfolg bei, dass Fossey vermenschlichend über das Leben der Gorillaverbände schreibt. So wirkt es immer wieder wie ein Familienroman.

Wieder könnte Fossey glücklich sein, sich nach Jahren fast übermenschlicher Anstrengungen in Afrika auf eine Wissenschaftskarriere in den USA konzentrieren, von dort aus weiter für die Gorillas und ihren Schutz kämpfen. Doch es erreichen sie Nachrichten, dass die Forschungsstation ohne sie nicht gut funktioniert, dass die Patrouillen gegen Wilderer abgeschafft wurden, dass Geldgeber sich aus dem Projekt zurückziehen wollen.

Das genügt, um sie 1983 wieder nach Ruanda zu bringen, obwohl man ihr dort mit offener Feindseligkeit begegnet. So schnell es geht, will sie wieder »ihre« Gorillas sehen und trifft bald auf eine Gruppe, die sie gut kennt, aber drei Jahre nicht gesehen hat. Eine Äffin, die Fossey Tuck genannt hat, nähert sich ihr vorsichtig. Tuck, schreibt sie später, »beschnüffelte meinen Kopf und Hals, legte sich dann neben mich (…) und umarmte mich! (…) Sie erinnerte sich tatsächlich an mich! Ich hätte in diesem Moment glücklich sterben können und nichts auf Erden sonst gewünscht, weil sie sich erinnert hatte.«

Verrückte, Märtyrerin oder beides?

Ist so viel Überschwang nicht bedenklich? Wenn eine Forscherin ihr Objekt, und seien es Menschenaffen, so sehr liebt, ist sie dann noch ernst zu nehmen? Hatten Jahre der Einsamkeit Dian Fossey wunderlich gemacht, menschenfeindlich, streitsüchtig, unerträglich für alle Mitarbeiter, selbstgerecht und engstirnig, so dass nur noch Gorillas vor ihr Gnade finden?

Manche Autoren stellen es jedenfalls so dar. Studenten berichten außerdem von einer sehr angespannten Stimmung im Camp zwischen den Vulkangipfeln. Sie sprechen von einer Leiterin, der fast nichts recht zu machen ist, die Übermenschliches verlangt, zu viel trinkt und auf jeden Fall körperlich nicht gesund ist. Fossey beschreibt dagegen die Situation in ihrem Buch »Gorillas im Nebel« so: Es »versuchten auch andere Organisationen, zur Erhaltung des Berggorillas beizutragen. Auf die Berichte vom Tod Digits, Onkel Berts und Machos hin waren diesen Organisationen stattliche Spenden zugeflossen. Sie arbeiteten außerhalb des Parks oder an den Parkgrenzen und setzten sich hauptsächlich für mehr Tourismus, Anschaffung neuer Fahrzeuge und anderer Ausrüstungsgegenstände für die Parkangestellten sowie für Aufklärungsarbeit ein, um das Wissen der Bevölkerung von Ruanda und ihr Interesse an Gorillas zu vergrößern. Weil derartige Aktivitäten Werbung für den ›Parc des Volcans‹ bedeuteten, wurden sie von der ruandischen Parkverwaltung hoch gepriesen. Ich war entsetzt über die Unsummen, die da für nicht aktive Naturschutzmaßnahmen ausgegeben wurden. Nichtsdestoweniger war ich froh, dass die Parkverwaltung befriedigt war und Karisoke seine Schutzpatrouillen unbehelligt weiterhin durchführen durfte.«

Das Zitat belegt, wie sehr Fossey sich auf sich selbst verlässt und vor allem in Ruhe gelassen werden will, um ihre Arbeit zu tun. Auch das macht sie nicht liebenswerter. Gleichzeitig weiß sie, was auf dem Spiel steht, und denkt nicht daran, ihre Stellung zu räumen. Auch wenn der Streit mit Forschern im Camp unangenehmer wird. Auch wenn Geldgeber für sie unannehmbare Pläne vorschlagen. Auch wenn sie gegen ihren immer schwächeren Körper einen immer stärkeren Willen aufbieten muss. Auch wenn die Wilderer gefährlicher zu werden beginnen und die Regierung Ruandas oder die Parkverwaltung ihr korrupt und bedrohlich erscheinen.

Am 27. Dezember 1985 um 6 Uhr 30 findet man Dian Fossey in ihrer Hütte. Durch die Rückseite ist anscheinend jemand eingedrungen und hat sie mit einem Buschmesser, das sie bei einer Antiwilderer-Aktion beschlagnahmt und in ihrer Hütte aufgehängt hat, in den Kopf geschlagen. Ihre Besitztümer liegen verstreut umher, aber nichts ist gestohlen, nicht einmal die teure Fotoausrüstung und 3000 Dollar in bar.

Bis heute weiß niemand genau, wer sie umgebracht hat. Verurteilt wurde – in Abwesenheit und ohne ausreichenden Prozess – ein amerikanischer Forscher. In Haft erhängte sich ein afrikanischer Fährtenleser, den Fossey entlassen hatte, angeblich selbst.

Beerdigt wird Dian Fossey auf dem Gorilla-Friedhof, den sie unweit ihres Camps eingerichtet hat. Auf ihrem Grabstein steht:

»Nyiramachabelli [Frau, die allein auf dem Berg lebt]
Dian Fossey 1932–1985
Niemand liebte die Gorillas mehr
Ruhe in Frieden, liebe Freundin
In Ewigkeit beschützt
In dieser geheiligten Erde
Denn du bist daheim
Wohin du gehörst.«

Eine Heldin?

Ihr Tod steht in direktem Zusammenhang mit ihrem Leben für die Gorillas. Das bezweifeln nicht einmal ihre Kritiker. Ihren Mut, ihre Energie, ihre Unbedingtheit genauso wenig. Ohne Frage stand Fossey dennoch spätestens in ihren letzten Lebensjahren im Kreuzfeuer der Kritik und machte es selbst Freunden und Förderern schwer. Aber muss man nicht radikal leben, wenn man auf eine extreme Herausforderung trifft? Muss man nicht alle Kraft für etwas einsetzen, das man als richtig erkannt hat? Wäre Fossey mit Diplomatie und vorsichtigem Taktieren je so weit gekommen? Hätten die Berggorillas ohne ihren manchmal maßlosen Einsatz überhaupt unser Jahrhundert erreicht? Gäbe es ohne Dian Fossey die heutige internationale und meist gut zusammenarbeitende Gorillaforschung oder die Gorillaschutzaktionen in Ruanda und Uganda heute? Was für eine Rolle hat wohl der berühmte Film »Gorillas im Nebel« gespielt, in dem Sigourney Weaver die Primatenforscherin spielt? Kann jemand eine Heldin sein, die sich nur für Menschenaffen einsetzt, nicht für Menschen? Macht es jemanden zwangsläufig unerträglich oder sogar unmenschlich, wenn man sich rücksichtslos für etwas einsetzt?

Dian Fossey hätte solche Fragen und das Nachdenken darüber sicher geschätzt. Das mutige, selbstbewusste Handeln wäre ihr aber noch viel wichtiger gewesen.

DIE REGENBOGENKRIEGER
Seit 40 Jahren kämpft Greenpeace
für die Erhaltung der Erde

Ein Atombombentest war der Auslöser einer ersten Protestaktion gegen
die Umweltzerstörung. Die kleine Gruppe »Regenbogenkrieger« wuchs
seit den 1970er Jahren und denkt sich immer neue überraschende,
aber auch gefährliche Kampagnen aus, um die Öffentlichkeit für die
Erhaltung des Planeten zu gewinnen. Heute gehört Greenpeace zu
den berühmtesten Organisationen überhaupt.

Tonnenweise Müll vor Regierungsgebäuden auskippen, Fässer voller
giftiger Abwässer vor Firmenzentralen abladen, die sie verursacht
haben, sind spannende Aktionen. Wer aber für Greenpeace antritt, der
findet sich leicht auf einem Schornstein in 150 Metern Höhe wieder
oder auf der Golden-Gate-Bridge vor San Francisco oder unter einem
Schnellboot der Bundesmarine. Tatsächlich *unter*. Beim Treffen der
acht bedeutendsten Industrieländer in Heiligendamm an der Ostsee
überfuhr 2008 ein Schnellboot eins der Greenpeace-Boote, das eine
Botschaft an die Mächtigen überreichen und natürlich Aufsehen erregen wollte. Auch in den Urwäldern des Kongo, des Amazonas oder
indonesischer Inseln lebt ein Mitglied von Greenpeace gefährlich,
das den oft verbotenen Kahlschlag dokumentieren möchte, um ihn
vielleicht doch noch zu stoppen. Die Harpunen von Walfangschiffen
schießen tödlich nah an den Besatzungen der Schlauchboote oder
Mutterschiffe vorbei, mit denen Greenpeace die Ausrottung der Wale
verhindern will.

Wer bei der Umweltschutzorganisation arbeitet, befindet sich täglich im Kampf und nicht selten im Krieg. Allerdings nicht immer im
abenteuerlichen Außeneinsatz auf den Meeren oder in den Urwäldern,
sondern noch viel öfter im Dschungel der Paragraphen und in den

Wüsten alltäglicher Kleinarbeit, ohne die die spektakulären Aktionen ins Leere liefen. Informationen müssen beschafft, möglichst genau bewertet und wirksam verbreitet werden. Auf zahlreiche Verhandlungen weltweit muss man sich vorbereiten, um die besten Argumente in die Diskussion werfen zu können. E-Mails, Briefe, Anrufe, SMS von Spendern, Politikern, Informanten müssen an die richtige Stelle weitergeleitet und beantwortet werden. Und dann ist da noch das Geld: Gibt es genug davon? Wie kann man mehr Spenden und mehr regelmäßige Spender bekommen, wie kann man das Geld am besten und sinnvollsten verwenden?

In 40 Ländern kämpfen Angestellte und ehrenamtliche Mitglieder von Greenpeace jeden Tag. Ihr Ziel ist einfach – die Welt retten und sich damit überflüssig machen. Inzwischen haben sie dafür zig Millionen Euro zur Verfügung, dazu eine kleine Flotte und die neueste Technik für Schadstoffanalyse und Kommunikation. Das war nicht immer so.

Der Friede ist grün und ein Misserfolg manchmal das Beste

Für einen Fischkutter, der schon etwas in die Jahre gekommen ist, gibt es angenehmere Orte als den Pazifik westlich von Alaska, doch genau dahin steuert die »Phyllis Cormack«. Noch schlimmer, sie steuert in den Septembertagen des Jahres 1971 auf ein Atomtestgelände zu, wo bald eine Wasserstoffbombe mit fünf Megatonnen Sprengkraft explodieren soll. Der Test trägt den verharmlosenden Namen »Cannikin«, das heißt »Kännchen«. Die Militärs der USA haben sich dafür auch noch einen sehr abgelegenen Platz ausgesucht, die Aleuteninsel Amchitka, Tausende Seemeilen von der nächsten heimischen Großstadt entfernt. Die Besatzung der »Phyllis Cormack« beabsichtigt, sich so nah an den Testort zu begeben, dass sie im Gefahrenbereich der Explosion wäre und sie damit verhindern könnte. Ob das US-Militär auf sie Rücksicht nehmen wird, wissen sie allerdings nicht. Ob sie heil die weite Fahrt überstehen, auch nicht. Was sind das für Leute, die ihr Leben gleich doppelt aufs Spiel setzen? Und warum tun sie das?

Ein bunter Haufen hat sich für das Unternehmen zusammengefunden. Da sind Dorothy und Irving Stowe, die zur Religionsgruppe der Quäker gehören. Die achtet auf absolute Friedfertigkeit und verlangt darüber hinaus von ihren Mitgliedern, persönlich Zeugnis abzulegen, falls ihnen etwas Sündhaftes, ein Missstand oder gar ein Verbrechen auffällt. Aus den USA sind die Stowes nach Kanada geflüchtet, weil sie überzeugte Gegner des immer schlimmer werdenden Kriegs in Vietnam sind. Aus den gleichen Gründen kommen auch Marie und Jim Bohlen nach Kanada. Der Atomtest auf Amchitka empört sie besonders, weil er für sie die Gefahren des wahnwitzigen Wettrüstens, vielleicht sogar eines atomaren Weltkriegs steigert. Außerdem befürchten sie wie viele andere in Kanada, dass die ungeheure unterirdische Explosion ein Erdbeben oder einen Tsunami auslösen könnte. So gründet man das »Mach keine Welle Komitee«. Marie Bohlen schlägt vor, ein Schiff zu besorgen, um sich mit ihm in eigener Person der Gefahr entgegenzustellen. Die überzeugten Friedenskämpfer können Paul Cote, dann auch Bob Hunter sowie Ben und Dorothy Metcalfe für ihr Projekt begeistern, die für die Öffentlichkeitsarbeit sorgen werden. Die »Phyllis Cormack« nennen sie später »Greenpeace«. Der Name, der sich dann auf die kleine Organisation ausdehnt, stammt vom Sozialarbeiter Bill Darnell. Er verknüpft damit ihre Absicht, Frieden zu schaffen, mit der, die Umwelt zu schützen. An Bord des Schiffes, das sich schließlich auf den Weg zur fernen Insel begibt, befindet sich übrigens keine Frau. Die Greenpeace-Aktivisten bekommen damals einen wichtigen Namen, den sie bis heute gerne verwenden. Sie berichten, ein Indianerhäuptling habe sie als »Regenbogenkrieger« bezeichnet.

Das Schiff mit den Protestierern schafft es schließlich nicht einmal in die Nähe Amchitkas, da US-Behörden sie in einem Hafen Alaskas aus zollrechtlichen Gründen festhalten und schließlich zum Umkehren bewegen können.

Das Unternehmen scheint ein grandioser Fehlschlag zu sein und erweist sich doch als Geburtsstunde einer der einflussreichsten und berühmtesten Organisationen der Welt. Greenpeace zeigt damals schon, dass man gewaltige Aufgaben anpacken kann, selbst wenn man nur ein Zwerg ist, verglichen mit der ungeheuren Streitmacht der USA. Besonders wichtig und lehrreich ist die großartige Wirkung der Pressearbeit. Berichte über die Vorbereitungen der Aktion gelangen in bedeutende kanadische und internationale Zeitungen. Das Radio und das Fernsehen bringen Beiträge, und so reden plötzlich Millionen über Atomtests, die vorher nichts davon gewusst oder sich nicht darum gekümmert haben. Die »Phyllis Cormack« und ihre Besatzung werden schon weit vor dem Heimathafen Vancouver als wahre Helden empfangen. Sie haben ihr Leben zwar nur wagen wollen, aber die Absicht nimmt man für die Tat. Ihre Kollegen haben an Land inzwischen ein zweites Schiff klar zum Auslaufen gemacht, das sie »Greenpeace II« nennen. Wegen des Zeitverlusts kommen sie nur auf gut 1000 Kilometer an das Testgebiet heran, als die Bombe explodiert. Am 6. November 1971. Ein Erdbeben oder eine riesige Flutwelle bleiben aus.

Fünf Monate nach »Kännchen« schließt die US-Regierung weitere Tests auf Amchitka aus. Viele führen das auch auf den Einsatz von Greenpeace zurück. Der abgebrochene Bootsausflug und der zweite, zu spät kommende Versuch werden in Triumphfahrten umgedeutet.

Die Südsee – Meer der Entscheidung

In den ersten Jahren beschäftigen sich die noch relativ wenigen und hauptsächlich kanadischen Mitglieder von Greenpeace vor allem mit den Atombombenversuchen. Besonders rücksichtslos geht damals Frankreich vor, das auf dem Mururoa-Atoll Bomben nicht einmal unterirdisch testet. Bei den Explosionen zerreißt es Teile der Südseeinsel. Die Franzosen schleudern gigantische Mengen an radioaktivem Material kilometerhoch in die Luft und verbreiten es Tausende Kilometer weit. Die umliegenden kleinen Inselstaaten protestieren, dazu Australien und Neuseeland. Doch die Franzosen tun weiterhin so, als gehöre die Südsee ihnen, und betonen, es bestünden keine Gefahren für Menschen. Auf die Frage, warum sie dann nicht vor der eigenen Küste Atombomben ausprobierten, antworten sie nicht.

Greenpeace unternimmt 1972 einen weiteren Versuch, durch persönliche Anwesenheit im Gefahrenbereich eine angekündigte Atomexplosion zu verhindern. Dafür brauchen sie ein Schiff, und das stellt ihnen David McTaggart zur Verfügung, der später als Chef aus Greenpeace eine professionell arbeitende Organisation machen wird. Seine Segelyacht heißt »Vega«, und McTaggart fährt gleich selbst mit. Doch die französische Marine bekommt Wind von der Sache. Sie fängt das Schiff ab, rammt es und beschädigt es dabei schwer. Ein klarer Rechtsbruch in internationalen Gewässern!

Von dem gefährlichen Angriff lassen sich die Regenbogenkrieger nicht abschrecken. Nach der Reparatur sticht die »Vega« 1973 wieder in See und nimmt Kurs auf das Atomtestgebiet. Diesmal entern französische Marinesoldaten das Schiff, schlagen die Besatzung, darunter McTaggart, und beschlagnahmen die »Vega«. Aufnahmen von dieser wiederum unrechtmäßigen Gewaltaktion gelangen an die Presse. Greenpeace bekommt die freundlichsten Schlagzeilen und damit die beste, weil überzeugende Werbung. Für die Franzosen gilt das Gegenteil. Viele Jahre lang stellt Frankreich daraufhin oberirdische Atomtests ein. Wieder ein Erfolg, den man zu Recht Greenpeace zuschreibt.

Erst 1985 planen die Franzosen erneut einen Atombombenversuch, und Greenpeace ist wieder zur Stelle. Dabei hat sich die Organisation inzwischen auf weiteren Gebieten einen Namen gemacht. Mit dramatischen Schlauchboot-Aktionen hat man Walfänger am Harpunieren der Großsäuger gehindert und sich für ein internationales Walfangverbot eingesetzt. 1976 beginnt Greenpeace mit Hilfe der berühmten Schauspielerin Brigitte Bardot die Robbenkampagne. Es geht um das Töten von gerade geborenen Robben, da deren weißes Fell besonders gut verkauft werden kann. Die Bilder der blonden Schauspielerin mit einem knopfäugigen weißen Robbenbaby neben blutverschmiertem Eis, dazu die Geschichten von lebendig gehäuteten Tieren – die nachher allerdings relativiert werden müssen – bringen Greenpeace unglaublich viel Aufmerksamkeit, viele Mitglieder und viele Spenden. Der grüne Bereich von Greenpeace – also Natur-, Tier- und Umweltschutz – wurde erstmals für Millionen Menschen auf der ganzen Welt deutlich. Bald gründeten sich in anderen Ländern weitere Greenpeace-Gruppen.

Unterstützt von diesem Rückenwind, macht sich das Greenpeace-Schiff »Rainbow Warrior« 1985 auf den Weg nach Neuseeland, wo ihm und seiner Besatzung sehr viel Sympathie entgegenschlägt. Womit man nicht gerechnet hat, ist der französische Verteidigungsminister, der seinen Geheimdienst einschaltet. Der Staat nimmt inzwischen die früher als »grüne Spinner« beschimpften Greenpeace-Aktivisten als »Öko-Terroristen« wahr und geht gegen sie wie gegen eine feindliche Macht vor. Frankreich schleust bei Greenpeace Spione unter falschem Namen ein. So weiß man gut Bescheid, als man zum entscheidenden Schlag ausholt.

Am 10. Juli 1985 bringen Kampfschwimmer im Hafen von Auckland / Neuseeland zwei Minen an der Außenwand der »Rainbow Warrior« an. Ihre Explosionen reißen ein gewaltiges Loch in das Schiff, das sehr schnell sinkt. Der holländisch-portugiesische Greenpeace-Fotograf Fernando Pereira, der noch an Bord ist, kann sich nicht retten. Er ertrinkt. Er ist 35 Jahre alt, verheiratet, hat einen Sohn und eine Tochter.

Wieder kommt es zu einer überraschenden Wende, jedenfalls für die Auftraggeber der französischen Geheimdienstler. Man kann die Reaktion auf die Versenkung der »Rainbow Warrior« und den Tod Pereiras mit drei Worten beschreiben: Riesenmedienecho, Riesensympathie, Riesenspendenaufkommen. Und zwar weltweit. In Auckland nimmt die Unterstützung schon lästige Ausmaße an, denn von überall her kommen Briefe, Päckchen, Pakete mit Spenden aller Art und immer wieder Geld, das sogar durch die Fenster geworfen wird. Ein Mitarbeiter im Greenpeace-Büro meint später: »Es herrschte totales Chaos – ein einziger Albtraum, wir konnten vor lauter Geld nicht mehr arbeiten.«

Schnell stellt sich heraus, dass Frankreich hinter der Versenkung steckt, doch dauert es einige Wochen, bis die Verantwortlichen bis hinauf zum Verteidigungsminister genannt werden können. Erst nach Jahren zahlt Frankreich eine Entschädigung, wobei über deren Höhe Stillschweigen vereinbart wird. Es sind wohl zwischen acht und 20 Millionen Dollar.

Greenpeace-Aktivisten hatten oft bewiesen, dass sie ihr Leben für die Umwelt aufs Spiel zu setzen bereit waren, doch mit dem Tod Pereiras hat man den ersten offiziellen Blutzeugen der Bewegung. Die Organisation bekommt so etwas wie einen Heiligenschein.

Fast so bekannt wie Coca-Cola

Es ist wie im Märchen. Die übermächtigen Gegner bauen den kleinen Herausforderer erst auf, indem sie ihn unterschätzen. Sie verlassen sich auf ihre Überlegenheit und merken gar nicht, dass sie sich angreifbar machen. Ihre Überheblichkeit führt dann noch dazu, dass immer mehr Menschen sich von ihnen ab- und dem Schwächeren zuwenden. Frankreich tappte in die selbst gebaute Falle, und Greenpeace nützte es unglaublich.

In der Öffentlichkeit macht ein guter Ruf sehr viel aus. Firmen mit ausgezeichnetem Image müssen viel weniger Geld für Werbung ausgeben als unbekannte oder unbeliebte. Ein Name wie Greenpeace ist inzwischen unbezahlbar, weil er derartig bekannt ist und derartig positiv eingeschätzt wird. Der Mut der Aktivisten auf Kühltürmen, in Taucheranzügen vor Atomaufbereitungsanlagen, festgekettet an Zäune von Militärbasen oder in Schussweite von Harpunen hat viel dazu beigetragen.

Die meisten Menschen verbinden Greenpeace mit diesen Kämpfern an der Umweltfront, dabei ist die Organisation längst ein großer Konzern, in dem die Öffentlichkeitsarbeit und die zahlreichen Verhandlungen mit Politikern und Wirtschaftsführern mindestens genauso wichtig sind wie die Aktionen. Das Geheimnis des Erfolgs besteht wahrscheinlich genau darin, dass Greenpeace sehr lange schon beides tut: abenteuerliche Aktionen und geduldiges Verhandeln; die Öffentlichkeitsarbeit nicht zu vergessen. Kein Greenpeace-Mitglied klettert auf dem Hochhaus einer Firmenzentrale herum, ohne dass man Fotografen, Kameraleuten und Reportern die Möglichkeit gibt, darüber von der besten Position aus und in aller Klarheit zu berichten. Selbstverständlich fertigt Greenpeace auch selbst Fotos, Filme und Texte an, die sie der Presse zur Verfügung stellen. Für das sehr positive Image spielt außerdem die Flotte eine große Rolle. Von Anfang an setzt man auf Schiffe und ist damit in der Lage, sich fast überall für Frieden und Umweltschutz einzusetzen. Je mehr Schiffe es werden,

16　Mit dramatischen Bildern ihrer Aktionen beeinflusst Greenpeace die Öffentlichkeit. Hier versucht sich ein Aktivist auf einem toten Zwergwal zu halten, während japanische Walfänger ihn wegspritzen wollen.

umso selbstbewusster kann Greenpeace als eine Art friedliche Seemacht auftreten, eine mutige Marine, die für die Rettung der Welt kämpft.

Dass der Umweltschutz zum international höchst bedeutsamen Thema geworden ist, hilft Greenpeace in seiner Arbeit, gleichzeitig sorgte Greenpeace selbst maßgeblich dafür, dass es dazu kam. Immer wieder deckt man skrupellose Abfallbeseitigung auf, wies auf risikoreiche Transporte hin und prangerte gefährliche Verarbeitungsprozesse der Industrie an. Wer interessierte sich früher schon dafür, dass Atommüll in Fässern, in Beton gegossen, vor der Küste über Bord geworfen wurde, Säuren in die Nordsee eingeleitet und hochgiftige Abfälle weit vom Land entfernt auf Spezialschiffen verbrannt wurden. Die Greenpeace-Flotte dokumentierte massenhaft solche rücksichtslosen Fälle von Umweltzerstörung und machte sie weltweit bekannt.

Die unbekannten Helden und ein gewisser Unmut

Um erfolgreich zu arbeiten, ist Greenpeace auf ein Heer von Informanten angewiesen, die in Ministerien, Firmen, bei der Polizei arbeiten oder als Betroffene selbst von der Umweltverschmutzung bedroht sind. Sie weisen oft als Erste auf Missstände hin und begeben sich damit persönlich in Gefahr, besonders in Diktaturen oder unter Regierungen, die ihre Bevölkerung kontrollieren.

Die ehrenamtlichen Mitarbeiter stehen etwas im Schatten der Aktionskletterer. Dabei sind gerade die jungen der knapp drei Millionen Mitglieder weltweit unermüdlich tätig, um in Familien, Schulen und auf den Straßen die Ziele von Greenpeace zu erklären und für mehr Umweltschutz zu werben. Immer wieder finden sie und andere Mitglieder es bedauerlich, wenn eingeflogene Greenpeace-Spezialisten eine Aktion durchführen, deren Hintergründe sie selbst vor Ort aufgedeckt haben.

Überhaupt blicken viele bei Greenpeace nicht so richtig durch,

welche der vielen Gruppen, Untergruppen, Stiftungen, Vereine, die
»Greenpeace« heißen, alle zur Organisation gehören, wohin das Geld
fließt und wer davon wie viel bekommt. Tatsächlich ist Greenpeace
eine besonders undurchschaubar organisierte Nicht-Regierungs-
Organisation. Damit will man es Staaten oder Gerichten schwer machen, das Vermögen von Greenpeace einfach zu beschlagnahmen.
Dem selbst verordneten Grundsatz der Offenheit und Transparenz
widerspricht es schon, handelt es sich doch um eine Verschleierungs-
taktik. Gegen die kämpft Greenpeace aber seit Jahrzehnten, ob es um
Staaten oder Firmen geht.

Gilt nicht gleiches Recht für alle? Wird hier vielleicht mit zweierlei
Maß gemessen? Man könnte schon den Eindruck gewinnen, wenn
man die Aktionen von Greenpeace genauer ansieht. Der Grundsatz
der Gewaltlosigkeit wird zwar sehr genau eingehalten, wenn man nur
von Menschen spricht. Sachen werden dagegen mit gewisser Regel-
mäßigkeit beschädigt, wenn auch meist geringfügig, wenn beispielsweise ein Abwasserrohr zugeschweißt wird, das radioaktive Abfälle
ins Meer leitet. Gesetze bricht Greenpeace regelmäßig. Da geht es um
Hausfriedensbruch, wenn Aktivisten Zäune übersteigen, um ohne
Erlaubnis Proben auf Industriegeländen zu nehmen, um Diebstahl,
wenn Teile oder Materialproben mitgenommen werden, um als Be-
weis für Verschmutzungen oder Gefahren zu dienen.

Dabei beruft sich die Umweltschutzorganisation auf höheres
Recht, und gerne stimmt man ihr zu, wenn sie bei ihren Aktionen Ge-
setzesbrüche aufspüren oder Risiken für die Bevölkerung beweisen
kann. Nur, wer hat Greenpeace über das geltende Recht gestellt? Wenn
deren Mitglieder das Recht brechen dürfen, können sich nicht auch
andere Leute auf höheres Recht berufen und das Recht gleich selbst in
die Hand nehmen? Und dann beklagt sich Greenpeace, wenn die Polizei, der Werksschutz, Soldaten oder Privatleute ihre Kämpfer angreifen, mit Gewalt wegdrängen, ihre Transparente oder ihre Ausrüstung
beschlagnahmen und zerstören oder sie verhaften. Welches Recht gilt
also? Darf man sich der Umwelt zuliebe eigene Gesetze machen?

Zwangsweise Helden, notwendige Skandale

Ein Problem, das alle Wohltätigkeitsorganisationen kennen, ist bei Greenpeace besonders ausgeprägt. Gute Nachrichten beruhigen die Öffentlichkeit, schläfern ihr Interesse ein. Schlechte Nachrichten erregen mehr Aufsehen, doch im Grunde sind sie immer dieselben: Wir zerstören das Klima, rotten Tierarten aus, verschwenden Rohstoffe und Energie, dulden Diktaturen, beuten ärmere Länder aus. Man muss diese bedrückenden Botschaften immer wieder neu verpacken, um die Öffentlichkeit aufzuwecken, neue Unterstützer zu gewinnen und alte zu halten. Also benötigt man Skandale, Sensationen, Dramatik, Helden, bewegende Bilder und spannende Schlagzeilen. Das heißt nicht, dass die Ziele der Organisationen oder die Themen, die sie dramatisch darstellen, nur künstlich wichtig gemacht werden. Tierschutz ist wichtig! Aber müssen es immer wieder Robben, Wale und Orang-Utans sein, um die Menschen aufzurütteln, selbst wenn das zu besonders großer Spendenbereitschaft führt? Was ist mit den Spinnen, deren Verschwinden nicht nur bedauerlich wäre, sondern das ökologische Gleichgewicht massiv gefährdete? Anders gefragt: Müssen sich Greenpeace-Mitarbeiter professioneller Werbestrategie bedienen? Reichen Argumente nicht aus?

Dazu kommt, dass sie im Verdacht stehen, manchmal Nachrichten selbst herzustellen. Als 1995 die »Brent Spar«, ein riesiger schwimmender Öltank, in der Nordsee versenkt werden sollte, weil er ausgedient hatte, besetzten Greenpeace-Aktivisten die Öllager- und Verladeplattform. Sie nahmen Proben und schickten sie ins eigene Labor. Es ging darum, eine Versenkung nicht nur dieser, sondern Hunderter weiterer Ölförder- und Öllageranlagen vor den Küsten der Welt zu verhindern. Greenpeace forderte, man dürfe seine alten Industrieanlagen nicht einfach im Meer verschwinden lassen. Die Diskussion darüber war wichtig, die Aktion gerechtfertigt, nur verbreitete Greenpeace damals über die Medien, es seien noch 5000 Tonnen Ölrückstände in den Tanks der »Brent Spar«. Diese riesige Menge ins Meer zu kippen wäre natürlich ein Skandal gewesen. Der Besitzer, der Shell-Konzern, geriet in die Kritik, und so viele Autofahrer mieden die Shell-Tankstellen, dass Millionenverluste verzeichnet wurden. Allerdings stellte eine unabhängige Studie fest, dass Greenpeace falsche Zahlen veröffentlicht hatte. Sie waren etwa hundertmal zu hoch, denn es gab lediglich 50 bis 70 Tonnen Ölrückstände. Shell hatte vor der Aktion der Umweltschützer genau diese Zahlen vorgelegt. Bevor die peinliche Studie herauskam, entschuldigte sich Greenpeace und gab einen Messfehler zu. Allerdings war wohl gar nicht so gemessen worden, dass man den korrekten Wert hätte feststellen können. Es dauerte, bis sich Greenpeace von diesem selbst verschuldeten Vertrauensverlust erholen konnte.

Greenpeace hat in den letzten Jahren viel unternommen, um aus den Fehlern zu lernen. Vor allem gibt es lange schon Versuche, nicht nur anzuklagen, sondern auch Perspektiven und Lösungen zu bieten. Geradezu unglaublich erfolgreich verlief das bei der Einführung von Kühlschränken, die ohne das ozonzerstörende FCKW auskamen. Obwohl das Prinzip längst bekannt war, wollten die Hersteller nicht auf die neue Technik umstellen. Man wollte die alten Geräte weiterverkaufen und scheute die Kosten für die Entwicklung neuer. Die Industrie behauptete sogar, die neue Art Kühlschrank sei gefährlich. Also schloss Greenpeace mit der ostdeutschen Firma Foron ein Abkommen, den neuen Kühlschrank in Serie zu bauen. Man taufte ihn »Greenfreeze«. Ein paar Monate lang versuchten die großen Hersteller, das Gerät trotz vieler positiv verlaufender Tests noch abzuwehren oder lächerlich zu machen. Der Siegeszug ließ sich aber nicht aufhalten. Innerhalb kürzester Zeit brachten weitere Hersteller eigene Kühlschränke nach dem neuen Prinzip auf den Markt. Wahrscheinlich hatten sie erkannt, dass es ihrem Image schadete, noch länger zu zögern.

Andere Lösungsvorschläge wie das 3-Liter-Auto »SmILE« oder eine Kampagne für besonders günstige Sonnenkollektoren hatten dagegen keinen Erfolg.

Besser als der Staat?

Manchmal wünscht man sich, Greenpeace könnte einfach bestimmen, dass Spritfresser von den Straßen verbannt, Züge billiger, Heizen und Stromerzeugen effizienter und Verschmutzung oder Zerstörung von ökologisch wichtigen Gebieten unmöglich gemacht werden.

Und es gibt weitere Vereine und Gruppierungen, die überlebenswichtige, kluge und menschenfreundliche Ideen haben, deren Durchsetzung die meisten unterstützten. Die »Nicht-Regierungs-Organisationen« (NROs) oder nach ihrem englischen Namen »N(on) G(overnmental) O(rganizations)« müssen keine Rücksicht auf Wähler, Spenden der Wirtschaft oder von Interessenverbänden nehmen.

Die bekanntesten und wichtigsten NGOs oder NROs haben es verdient, wegen ihres Kampfes für hohe Ziele genannt zu werden. Da ist zum Beispiel »Amnesty International« mit dem Ziel, politische Gefangene in der Welt zu befreien und Menschenrechtsverletzungen, vor allem Folter, anzuklagen.

Da sind die »Ärzte ohne Grenzen«, ein internationaler Verein, der in Frankreich gegründet wurde. Ähnlich wie das »Internationale Komitee vom Roten Kreuz« hilft die Organisation in Not-, Kriegs- oder Bürgerkriegsgebieten. Ärzte aus reicheren Ländern verbringen ihren Urlaub in ärmeren, wo die medizinische Versorgung schlecht oder gar zusammengebrochen ist. Man kann sich kaum vorstellen, wie beeindruckend mutig und tatkräftig die Ärzte der Organisation arbeiten. Und sie bringen nicht nur dringende medizinische Soforthilfe. Sie bilden Ärzte und Pflegekräfte vor Ort aus, sie arbeiten mit den Menschen der Länder direkt zusammen, da die am besten wissen, was sie benötigen.

Da gibt es »Attac«, eine Organisation, die längst vor der akuten Weltfinanzkrise die ungeheure Gefahr durch maßlose Börsenspekulationen für die Weltwirtschaft, den Weltfrieden und die Gesellschaft vieler Länder erkannt hat. Sie plädiert für die Einführung einer Spekulationssteuer, deren Einnahmen in armen Ländern für den Aufbau einer stabilen und lebenswerten Gesellschaft verwendet werden sollen. Dabei müsste die Steuer nur 0,1 Prozent jeden Kaufs oder Verkaufs von Wertpapieren oder Devisen betragen. Damit würden auch die aberwitzigen Geschäfte schwieriger gemacht, bei denen es um Preisunterschiede von nur Zehnteln oder einigen Hundertsteln geht.

Das sind nur drei von über 400 Organisationen, die alleine im Handbuch der NGOs des deutschsprachigen Raums verzeichnet sind. Auf immer mehr internationalen Konferenzen zum Klimaschutz oder zur Verbesserung der Weltwirtschaft findet man ihre Vertreter: als Demonstranten vor den Absperrungen oder innerhalb der Kongresssäle als Verhandlungspartner.

So wichtig ihre Arbeit ist, fragt man sich gleichwohl: Wer gibt den NGOs das Mandat? Es stehen im besten Fall ein paar Millionen Mitglieder dahinter, doch gibt es Milliarden Menschen, für die Klima und soziale Gerechtigkeit lebenswichtig sind. Sollte man sich nicht besser auf die demokratisch gewählten Volksvertreter verlassen? Und wenn man mit ihnen nicht zufrieden ist, andere wählen oder sich selbst in Parteien engagieren? Aber was ist mit den Staaten, in denen es keine Demokratie gibt? Was ist mit den Verflechtungen zwischen Parteien und Interessenvertretern der Wirtschaft?

Es bleibt eine spannende und lohnende Aufgabe für alle, die etwas tun wollen für eine gerechtere, sicherere, überlebensfähigere Welt, sich genau zu erkundigen, wer die Ziele am besten umsetzt, wo man am meisten erreichen kann.

Stellvertreter sind ein sanftes Ruhekissen

Wofür Greenpeace wirklich nichts kann, ist die Trägheit der meisten Spender und Mitglieder. Das ist in fast jedem Verein so: Nur wenige arbeiten aktiv mit, der größere Teil spendet und bleibt passiv, ob es ein Fußball- oder ein Umweltverein ist. Etwas fällt bei Greenpeace aber auf: Die Mitglieder unternehmen gerne Fernreisen, benutzen das Flugzeug, besitzen nicht selten zwei Autos. Wie passt das mit der Unterstützung einer Organisation zusammen, die den Ausstoß von CO_2 zu reduzieren für überlebenswichtig hält?

Es sieht so aus, als bringe das schlechte Umweltgewissen und die Überzeugung von der Richtigkeit der Greenpeace-Arbeit viele dazu, Geld zu spenden. Die Umsetzung aller Forderungen oder auch nur einiger ins eigene Leben dagegen scheitert immer wieder an der Selbstbezogenheit, der Bequemlichkeit und der gedanklichen Unbeweglichkeit. Wer bringt schon die Kraft der Konsequenz auf? Aber muss man gleich so wenig stark sein?

Immerhin gut, dass Greenpeace durch all die Spender viele Erfolge erzielen oder mit auf den Weg bringen konnte: die Antarktis für 50 Jahre unter internationalen Schutz stellen, den Walfang verbieten beziehungsweise auf Forschung beschränken, die Verschmutzung der Meere durch Säureabfälle und die Chlorbleiche von Papier verringern. In noch viel mehr Fällen sorgte Greenpeace dafür, dass ein Problem überhaupt als Problem erkannt wurde, so dass man an einer Lösung arbeiten konnte. So hat Greenpeace die Welt noch nicht gerettet, aber die Organisation arbeitet weiter leidenschaftlich dafür, sich überflüssig zu machen.

»TOR! TOR! TOR!«
Wie ein paar Fußballer zu Berner Helden wurden und warum daraus ein Nationalmythos entstand

Die deutsche Fußball-Nationalmannschaft gewann 1954 in einem nervenaufreibenden Turnier vollkommen überraschend die Weltmeisterschaft. Die ganze Nation feierte die Spieler und ihren Trainer überschwänglich. Später wurden die Fußballer in Filmen und Büchern zu Helden erklärt.

Zehntausende sangen 2006 voller Begeisterung das Lied der Band »Sportfreunde Stiller«: »'54, '74, '90, 2006, / ja so stimmen wir alle ein. / Mit dem Herz in der Hand / und der Leidenschaft im Bein / werden wir Weltmeister sein.« Selbst Sporthasser kamen damals an dem Phänomen »Fußballweltmeisterschaft« nicht vorbei und auch nicht an dem Lied, das einen nationalen und wirtschaftlichen Aufschwung aus dem Geist des Sports versprach: »Für unseren langen Weg aus der Krise / und aus der Depression / lautet die Devise: / Nichts wie rauf auf den Fußballthron.« Ach ja, die Zahlen im Lied verweisen auf die tatsächlichen und erhofften deutschen Siege bei Fußballweltmeisterschaften: 1954 in der Schweiz, 1974 in Deutschland, 1990 in Italien und 2006 wieder in Deutschland. Das letzte Datum erwies sich als ein Wunschtraum. Die Sensation, die das Lied feiern wollte, blieb aus: »Beim ersten Mal war's 'n Wunder, / beim zweiten Mal war's Glück, / beim dritten Mal der verdiente Lohn. / Und diesmal wird's 'ne Sensation.« Mit dem »Wunder« war das »Wunder von Bern« im Jahr 1954 gemeint.

So ein Tag, so wunderschön wie heute

Angeblich wissen die meisten, die 1954 schon klar denken konnten, wo sie die Radioreportage des Fußballweltmeisterschaftsfinales damals gehört haben. Ihr Moderator Herbert Zimmermann wurde damit berühmt, vor allem mit den Schlusskommentaren: »Aus dem Hintergrund müsste Rahn schießen. Rahn schießt. Toooor, Toooor, Toooor!« Und dann nach dem Schlusspfiff: »Aus! Aus! Aus! Das Spiel ist aus! Deutschland ist Weltmeister. Schlägt Ungarn mit drei zu zwo Toren im Finale in Bern.« Damals hingen fast alle an den Radioapparaten. Nur wenige besaßen einen Fernseher.

Ich habe ein paar ältere Leute befragt, und alle erzählten eine kleine Geschichte, die mit dem »Wunder von Bern« zu tun hat. Selbst meine Schwiegermutter, die sich nicht für Fußball interessiert, berichtete, ihr junger Zukünftiger, seine Mutter und deren Lebensgefährte hätten sich im Sommer 1954 kurz entschlossen in den Zug nach Bern gesetzt. Dabei hatten sie nur wenig Geld, keine Eintrittskarten und also kaum Hoffnung, das Spiel mit eigenen Augen zu sehen. Und dann sei es ihnen doch gelungen, ins Stadion zu kommen. Jahrelang hätten sie begeistert von dem Erlebnis gesprochen.

Was ist an diesem Sieg das Wunder? Warum spricht man über 50 Jahre später immer noch von ein paar Wochen Sport in der Schweiz und den »Helden von Bern«? Was ist so heldenhaft an einem Titelgewinn im Fußball?

Wenn man die besondere Begeisterung der Weltmeister und ihres Landes verstehen will, hilft es viel, sich Bilder von damals anzusehen. Da sieht man z. B. den Sonderzug, der die erfolgreichen deutschen Spieler, ihren Trainer samt Betreuer von Bern nach München brachte. Er war mit Girlanden geschmückt und kam nur langsam vorwärts. Immer wieder musste er anhalten, weil die Bevölkerung ihre Fußballhelden feiern wollte. Auf Fotos und in Filmberichten findet man manchmal die Sportler kaum, weil Hunderte und Tausende sich versammelt hatten, die den Sportlern Geschenke in den Zug reichten und jubelten. In München waren es sogar mehrere Hunderttausend. Die meisten Firmen und Geschäfte hatten ihren Arbeitern den Nachmittag freigegeben, um die Weltmeister empfangen zu können.

Politiker hatten gleich nach dem Sieg Glückwunschbotschaften in die Schweiz geschickt. Jetzt hielten sie Reden an jeder Station des Zugs. Der Trubel ging wochenlang weiter. Nach München folgten große Empfänge in Berlin, in der damaligen Hauptstadt Bonn und in den Heimatstädten der Spieler. Überall feierte man die Mannschaft hymnisch, überhäufte sie mit Geschenken, erdrückten sie die Menschenmassen, reihten sich Reden an Reden und Festessen an Festessen, bis die ersten Spieler streikten. Sie konnten nicht mehr.

So eine friedliche Begeisterung hatte Deutschland selten, vielleicht nie erlebt. Man hatte auch nie mit diesem wundervollen Ergebnis gerechnet. Die eigene Mannschaft fuhr in die Schweiz als Außenseiter, der in den Qualifikationsspielen zuvor nicht überzeugt hatte. Der ausgesprochene Favorit war eigentlich die Mannschaft Ungarns. Sie rechnete fest mit dem Sieg, genau wie die Experten und ihre Fans. Seit über vier Jahren war sie ungeschlagen und hatte sogar das Fußballmutterland England besiegt. Man schrieb in den Zeitungen vom ungarischen »Wunderteam«. So war es kein Wunder, dass die Ungarn die Deutschen in der Vorrunde der WM mit 8:3 Toren vom Platz fegten.

Bei dieser bitteren Niederlage saßen allerdings die besten deutschen Fußballer auf der Bank. Ihr Trainer Sepp Herberger wollte sie zu Beginn des Turniers schonen. Und gegen Ungarn rechnete er sowieso mit einer Schlappe. Diese taktische Entscheidung empörte viele in der Heimat. Herberger handle unfair, unsportlich, es sei eine Blamage und eine Verschaukelung des Publikums, das die besten Spieler habe sehen wollen.

Der Fortgang des Turniers gab dem Trainer aber recht. Mit etwas Losglück und vergleichsweise modernem Fußballstil kamen die Deutschen immer weiter. Das brachte ihnen immer mehr Zuspruch beim Schweizer und beim eigenen Publikum ein. Trotzdem war es einfach unglaublich, dass sie schließlich das Finale erreichten.

Leider kann man »unglaublich« nicht steigern, denn im Endspiel wuchsen die deutschen Fußballer über sich hinaus und spielten gegen die Ungarn als ebenbürtige Gegner. Man merkte ihnen an, dass sie sich untereinander verstanden, dass sie den Sieg für möglich hielten, dass sie alles gaben und doch nicht verkrampft auftraten, sondern mit Spiellust, zu der Spielglück kam. Selbst ein Rückstand von 2:0 in der ersten Halbzeit ließ sie nicht verzweifeln, im Gegenteil. Dazu kam dann der Regen. Auf dem rutschigen Rasen konnten die Ungarn ihre technische Überlegenheit nicht ausspielen. Die Deutschen dagegen setzten ihre neu entwickelten Schraubstollenschuhe ein, die ihnen Halt verliehen. Am Ende hieß es 2:3 für Deutschland, was für die Experten wie für die Laien so unerwartet kam, dass »Wunder« als ein angemessenes Wort erschien.

Auf dem Rasen und auf dem Schlachtfeld

Vergleicht man die Leistung der Fußballer im Jahr 1954 mit den Taten eines Georg Elser oder eines Raoul Wallenberg, muss man sich fragen: Was haben die in diesem Buch zu suchen? Ist es nicht sogar geschmacklos, Helden der Menschlichkeit mit »Helden« des Sports zu verbinden?

Nun, es gibt sicher mehr Menschen, die Sportler verehren, kennen oder lieben, als solche, die Elser oder Wallenberg kennen. Vor allem gibt es viele Gemeinsamkeiten zwischen Sporthelden und Helden der Menschlichkeit, nicht nur historische. Sie sind unverzichtbar für die Beantwortung der Titelfrage: »Wann ist ein Held ein Held?«

Die Heroen der grauen Vorzeit zeichneten sich durch herausragende körperliche wie geistige Eigenschaften aus und hatten sehr viel mit Kampf, Wettbewerb, mit Sieg und Niederlage zu tun. Einige von ihnen traten sogar bei Sportturnieren an, weil sich das damals für einen Mann gehörte. Berühmte Helden wie Herakles waren übermenschlich stark, besonders zielsicher und wendig, besaßen bewundernswerte geistige und körperliche Ausdauer. Um ihre menschenfreundlichen oder auch kriegerischen Großtaten zu vollbringen, setzten sie ihre exzellenten Sportler-Qualitäten ein.

Wie man von geborenen Helden spricht, so gibt es geborene Sportler, Leute, die ein unvergleichliches Talent haben. Das allein reicht nicht aus, um zum Ausnahmemenschen zu werden. Lange, entbehrungsreiche Stunden des Trainings, des Lernens, der Disziplin sind nötig, um ein Held alter Schule und ein guter Sportler zu werden. Auch menschlich muss man wachsen, um mit Enttäuschungen, Gefahren, Herausforderungen und nicht zuletzt den Konkurrenten fair umgehen zu können.

Sportler traten schon in der Antike stellvertretend für ihre Heimat an. Heute messen sie ihre Kräfte in internationalen Wettkämpfen. Damals wie heute stellen die Sportfeste friedliche Ersatzhandlungen für Kriege dar. Tote gibt es gleichwohl, und mancher verliert einen Teil seines Lebens. Da werden kleine Kinder zu Turnrobotern programmiert, Rennwagenfahrer bringen sich und die Zuschauer bei Tempo 300 in Lebensgefahr, Leichtathleten oder Radfahrer riskieren mit Doping nicht nur ihre Zulassung zu Wettkämpfen. Für ihre Leidenschaft, für Geld, für Ruhm und für das Publikum setzen sie ihr Leben aufs Spiel.

Sportler dienen als Identifikationsfiguren, weil sie die Nation in Wettbewerben vertreten. Gewinnt eine deutsche Eisschnellläuferin, heißt es in den Nachrichten, Deutschland habe eine Medaille geholt. Reporter und Leute auf der Straße verwenden in so einem Fall sogar das Wörtchen »wir«, als hätten sie irgendeinen Anteil am Tempo der Siegerin. Weil sie für Deutschland an den Start geht, fällt ein wenig Gewinnerglanz auch auf uns Couchpotatoes. Dabei haben wir meistens keine Ahnung, welche Mühen hinter dem kurzen Siegeslauf stehen. Da haben wir noch eine grundsätzliche Gemeinsamkeit zwischen Sportlern und Helden: Sie müssen Tag für Tag unerbittlich und siegreich gegenüber ihren eigenen Schwächen sein.

17 Das Spiel ist aus. Mannschaftskapitän Fritz Walter (mitte) und Trainer Sepp Herberger
(rechts) werden nach dem Gewinn der Fußball-Weltmeisterschaft 1954 im Triumph vom
Spielfeld getragen.

Das Geld und die Anmut

Wenn Körperbeherrschung und geistige Kraft zusammenkommen, führt das oft zu faszinierenden Bewegungen, deren Anmut sich wenige entziehen können. Tänzer scheinen zu schweben, Skispringer zu fliegen, Basketballer ihren Ball fernzulenken, Freeclimber am Felsen zu kleben, Eiskunstläufer der Schwerkraft zu spotten. Das sieht nicht nur wunderbar aus, es grenzt auch an ein Wunder, seinen Sport und seinen Körper derart zu beherrschen, dass man von den vielen Tausend Trainingsstunden nichts mehr sieht. Alles wirkt elegant und selbstverständlich.

So viel zu trainieren, muss man sich leisten können. Deshalb breitete sich im modernen Sport und schließlich auch bei den neuzeitlichen Olympischen Spielen das Prinzip des Profis aus, der für seine sportlichen Höchstleistungen bezahlt wird. Das kann man einerseits verstehen, schließlich möchte man ja Menschen die besten Übungsmöglichkeiten gönnen, andererseits mischen sich immer mehr sportfremde Einflüsse in das Leben der Athleten. Treten hier noch Menschen gegeneinander an oder Investoren, die den Sportler nur benutzen, um für sich zu werben. Schönheit ist interesseloses Wohlgefallen, sagt Immanuel Kant. Die Interessen der Wirtschaft gefährden auch deshalb die Schönheit des Sports. Gesundheits- und Sportpolitiker hatten zudem Angst, dass Profisportler mit ihren unglaublichen Leistungen, statt als anregendes Idol zu wirken, Hobbyathleten entmutigen könnten.

Über Jahrzehnte stritt man sich also in aller Welt, ob oder wie viel man als Sportler verdienen und ob man überhaupt Berufssportler sein dürfe. Wäre es nicht besser, wenn sich jemand aus Liebe zum Sport selbstlos zum begnadeten Körper bildete? Wer so vorginge, hätte aber keine Chancen gegen Berufssportler oder Staatsamateure, Sportsoldaten und Sportpolizisten, deren einziger Dienst im Training besteht. Gegen die Profis sprach auch der Umstand, dass die Fairness leidet, wenn es um Geld geht.

Die Fußballer von nebenan als Retter der Nation

Im Jahr 1954 war die Frage »Amateure oder Profis im Sport« noch un-
entschieden. Die Fußballbundesliga mit hoch bezahlten Spielern, wie
wir sie kennen, gab es nicht. Bei den bedeutenden Vereinen durften
die Sportler als sogenannte Vertragsspieler zwar etwas Geld verdienen,
doch die meisten von ihnen hatten ganz normale Berufe gelernt, und
einige arbeiteten sogar noch in ihnen. Sie wohnten und lebten wie
mancher Arbeiter oder Angestellte, nur spielten sie am Wochenende
Fußball. Millionengehälter, Starrummel, teure Sportwagen, kostspielige Scheidungen – damals undenkbar. So erlebte man die WM-Sieger
vor gut 50 Jahren als Helden zum Anfassen.

Angeblich waren sie sogar – was wirklich heldenhaft wäre – Retter
der Nation. Aber wie sollten ein paar Fußballer das schaffen? In vielen
Büchern und Artikeln erklärt man es so: Der Triumph bei der Fußballweltmeisterschaft in der Schweiz habe erstens die Deutschen aus einer Nachkriegsdepression befreit, zweitens zu Demokraten gemacht,
weil man sich jetzt mit dem neuen Staat identifiziert hätte, drittens
Deutschland international neuen Respekt verschafft und viertens das
Wirtschaftswunder der fünfziger Jahre ermöglicht: Alle wären so begeistert gewesen, dass sie noch fleißiger gearbeitet und eingekauft
hätten. Damit sei das »Wunder von Bern«, also der Gewinn der Fußballweltmeisterschaft, die wahre Geburtsstunde der Bundesrepublik
Deutschland, denn vorher habe das Leben dort grau und traurig aus-
gesehen.

1954 lag das Ende des Zweiten Weltkriegs erst neun Jahre zurück.
Die Niederlage bedrückte viele, und Deutschland wurde wegen der
Kriegsschuld und des Völkermords an den Juden international ver-
achtet und geächtet. Das betraf die Politik, die Kultur und den Sport.
Zu den Olympischen Spielen 1948 und der Fußballweltmeisterschaft
1950 lud man die Deutschen nicht ein. Die erst fünf Jahre alte Bundesrepublik Deutschland kämpfte um Anerkennung. Und sie hatte
mit der Deutschen Demokratischen Republik einen direkten Kon-

kurrenten. In den Städten stieß man noch überall auf Kriegsspuren: Ruinen, Schutthalden, Bombenkrater. Neun Millionen Flüchtlinge und Vertriebene versuchten, sich in der neuen Heimat einzuleben, und verstärkten die Wohnungsnot. Viele deutsche Soldaten galten als vermisst, Tausende befanden sich immer noch in russischer Gefangenschaft. Fast jede Familie hatte schreckliche Verluste erlitten. Die Angst breitete sich aus, der Kalte Krieg zwischen den USA und der Sowjetunion könne zu einem alles vernichtenden Atomkrieg eskalieren. Die deutsche Wirtschaft wuchs zwar, doch blieben die Löhne niedrig und Millionen arbeitslos. Dazu konnte man nicht übersehen, dass Deutschland ein besetztes Land war, voller fremder Soldaten.

Glaubt man den Analysen heutiger Autoren, dann hat die Freude über den WM-Sieg, die ja Millionen wirklich empfanden, die deutsche Wirtschaft angekurbelt, die Menschen glücklich, zufrieden, selbstbewusst gemacht und das Land in die internationale Staatengemeinschaft zurückgeführt. Die Deutschen hätten sich selbst auf die Schulter geklopft und stolz gesagt: »Wir sind wieder wer!« Der Sieg habe die deutsche Gesellschaft offener für die Moderne gemacht.

Das klingt schön. So eine allgemeine und positive Wirkung zu behaupten heißt aber, dem ganzen Rummel um die Fußballer sehr viel Bedeutung beizumessen. Tatsächlich war die Wirtschaft schon vorher in Schwung gekommen, auch die Einbindung Deutschlands in die Völkergemeinschaft hatte, wie die Identifikation mit der Demokratie, Fortschritte gemacht. Ohne Zweifel tat es der Bevölkerung damals aber gut, dass man im Ausland jetzt mehr über gute deutsche Fußballer sprach, dafür weniger über deutsche Soldaten und grausame KZ-Aufseher.

Gerade die Länder, die unter den Nazis und dem Krieg besonders gelitten hatten, beobachteten 1954 misstrauisch, auf welche Weise sich die Deutschen über den Sportsieg freuten. Man fürchtete das Wiedererstarken nationalistischer Tendenzen und eine neue Arroganz gegenüber anderen Nationen. Das wussten auch die Politiker der Bundesrepublik. Deshalb betonten sie häufig nicht nur ihre Freude über den Titelgewinn, sondern auch, dass alles nur ein Spiel sei, nicht mehr. Im Vergleich zu 2006 fällt auf, dass in den Straßen kein schwarzrotgoldenes Fahnenmeer zu sehen ist. 1954 sah man den Fußball vielleicht weniger national und mehr sportlich. Man feierte den Trainer und die Spieler, weniger sich selbst oder Deutschland. Vielleicht handelten die Deutschen allerdings auch nur vorsichtig, weil man im Gebrauch der nationalen Symbole unsicher geworden war.

Wie wird man ein Sportheld?

Die Fußballer um Trainer Sepp Herberger haben Deutschland begeistert und bewegt, aber nicht gerettet. Aus diesem Grund nannte man sie nicht »die Helden von Bern«, obwohl das heute fast jeder glaubt. Das Wort vom »Wunder« kam in den Medien vor, allerdings schon in den Finalrundenspielen. Da schrieb man – je nach dem Austragungsort – über das »Wunder von Genf«, das »Wunder von Basel« und schließlich vom »echten Fußballwunder«, als die deutsche Mannschaft das Endspiel erreicht hatte. Die Schweizer Hauptstadt kam auch vor, nachdem der Titel errungen worden war. Manche Zeitung schrieb über »das Wunder von Bern«. Der Ausdruck verschwand rasch wieder, zumal die deutschen Fußballer in der nächsten Zeit ganz unweltmeisterlich schlecht spielten.

Zu nationalen Helden machte sie erst die allmächtige Zeit. Zum zehnten Jahrestag las man in der »Süddeutschen Zeitung« vom 4. Juli 1964 über die »Helden von Bern«. Damit bezog man sich übrigens auch auf eine Figur der germanischen Heldensage, auf Dietrich von Bern.

20 Jahre danach gewann die deutsche Mannschaft dann erneut die Fußball-WM. Ein guter Grund, um auf 1954 zurückzuschauen. Je mehr Jahre vergingen, umso sagenhafter wurden schließlich die Artikel über den Gewinn des Titels in der Schweiz. Immer mehr Literatur

zum Thema erschien, Sachbücher, Romane, Gedichte, die das ganze Turnier zu einer dramatischen Geschichte machten, den Triumph und seine Wirkung maßlos vergrößerten.

Aus der Ferne betrachtet, ist alles schön; vor allem undeutlicher, grober und weiter weg von den wirklichen Ereignissen. Nach der Revolution in der DDR und der Wiedervereinigung gab es 1990 den dritten Fußball-WM-Titel für Deutschland und neue Sendungen über die WM-Titel zuvor, vor allem über Bern. Dann starben in den Folgejahren Mann für Mann der »Helden von Bern«, und jeder Tod war ein weiterer Anlass, über den sagenhaften Erfolg und das »Wunder von Bern« zu schreiben. Es las sich gut und überzeugend, wenn in diesem Zusammenhang von der Wiedergeburt der Nation aus dem Geist des Fußballs geschrieben wurde. Und dann kam 2003 Sönke Wortmanns Film »Das Wunder von Bern«, der Millionen über die Rolle des Spiels 1954 nachdenken, schreiben und reden ließ, bis alle glaubten, dass die Fußballhelden von damals Land und Volk gerettet und erhoben hätten. Aus den geschichtlichen Ereignissen war damit eine Geschichte geworden, ein Märchen sogar, an das man aber gerne glaubte.

Erwachen aus dem Sommermärchen

Etwas Ähnliches wollten die Deutschen 2006 erleben. Das Märchen von 1954 und sein Zauber sollten sich wiederholen, schließlich kämpfte das Land schon länger mit einer Wirtschaftskrise und vier bis fünf Millionen Arbeitslosen. Von allgemeiner Vaterlandsliebe konnte man nicht unbedingt sprechen. Der Nation fehlte ein Kick. Die Fußball-WM im eigenen Land war dafür die beste Gelegenheit. Andere Erfolge der deutschen Mannschaft in den Jahren zuvor sollten nun vor heimischem Publikum gekrönt werden und eine unvergleichliche Schubkraft entwickeln: für die Wirtschaft, den Patriotismus, das Selbstwertgefühl.

Mit der Sensation wurde es allerdings höchstens zu 75 Prozent etwas. Die deutschen Fußballer spielten erstaunlich erfolgreich, aber sie verpassten den Titel und erreichten nur Platz drei. Deshalb kam das Lied der »Sportfreunde Stiller« in der angepassten Version mit dem Text »'54, '74, '90, 2010« neu heraus.

Sehr viele Fans erlebten die Wochen der WM dennoch so, wie es der Fußballfilm Sönke Wortmanns von 2006 im Titel zusammenfasste: »Deutschland. Ein Sommermärchen«. Die Bevölkerung schien ein positiver Taumel erfasst zu haben, neues Selbstbewusstsein und neuer Nationalstolz zeigten sich. Plötzlich flatterten Fahnen in rauen Mengen, an Autos, Fahrrädern, an Hüten, Bussen, Straßenbahnen, Zügen, Seilbahnen, Kinderwagen, Pferden, Hunden, und außerdem klebten sie überall; von den vielen Kleidungsstücken oder den schwarzrotgold Geschminkten ganz zu schweigen. Ausländische Fußballfans trauten ihren Augen nicht. Viele hatten doch ein Zusammentreffen mit sauertöpfischen, ernsten oder fremdenfeindlichen Germanen erwartet. Stattdessen feierten, tanzten, sangen die Deutschen und malten sich oft sogar Fahnen fremder Völker ins Gesicht. Wochenlang herrschte in den Städten Fußballpartystimmung. Das Wetter spielte ja ebenfalls mit: viel Sonnenschein und laue Nächte.

Von dieser Fröhlichkeit war im Herbst nicht mehr viel zu merken. Als der Film »Deutschland, ein Sommermärchen« in die Kinos kam, flackerte noch einmal etwas von der Begeisterung auf. Dann wurde es hierzulande wieder normal; auch nichts Schlechtes.

Das Fußballturnier hatte die Deutschen nicht zu neuen oder besseren Menschen gemacht, immerhin aber für eine Zeit zu fröhlicheren.

Wege aus den Armenvierteln

Im Sport gibt es Helden! Man nennt sie so, weil sie außergewöhnlich disziplinierte, fähige, mutige und kreative Leute sind. Tausende Kilometer müssen erfolgreiche Schwimmer wie Britta Steffen zurücklegen, um Weltrekorde und Goldmedaillen zu erringen. Tausendmal müssen weltberühmte Fußballer wie Franz Beckenbauer oder Diego Maradona geniale Pässe üben, um Titel zu gewinnen. Tausende Rückschläge müssen Tennisstars wie Martina Navratilova oder Roger Federer hinnehmen, um Pokale und Siegprämien zu erreichen. Man erkennt – vor allem in den Ausnahmesportlern – die traditionellen, kämpfenden Helden wieder, weil sie so unglaubliche Leistungen vollbringen und weil die Medien über sie unentwegt Geschichten erzählen. Da geht es um Sieg und Niederlage, um Aufstieg und Fall, um Zweikämpfe und Gruppenauseinandersetzungen – wie bei den Heroen der Antike.

Der Sport bietet selbst armen und wenig gebildeten Menschen die Möglichkeit einer unglaublichen Karriere. Die wahren Geschichten vom armen Jungen, der mit Hilfe seines Sporttalents aus dem Nichts zum Multimillionär wird, gibt Tausenden von Kindern Mut und Hoffnung. Sie träumen davon, aus den Armenvierteln, den Ghettos der Verachteten, den Favelas und Slums zu einem Fußballverein zu kommen und als Profis zu spielen. Wenige wissen, was für ein beschwerlicher Weg das ist, wie viel glückliche Zufälle nötig sind, um im goldenen Westen zu landen. Doch selbst wenn sie nur für einen Verein der zweiten Liga spielen, besitzen sie unendlich viel mehr Geld, Ansehen, Chancen als ihre Altersgenossen.

Ich finde es mutig, wenn solche Sportler ihre Herkunft nicht vergessen, sondern regelmäßig Reisen in die Vergangenheit wagen, um mit den Straßenkindern von heute Fußball zu spielen. Das ist dann mehr als Imagepflege oder ein PR-Gag. Die Begegnung mit der Berühmtheit kann Hoffnung geben. In solchen Momenten wachsen junge Spieler über sich hinaus, geben alles, strengen sich so an, dass man in ihnen eine heldenhafte Ader entdeckt. Sie tun es, weil sie ihren Sporthelden nacheifern. Durch Spenden und als Vorbilder zum Anfassen helfen diese Fußballer tatsächlich. Und vielleicht rettet sich der eine oder andere aus der Armut, indem er zum hart trainierenden Sportler wird.

EINMAL QUER DURCH KANADA!
*Der Lauf des Terry Fox zu 400 Millionen Dollar und
nationalem Heldentum*

*Als er an Krebs erkrankt, erfährt der junge Kanadier Terry Fox,
wie viele Menschen schreckliche Qualen wegen der Krankheit leiden
müssen. Obwohl ihm in der Klinik ein Bein amputiert wird, beschließt
er, mit einer spektakulären Sportaktion möglichst viel Geld für die
Krebsforschung zu sammeln. So bricht er zu einem Lauf von vielen
Tausend Meilen auf.*

Ich war mit meinen Eltern unterwegs in Kanada. Von Toronto in On-
tario fuhren wir mit dem Auto nach Edmonton in Alberta. Ein paar
Tausend Kilometer Reise durch schönste Landschaften. Wir kannten
die Strecke von einem früheren Urlaub, wollten auch diesmal kurz
vor der Stadt Thunder Bay den Blick auf den wundervollen Oberen
See und die darin liegende Insel mit dem Beinamen »Der Schlafende
Riese« ansehen. Diesmal stand dort auf einmal eine überlebensgroße
Statue, die sehr irritierte: Ein junger Mann war dargestellt, in kurzen
Sporthosen, mit T-Shirt und lockigem Haar, aus Kupfer. So weit, so
ungewöhnlich. Doch an der Stelle des rechten Beins befand sich eine
Prothese, die vom halben Oberschenkel bis in die Turnschuhe reichte.
Eine Tafel auf dem Denkmal nannte den Namen des jungen Mannes:
Terry Fox. Es war das erste Mal, dass ich von ihm etwas hörte. Aber ich
habe seine Geschichte bis heute nicht vergessen. Es ist die Geschichte
eines legendären Laufes.

Der erste Marathon-Lauf

Fast 2500 Jahre früher und fast auf der anderen Seite der Erdkugel wagten ein paar griechische Stadtstaaten in Kleinasien, gegen das persische Großreich zu rebellieren. Eine Kleinigkeit für das überlegene persische Heer; das dachte zumindest der König Darius I., der über ein riesiges Reich regierte. Weil er sich über die Unterstützung der Aufständischen durch die Athener ärgerte, beschloss er eine abschreckende Strafexpedition gegen die Griechen und speziell gegen Athen.

Doch es kommt anders, als es Darius I. erwartet. Bei einem Dorf mit Namen Marathon überwinden die Kämpfer der Athener und Platäer das zahlenmäßig überlegene persische Heer. Der Sieg überraschte die Griechen so sehr, dass sie bis heute davon schwärmen. Wie es mit Erfolgsgeschichten so geht, im Laufe der Zeit schmückt man sie aus, um sie spannender, länger und schöner zu machen. Dazu gehört die Erzählung des ersten Marathonlaufs: Der Feldherr Miltiades wollte die Siegesnachricht samt einer Warnung vor persischen Angriffen möglichst rasch nach Athen bringen lassen. Also schickte er einen Läufer auf den gut 40 Kilometer langen Weg. Der rannte wie um sein Leben, kam in unglaublich kurzer Zeit in der Stadt an, verkündete seine frohe Botschaft und fiel tot um.

Dumm nur, dass die Geschichte erst im vierten Jahrhundert vor Christus, also lange nach der Schlacht, in den Quellen auftaucht. Weil sie aber so überzeugend klang, weil Marathon für das griechische Selbstbewusstsein und die europäische Geschichte als besonders wichtig angesehen wurde, hielt sie sich. Kurz vor den ersten Olympischen Spielen der Neuzeit fand man dann bei Marathon Reste der Schlacht, und so kam die Idee auf, einen Marathonlauf stattfinden zu lassen. Bei den Spielen in Athen 1896 ging er über 40 Kilometer, heute sind es genau 42,195.

Trotzdem hat sich aus der olympischen Disziplin in den letzten Jahrzehnten eine Mode entwickelt, fast ein Volkssport. In den Metropolen der Welt laufen jedes Jahr Tausende die Strecke, um den inneren

Schweinehund zu besiegen. Wer mal fünf Kilometer läuft, weiß, was er getan hat, zehn Kilometer überfordern Normalsportler schon, aber 42! Das grenzt – allein wegen der nötigen Trainingsmonate zuvor – an eine gewisse Verrücktheit.

Ein kleines, aber zähes Kerlchen

Eine gewisse Verrücktheit zeichnet auch Terry Fox aus, angeblich schon im Kindesalter. Am 28. Juli 1958 kommt er in Kanada zur Welt, vier Jahre später wird sein Bruder Darrell geboren, 1964 seine Schwester Judith. Sein Vater ist Eisenbahner, die Mutter gelernte Friseurin; einfache Leute, die ihre Kinder dazu erziehen, möglichst früh selbstständig zu werden. Terry Fox zeigt von Anfang an eine Eigenschaft, die im Englischen *mulish* genannt wird und mit »starrköpfig, eigensinnig, trotzig« übersetzt werden könnte, aber wörtlich »wie ein Muli« heißt.

Mulis bocken zwar gar nicht so, wie der Volksmund behauptet, doch unermüdlich, zäh und ausdauernd sind sie tatsächlich. In diesem Punkt gleicht Terry Fox ihnen ohne Frage. Er und seine Geschwister mögen Sport, und die Eltern unterstützen es. Alle drei müssen und wollen früh Geld verdienen, meistens mit Saisonarbeit wie Beerenpflücken. Daheim herrschen klare Regeln und Disziplin.

Wie *mulish*« der kleine Fox ist, beweist die Wahl seiner Lieblingssportart: Basketball. Seine fehlende Größe gleicht er aus, indem er wie verrückt trainiert. Monate später setzt er sich tatsächlich in der Mannschaft durch. Ab diesem Moment weiß er, dass er fast Unmögliches kann, und wird auch in anderen Sportarten gut, zumal er noch etwas größer und kräftiger wird. Dass er mit seinem Freund Doug Alward in einem heiteren Dauerwettbewerb steht, baut ihn zusätzlich auf. Sein Schulabschluss ist recht gut, aber er zögert etwas, ehe er die »Simon-Fraser-University« besucht. Dort wird er dank seiner Trainingsdisziplin sofort in die Basketballmannschaft aufgenommen, obwohl er deutlich kleiner ist als seine Mitspieler.

Am 12. November 1976 bemerkt Terry Fox nach einem Autounfall, bei dem zwar der Wagen einen Totalschaden, er aber keinen Kratzer abbekommt, Schmerzen im Bein. Weil sie nicht vergehen, geht er nach einigen Tagen zum Arzt, der ihm Schmerztabletten gibt. Im März 1977 schmerzt es derartig schlimm, dass Fox nicht mal mehr stehen kann. Ein hinzugezogener Spezialist erkennt eine seltene Form von Krebs, der hauptsächlich bei männlichen Kindern und Jugendlichen zwischen 10 und 25 Jahren vorkommt. Das »Osteogene Sarkom« zerstört, vom Knie ausgehend, die Knochenmasse, indem es sie in Brei verwandelt. Bösartiger noch: Es kann sich unbemerkt rasch und tödlich ausbreiten. Als Terry von seiner Krankheit erfährt, ist er 18 Jahre alt.

Mit der Diagnose erfährt er auch, wie die Therapie aussehen wird: Amputation des rechten Beines oberhalb des Knies, in dem der Krebs wuchert, anschließend über ein Jahr Chemotherapie, um eine weitere Ausbreitung zu verhindern; schwere Nebenwirkungen sind die Regel. Natürlich will er wissen, wie hoch seine Überlebenschance ist. Die Ärzte meinen 50 bis 70 Prozent. Zwei Jahre vorher wären es nur 15 Prozent gewesen. Gerade sind in Kanada aber neue, sehr wirksame Medikamente zugelassen worden.

Um Terry Fox zu ermutigen, erzählen ihm die Ärzte von den erstaunlichen Leistungen einbeiniger Sportler. Seine Familie und seine besten Freunde unterstützen Fox, der nach einem kurzen Schock seine kämpferische Einstellung wiedergewinnt. Die Macht des positiven Denkens wirkt in ihm Wunder. Er akzeptiert den Verlust seines Beines und treibt kurz nach der Amputation wieder Sport; diesmal im Rollstuhl. Der Beinstumpf muss erst ausheilen, ehe eine Prothese angepasst werden kann.

Einen Traum entwickeln,
weil man einen Albtraum gesehen hat

Noch vor der Chemotherapie, ja schon seit der Nacht vor der Amputation hat Terry Fox einen fast absurden Gedanken. Sein Basketballtrainer hatte ihm eine Ausgabe des Magazins »Runner's World« mitgebracht. Darin liest er über Dick Traum, der den New-York-Marathon bewältigt hatte: mit einem gesunden Bein und einer Prothese. Fox fragt sich, ob er wohl ganz Kanada mit einem gesunden Bein und einer Prothese durchqueren könnte. Die Idee verdrängt die Angst vor möglichen Metastasen in der Lunge, die tödlich wären. Terry Fox sieht konzentriert nach vorn, fängt sofort mit Übungen an, um auf die eineinhalb Beine zu kommen. Sechs Wochen nach der Operation spielt er Minigolf, wenig später richtiges Golf, wobei er eine Behelfsprothese trägt.

Dann beginnt die Chemotherapie, starke Medikamente, alle drei Wochen, 16 Monate lang. Die Haare fallen ihm aus, und komischerweise deprimiert ihn das viel mehr als der Beinverlust. Er kauft sich eine Perücke und achtet peinlich genau darauf, dass ihn niemand ohne sieht. Die Zellgifte, die den Krebs bekämpfen sollen, belasten den ganzen Körper, verursachen Schwäche und extreme Übelkeit.

Fast unerträglich sind für ihn die Leiden, die er auf der Krebsstation sieht. Damals versucht man schon zu bewirken, dass Patienten sich gemeinsam der bedrohlichen Krankheit stellen. Terry Fox hätte das Leiden für sich allein vorgezogen. Es ist ihm peinlich und lästig, mit fünf anderen im Zimmer, nur durch Tücher getrennt, zu stöhnen, zu jammern und zu kotzen. Gleichzeitig wird er so unmittelbar mit allen Varianten des Krebses konfrontiert: mit quälenden, tragischen und aussichtslosen Fällen. Er bemerkt, wie vergleichsweise glücklich er wegen des Forschungsfortschritts davongekommen ist.

Es geht etwas mit Fox vor, während er all das Leid sieht, und er sagt später: »Die Klinik – das war es, was mich verändert hat.« Vorher lebt er wie ein normaler Jugendlicher, der Spaß haben will, Erfolg, Liebe.

Jetzt will er unbedingt etwas zurückgeben von dem, was er in der Klinik bekommen hat. Er spürt die Verantwortung den etwa zwei Drittel Patienten in der Klinik gegenüber, die sterben.

Dazu muss er erst einmal wieder zu Kräften kommen. Trotz der belastenden Chemotherapie spielt er Rollstuhlbasketball. Zwei Monate später gewinnen sein Team und er die Nationalmeisterschaft in Edmonton. Fox trainiert fast zu verbissen. Er versteht Mannschaftskameraden nicht, die den Spaß so wichtig finden wie die Leistung.

Als er endlich die richtige Prothese bekommt, fängt Terry Fox mit regelmäßigem, sehr hartem Lauftraining an, das erst aus einigen Schritten besteht, dann 800 Metern, dann 1600 und immer mehr. Gleichzeitig achtet er auf den Muskelaufbau allgemein, vor allem mit Gewichttraining. Er spürt den Auftrieb, die Begeisterung. Er treibt sich vorwärts, unermüdlich.

Diese Monate sind alles andere als ein Spaziergang. Das gesunde Bein muss sich an die ungewohnten Belastungen gewöhnen, das Kunstbein muss mehrfach angepasst werden, und der Stumpf nimmt die extremen Beanspruchungen besonders übel, entwickelt Blasen und blutet. Fox geht wie selbstverständlich über diese Schmerzen hinweg. Er sieht sie als Hürden, die er auf dem Weg aus der Krankheit überspringen muss.

Die Risiken interessieren ihn nicht, selbst als die Mutter dringend vor Entzündungen warnt. Terry Fox spricht nur vom Glück der Selbstüberwindung. Fast manisch ordnet er alles dem Laufen unter. Nachdem er einen 16-Meilen-Wettkampf mitgelaufen ist, weiht er Freunde in sein großes Geheimnis ein. Er wird Kanada durchqueren und damit den amerikanischen Kontinent. Bei seinem spektakulären Lauf auf einem gesunden Bein und einer Prothese will er möglichst viel Geld für die Krebsforschung sammeln. Er will auf das Tabu-Thema Krebs aufmerksam machen. Er will den Menschen zeigen, dass man unmöglich Scheinendes anpacken kann.

Von Neufundland nach Britisch Kolumbien

Die Strecke schüchtert selbst Extremsportler ein: 8500 Kilometer er-streckt sich Kanada von Küste zu Küste. Dabei geht es nicht nur über Hügel, sondern durch das Hochgebirge, die Rocky Mountains. Selbst wenn man jeden Tag einen Marathon liefe, müsste man fast 200 davon absolvieren! Ungeheure Anforderungen stellt das an die Ausdauer und den Willen, noch mehr an die Substanz des Körpers, die Sehnen, die empfindlichen Gelenke, die Fußsohlen. Und Terry Fox muss wegen seiner Prothese wesentlich langsamer laufen als ein Ausdauerläufer. Während des Trainings gewöhnt er sich eine seltsame, doch ihm an-gemessen erscheinende Gangart an, er macht zwei sehr kleine hüp-fende Schritte mit dem linken normalen Bein und einen langen mit dem Kunstbein. Zuschauer nennen das den »Fox-Trott«. Man kann die Gangart auf »YouTube« in Filmausschnitten bestaunen. Auf diese Weise kommt er auf ein Tempo, das vielleicht bei fünf, höchstens sieben Kilometern pro Stunde liegt. Für den Marathon heißt das also sechs bis über acht Stunden laufen. Wirklich verrückt sieht die Rech-nung aus, die Fox für seinen großen Lauf anstellt: Er plant 48 Kilo-meter pro Tag und hofft sich auf 64 steigern zu können, obwohl er daheim nie mehr als 37 absolviert hat.

Terry Fox lässt sich von nichts abhalten, seinen Plan in die Tat um-zusetzen. Er kann seinen Schulfreund Doug Alward überreden, eine Auszeit in seiner Ausbildung zu nehmen, um ihn über die Monate zu begleiten. Die »Kanadische Krebs-Gesellschaft« verspricht ihm, auf dem Weg Spendensammeltermine in den Orten zu organisieren. Er darf seinen Lauf unter ihrem Namen antreten. Einige Firmen geben ihm Sachspenden. Die wichtigste ist das Begleitfahrzeug, in dem die beiden Freunde übernachten können.

Beim medizinischen Check vor dem großen Lauf stellt ein Arzt bei Fox eine Vorhofvergrößerung des Herzens fest, die von der Chemo-therapie verursacht sein könnte. Wenn sie ihn im Training akut nicht behindert habe, sei es aber kein Grund, den Start zu verschieben. Träten bestimmte Symptome wie Atemnot, Schwindelgefühle, Übelkeit auf, sollte er allerdings sofort das Projekt abbrechen. Fox verschweigt dem Arzt, dass er diese Symptome bereits kennt. Fast 5000 Kilometer hat er im Training hinter sich gebracht. Jetzt soll es endlich losgehen! Dass er sein Leben aufs Spiel setzt, kommt ihm nicht in den Sinn.

Am 12. April 1980 startet er in St. John, Neufundland. Er ist damals 21 Jahre alt, genau wie sein Schulfreund Doug Alward. Ein paar Journalisten finden sich ein, die Bürgermeisterin, dazu Schaulustige, die den seltsamen Einbeinigen sehen wollen. Fox trägt kurze Hosen. Man sieht die Prothese, eine Konstruktion aus Fiberglas und Stahl. An der Seite des Begleitfahrzeugs steht der Name der Unternehmung: »MARATHON OF HOPE CROSS COUNTRY RUN IN AID OF CANCER RESEARCH« (»Marathon der Hoffnung. Landesdurchquerungslauf, um die Krebsforschung zu unterstützen«). Terry Fox will eine Million kanadische Dollar auf dem Weg sammeln, 30 bis 40 Meilen, also 48 bis 64 Kilometer am Tag laufen und etwa in sechs Monaten in Port Coquitlam am Pazifik landen.

Obwohl es ihm nicht um Selbstverwirklichung durchs Laufen geht, äußerte Fox über seine Beweggründe: »Ich wollte das Unmögliche versuchen und zeigen, dass es getan werden könne. Ich hatte schon immer Kampfgeist, und ich wollte mir und den anderen Menschen zeigen, dass ich es tun könnte. Zeigen, dass ich nicht behindert oder gehandikapt war.«

Nach den ersten 20 Kilometern holt sie die Dunkelheit ein. Das Motel in St. John, wo sie umsonst übernachtet hatten, lädt sie ein, noch einmal bei ihnen zu schlafen. Sie nehmen es lieber an, weil die Heizung im Van nicht funktioniert. Am nächsten Tag schafft Fox bei Gegenwind und obwohl der Stumpf schmerzt, 32 Kilometer. Am Tag darauf behindert ihn ein Schneesturm, so dass es nur gut 25 Kilometer werden: Kein guter Anfang und weit unter dem Limit, das er sich gesetzt hat.

»Like A Fox On the Run«

Bei der traditionellen Fuchsjagd stürmen Hunde hinter dem schlauen Tier her, dicht gefolgt von einer Meute Menschen zu Pferde. Der Fuchs kann entkommen, wenn er schnell, wendig und listig bleibt, doch selbst dann muss ihm noch das Glück in Form einer hindernis- und versteckreichen Landschaft mit Flussläufen, Hecken, Wäldern entgegenkommen. Groß sind seine Chancen nie.

Terry mit dem so passenden Nachnamen Fuchs fühlt sich noch nicht gehetzt, obwohl er es in Wirklichkeit schon ist. Vor allem hetzt er sich langsam, aber sicher in extreme Erwartungen und Ansprüche hinein, obwohl sein Lauf an sich doch bereits eine gewaltige Tat ist. In sein Tagebuch schreibt er, was für – durchweg schöne – Erlebnisse er mit seinen Landsleuten hat. Da werfen ihm oder dem Begleitfahrer Alward Wildfremde Geld zu. In kleinen Orten finden sie Aufnahme in Privathäusern. Mädchen himmeln sie an, manche Passantin wischt sich verstohlen eine Träne fort. Kleinstädte spenden erstaunlich großzügig. Aber Fox notiert auch, wenn er sich ärgert, und dazu gibt es genug Anlass. Die Vertreter der »Kanadischen Krebs-Gesellschaft« treffen lange nicht immer Vorbereitungen in den Orten, in denen er sprechen und sammeln könnte. Fox hasst die verpassten Gelegenheiten. Er will so viel Geld wie möglich für die Krebsforschung! Er will Verzweifelten Mut geben und Aufbruchgeist verbreiten. Doch manchmal weiß in den Orten, durch die er läuft, niemand Bescheid. Manchmal kommen nur drei Leute zu den Empfängen. Von einem Selbstläufer ist sein »Marathon of Hope« noch weit entfernt. Dann verlangt die »Kanadische Krebs-Gesellschaft«, die von seinen Herzproblemen erfahren hat, auch noch eine ärztliche Untersuchung. Fox weigert sich und läuft weiter.

Am 25. April ist sein erstes Kunstbein im Eimer. Er muss sein Ersatzbein anschnallen. Fox nimmt so etwas – wie überhaupt seine Prothese – mit Humor. Schülern erklärt er: »Ich wette, dass ich einigen von euch leid tue. Nun, das solltet ihr euch sparen. Ein künstliches

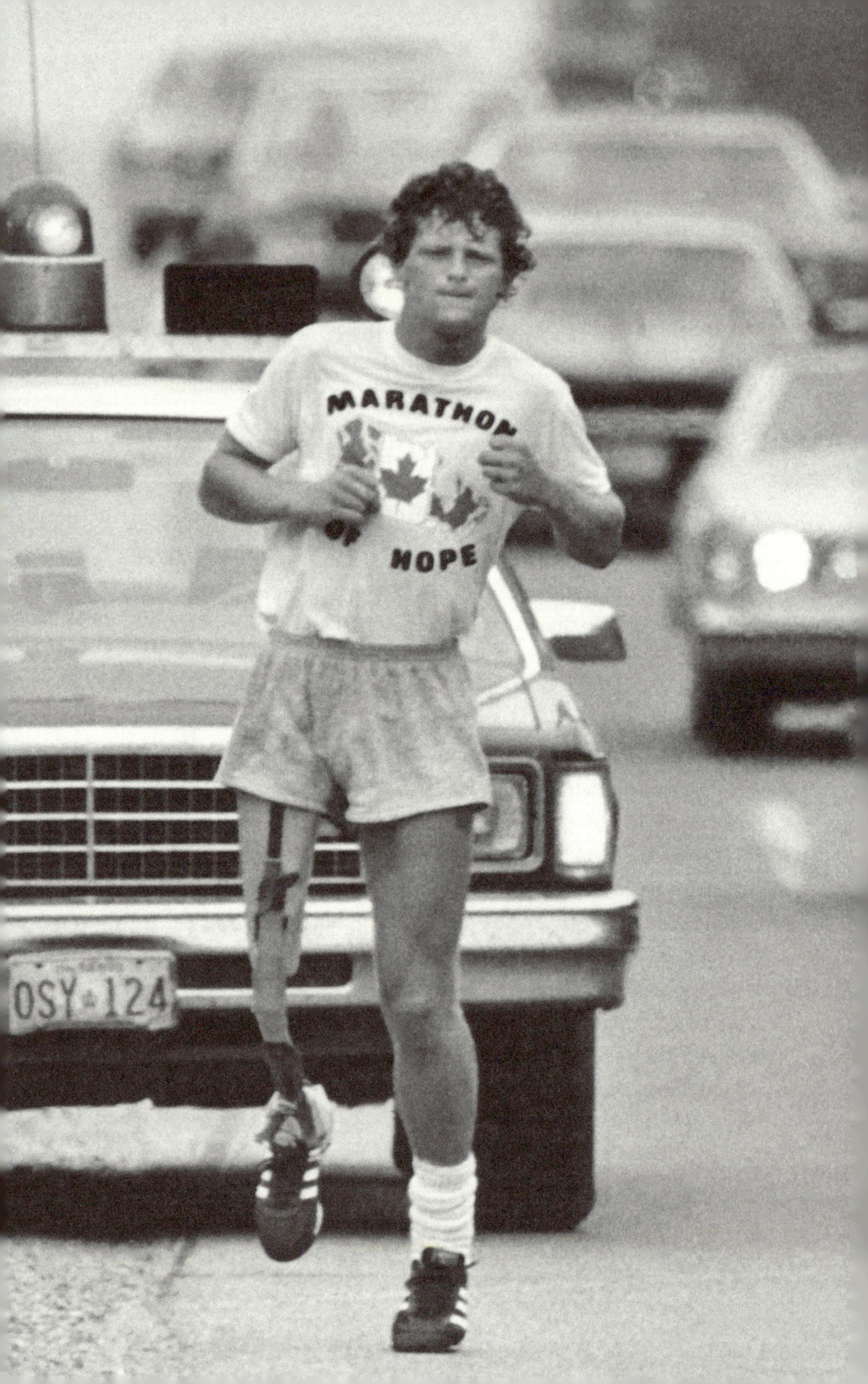
MARATHON
OF HOPE
OSY 124

Bein zu haben hat seine Vorteile. Ich habe mir mein rechtes Knie schon ein paar Mal gebrochen, und es hat kein bisschen wehgetan.«

Humorlos begegnen sich leider bald Fox und Alward, die immer genervter voneinander sind. Beide fühlen sich zum Erfolg verdammt. Dazu kommt das dauernde Zusammensein, Stunde für Stunde, Tag für Tag, Nacht für Nacht. Alwards Aufgabe belastet ihn, weil sie so stupide ist. Er fährt in den frühen Morgenstunden eine Meile, wartet auf Fox, gibt ihm Wasser, fährt eine Meile, wartet, gibt Wasser, fährt, wartet, gibt, fährt, wartet, gibt; 15 bis 30 Mal pro Tag! Und Fox will, dass bei jedem Meilentreff alles so ist, wie er es braucht und erwartet, bis hin zu der Art, wie Alward ihm das Wasser reichen soll. Weil beide nicht viel reden, unterdrücken sie die Aggressionen, bis ein offener Streit ausbricht.

Am 14. Mai notiert Fox: »26 Meilen ist jetzt mein tägliches Minimum. Es ist ein schönes, ruhiges, friedliches Land. Ich liebe es. Sehr wenige Hunde bis jetzt. Wenige oder keine Lastwagen. Sehr wenig Verkehr. Ich brauche das. Es ist nicht angenehm, wenn ein riesiger Sattelzug hinter mir drängelt. Ich trage jetzt meine Wasserflasche, wenn ich laufe, und mache mir mein eigenes Mittagessen. Doug will nichts für mich machen. Ich sah heute vier Hasen und einen Bieber. Außerdem ein totes Stachelschwein und zwei tote Stinktiere. Nach dem Laufen fuhr ich auf einer alten Straße auf einen großen Hügel mitten im Nirgendwo. Niemand kann uns hier finden. Ein friedlicher Abend, am Ende. Habe viel geschafft. Postkarten, den Scheißebehälter gereinigt etc. Machte mir mein Abendessen. Wir waren auf einer Ebene auf der Hügelkuppe. Wunderschön!«

Fox hat das Laufen, zieht Aufmerksamkeit auf sich. Aber Alward? Der hat langsam genug von dem nur aufs Laufen und aufs Spendensammeln konzentrierten, ichbezogenen Verrückten. Er will nicht

---

18 Obwohl er nur noch ein gesundes Bein hat, läuft Terry Fox auf Straßen quer durch Kanada, um Geld für die Krebsforschung zu sammeln. Auf seinem T-Shirt steht der Name der Aktion »Marathon of Hope«.

mehr weiter. Die Fox-Eltern erweisen sich in dieser Situation zum Glück als ideale Vermittler. Sie erreichen, dass einer den anderen besser wahrnehmen und verstehen kann. Und dann haben sie noch die Idee, Terrys Bruder Darell solle in der Schule eine Auszeit nehmen, um sie zu ergänzen. Zu dritt wird vieles leichter.

Am 1. Juni macht Fox eine neue Rechnung auf, weil er nicht so weit gekommen ist, wie er gehofft hatte: »Ziel: Daheim 31. Oktober. Meilen übrig: 4060 von insgesamt 5300. 28 Meilen pro Tag! 145 Lauftage bis zum 31. Oktober. 153 Tage bis zum 31. Oktober. Also acht Tage in Reserve.«

Er bekommt Blasen an den Füßen, sein Stumpf blutet wie öfter schon. Gleichzeitig nehmen die Termine der Öffentlichkeitsarbeit und der Spendensammlung zu, wobei Fox es als wirkliche Tortur empfindet, ihretwegen immer wieder den Weg, den er hinter sich gebracht hat, mit dem Van zurückzufahren, um anschließend wieder zur Stelle zurückzukehren, von der aus er weiterzulaufen hat.

Einen Tiefpunkt erleben sie in der französischsprachigen Provinz Quebec. Kaum jemand weiß etwas vom »Marathon of Hope«. Keiner der drei spricht Französisch. Entnervt legt Fox nach 73 Tagen in Montreal einen Ruhetag ein.

In der Provinz Ontario dagegen sorgt perfekte Organisation für enormes Aufsehen. Zeitungen, Fernseh- und Rundfunkstationen berichten zunehmend über ihn. Firma um Firma springt auf den Spendenzug auf, Großveranstaltungen wetteifern darum, den mutigen Läufer, der so selbstlos Spenden für die Krebsforschung sammelt, zu unterstützen. Endlich begleitet ihn ein schützender Polizeiwagen, so dass er keine Angst mehr haben muss, von einem Laster umgefahren zu werden.

700 Meilen Umweg nimmt Fox in Kauf, um die großen Städte Ontarios zu durchlaufen, weil er dort große Summen sammeln kann. Er trifft sogar den Premierminister, doch der ist nicht richtig informiert, um was es eigentlich genau geht. Der Rummel um Terry Fox wächst dennoch weiter und weiter. Zwar vergehen die Blasen am

Stumpf nicht, aber er fühlt sich von einer Welle der Begeisterung getragen. Die Leute erwarten ihn nicht nur in den Städten. Sie säumen selbst auf dem Highway den Straßenrand, um ihm zu applaudieren und zu spenden. Viele feiern ihn wie einen Star. Mit der Privatsphäre und der nötigen Erholung nach den stundenlangen Läufen ist es so gut wie vorbei.

Inzwischen ist es Hochsommer. Die Hitze macht die Beine schwer, behindert die Atmung. Fox verliert außerdem wegen der vielen Termine langsam die Kontrolle über seinen Lauf. Er ist kaum mehr allein. Alle wollen etwas von ihm, natürlich auch helfen, aber die tausend Ansprüche überfordern ihn. Der grundsätzlich nette, begeisternde Fox wird immer gereizter, abweisend und manchmal aggressiv.

Dass sein Stumpf blutet, war nie ein Problem, solange er allein über die Straßen lief. Doch nun sehen alle die roten Schlieren an seinem Bein. Die Medien stellen kritische Fragen. Setzt hier ein junger Mann seine Gesundheit aufs Spiel? Darf man ihn weiterlaufen lassen? Das bringt seinen Unterstützerkreis in eine schwierige Situation, vor allem die Veteranenvereinigung der Amputierten, die ihn freundlich auffordert, zum Arzt zu gehen. Das könnte in der Öffentlichkeit als Behinderung des »Marathon of Hope« angesehen werden. Was aber, wenn Fox zusammenbräche oder sich dauerhafte Schäden zuzöge? Unbeeindruckt von den Sorgen und Gedanken anderer lehnt Fox eine Untersuchung kategorisch ab: »Wenn ich jedes Mal zu einem Arzt gerannt wäre, wenn ich eine kleine Blase oder Abschürfung habe, dann wäre ich noch in Nova Scotia. Oder ich wäre sogar nie losgekommen. Ich habe Menschen mit solch großen Schmerzen gesehen. Das bisschen Schmerz, durch den ich durchmuss, ist nichts. Die können ihn nicht abschalten, und ich kann nicht jedes Mal Schluss machen, wenn ich mich ein wenig wund fühle.« Er entscheidet, dass er seinen Körper am besten kennt. Und läuft weiter.

Ein munteres Multitalent und ein manisches Maultier

Zeit für einen Stopp: Da läuft ein junger Mann mit Prothese quer durch ein Riesenland, überwindet jeden Tag sich selbst, vollbringt täglich eine athletische Sonderleistung in Regen, Schnee, Gewitter, Hitze, überwindet Hügel, kleine Berge und die Mühen der Ebenen. Gleichzeitig hält er begeisternde Reden, die einerseits das Thema Krebs auf eine Weise den Menschen nahebringen, dass es unter die Haut geht und eine gigantische Spendenleidenschaft auslöst, andererseits Mut, Aufbruchstimmung sowie patriotischen Stolz verbreiten. Dieser Terry Fox rennt nicht nur, er rührt und rüttelt auf, ohne zum Alleinunterhalter zu werden. Man merkt ihm den Ernst seiner Mission an, aber auch die Lebensfreude, die er aus ihr bezieht, das Einfühlungsvermögen, gerade wenn er anderen Krebskranken begegnet, sowieso. Natürlich haben die Medien ihren Anteil am Phänomen »Terry Fox«, doch es erstaunt trotzdem, wie ganz Kanada durch sein Beispiel angeregt wird. Das Land sieht: Jeden kann ein schlimmes Schicksal treffen, doch es muss einen nicht umhauen. Man kann – wie Fox – eine Behinderung als Herausforderung sehen. Seine Einstellung, nicht über das Verlorene und Vergangene zu trauern, sondern von den neuen Gegebenheiten aus in die Zukunft zu schauen und das scheinbar Unmögliche zu versuchen, fasziniert die Kanadier, zumal es ihrem pragmatischen Geist entspricht.

Auf der anderen Seite zeigt sich eine extreme Unnachgiebigkeit. Das Störrische und Maultierhafte, das Fox auszeichnet. Ein Vorwärtsdrängen ohne Rücksicht auf sich selbst, seine Freunde und Verwandten. Eine unerbittliche Konzentration auf das Ziel. Neben all der Liebe und dem Mitleid, die ihn antreiben, entwickelt sich bei Fox zunehmend eine Überempfindlichkeit, emotionale Blindheit, Selbstbezogenheit. Dabei zeigen sich die schlechten Eigenschaften eher unterwegs, die guten in den Reden und den seltenen Stunden des Ausspannens.

Die Griechen nannten eine Haltung »Hybris«, wenn jemand sich gottgleich verhielt oder empfand. Terry Fox näherte sich dieser Haltung, denn er hatte den Eindruck, auf ihm allein ruhe der »Marathon of Hope«, er allein müsse eine nie zuvor von einem Einzelnen gesammelte Summe von einem Dollar pro Kanadier erreichen: 22 Millionen Dollar. Dass seine Herzprobleme lebensgefährlich waren, dass sein Tod Eltern, Freunde, Unterstützer schrecklich träfe, das spielte für ihn keine Rolle. Das Maultier in ihm lief und lief und lief; starrsinnig und heldenhaft zugleich.

Eine Niederlage als wahrer Sieg

Am 12. August 1980 hat Fox immerhin schon sein ursprüngliches Ziel erreicht und fast eineinhalb Millionen kanadische Dollar gesammelt. Neben begeisterte Berichte treten nun langsam Artikel mit wohlwollender Kritik und guten Ratschlägen: Sein Beispiel sei großartig, jetzt habe er aber so viel Mut gezeigt und verbreitet, dass er nun auch den Mut aufbringen könne, wegen gesundheitlicher Probleme aufzuhören.

Fox wirft so etwas in einen Topf mit den wenigen übertrieben negativen Nachrichten über sein Verhalten, die behaupten, er tyrannisiere seinen Bruder. Er will ausschließlich positive Berichte, nicht um selbst gut dazustehen, sondern um sein Ziel nicht zu gefährden. Der Druck der Medien quält ihn. Er wird misstrauischer und verbietet seinem Bruder, Interviews zu geben, als der sich einmal ungeschickt äußert. Besonders wütend wird Fox, ja erschöpft vor Enttäuschung, als ein Journalist fälschlich behauptet, er habe in Quebec, weil die Unterstützung so mies war, sich eine Menge Meilen gespart. Immerhin kommt es zu einer raschen Richtigstellung in der Zeitung.

Wie berechtigt die Ratschläge sind, den Lauf abzubrechen, bemerkt Fox, als er zu husten beginnt und sein Knöchel anschwillt. Die extreme Belastung bewirkt eine Sehnenentzündung, die im Krankenhaus von Sault Ste. Marie diagnostiziert wird. Schmerztabletten, eine

Spritze und 36 Stunden Ruhe gönnt sich Fox. Anschließend lässt er sich zum Punkt zurückbringen, wo er unterbrechen musste, und läuft weiter.

Am 142. Tag, nach 5338 Kilometern schreibt er seine letzte Renntagebuch-Eintragung. Zwar läuft er noch los und schafft fast zehn Kilometer, doch dann quälen ihn Husten und heftige Schmerzen im Hals und in der Brust. Er muss Pausen einlegen, fühlt sich mies. Trotzdem läuft er weiter, denn kurz vor der großen Stadt Thunder Bay feuern ihn viele Leute an. Schließlich muss er doch aufgeben, er will ins Krankenhaus und befürchtet einen Herzinfarkt.

Nach der Röntgenuntersuchung sagt der Arzt zwar nichts Genaues, doch Fox überfällt die Erkenntnis: Der Krebs ist zurück. Der »Marathon of Hope« ist vorbei.

Am Tag der Einlieferung lief er noch knapp die Marathonstrecke. Am nächsten kann er nicht einmal mehr mit seinen Eltern essen gehen, weil er unterwegs zusammenbricht. Fox gibt mit den Eltern eine Pressekonferenz. Er berichtet, dass der Krebs in die Lungen gewandert sei. Er müsse an diesem Punkt seinen Lauf unterbrechen. Er werde gegen den Krebs kämpfen.

Statt um sein Leben zu fürchten, kommt dem jungen Mann der richtige Gedanke, dass durch seinen Rückfall die Bedrohlichkeit des Krebses viel offensichtlicher geworden ist, als wenn er sein Ziel wirklich erreicht hätte. Fox kann die Zeit seiner Krankheit nützen, weiter Geld zu sammeln, und den Menschen vor Augen führen, dass es ihm immer um den langfristigen Sieg über den Krebs ging, der jeden treffen könne, nicht um das eigene Ego! Der Abbruch des Laufs nach 5372 Kilometern wird zu einer großen Chance! Wie in einem tragischen Theaterstück löst die tödliche Gefahr des Helden bei den Zuschauern ein Höchstmaß an Gefühlen aus.

Die endgültige Diagnose fällt schlimm aus: Der Krebs hat beide Lungen befallen, ein golfballgroßer Tumor sitzt rechts in der Lunge, ein faustgroßer Schatten ist in der linken zu sehen. Die Knochenkrebszellen wuchern dort. Zehn Prozent Überlebenschance. Fox kann nicht operiert werden, weil der Tumor zu nah am Herzen liegt. Eine Heilung muss über eine zweite Chemotherapie versucht werden.

Der Spendenmarathon geht die ganze Zeit weiter, allerdings hat er ungeheuer an Tempo und Bedeutung gewonnen. Das Geld, die Schecks können nicht mehr gezählt werden, weil so viele auf einmal eintreffen. Stars singen für Terry Fox, manchmal eigens komponierte Werke, um ihm Mut zu machen und Geld zu sammeln: Elton John ist darunter, Anne Murray, Gordon Lightfoot, John Denver, Nana Mouskouri. Im Fernsehen organisiert man große Shows, die über zehn Millionen Dollar an Spenden einbringen. Die Provinz Britisch Kolumbien stellt eine weitere Million zur Verfügung, mit der ein Terry-Fox-Institut im Krebsforschungszentrum ausgestattet werden soll. Hunderttausende Briefe treffen im Krankenhaus ein, die nicht mehr nur aus Kanada stammen, sondern aus aller Welt, sogar aus Nepal und Saudi-Arabien.

Fox erhält den höchsten Orden Kanadas, dann auch den höchsten der Provinz, dazu Sportpreise, Auszeichnungen aller Art, Geschenke, Heilungstipps, Liebesbriefe, Segenswünsche. Doch der Krebs reagiert nicht auf die Chemotherapie. Mal im Krankenhaus, oft daheim, zeigt sich Fox meist als liebenswerter Optimist, dann wieder als sehr streit- und reizbar bis zur Ungerechtigkeit. Ein Heiliger ist er nicht geworden. Sein Überlebenswille beeindruckt aber alle in seiner Umgebung. Also versucht man noch die ganz neue, sehr teure Interferon-Behandlung, doch die verträgt er nicht, weshalb sie abgesetzt werden muss.

Im Februar 1981 erlebt Fox den Triumph seines Lebens. Die »Kanadische Krebs-Gesellschaft« ist zu einer verlässlichen Zwischenbilanz gelangt und meldet dem stolzen Kranken, dass bis zu diesem Zeitpunkt 23,4 Millionen Dollar zusammengekommen sind, also sogar mehr als ein Dollar pro Kanadier. Zum Vergleich: Der Staat hatte im Vorjahr insgesamt 15,6 Millionen für die Krebsforschung aufgewendet.

Vier Monate kann sich Terry Fox dieses Erfolges und einer nicht nachlassenden Spenden-, Geschenke- und Briefflut noch freuen. Am 28. Juni 1981 stirbt er im Kreis seiner Familie.

Und läuft und läuft und läuft

Seine Tat und sein Mut hatten allerdings so viele Kanadier im besten Sinne aufgeregt, dass sie sich mit dem unglaublichen Spendenergebnis und der zu Herzen gehenden Geschichte nicht zufriedengaben. Das Beispiel Terry Fox wollten sie lebendig halten, sein Ziel nur als Zwischenetappe sehen. Also benannte man in Kanada Schulen, Forschungsinstitute und Stipendien nach ihm. Dann kamen die jährlichen Terry-Fox-Gedächtnis-Läufe, und zwar weltweit, auf denen bis heute weiter für die Krebsforschung gesammelt wird. Außer dem Denkmal bei Thunder Bay errichtete man weitere. Es gibt Sondermarken, -münzen, -medaillen, T-Shirts, Baseballkappen, Filme, Bücher. Die Einnahmen aus ihrem Verkauf fließen direkt oder indirekt über die »Terry-Fox-Stiftung« der Krebsforschung zu. Auf diese Weise kamen bis jetzt weit mehr als 400 Millionen kanadische Dollar zusammen. Der »Marathon of Hope« des Terry Fox hat mit seinem Tod nicht aufgehört, er läuft und läuft und läuft.

»EIN KIND RECHTFERTIGT ALLES!«
Die »Mütter und Großmütter der Plaza de Mayo« in Argentinien

Unter der Militärregierung entführten und töteten geheime Kommandos in Argentinien junge Leute, die man für politische Gegner hielt. Sie verschwanden scheinbar spurlos, genau wie manche ihrer Kinder. Dagegen protestierten Mütter und Großmütter der Opfer öffentlich, obwohl man sie beschimpfte, verleumdete, bedrohte, misshandelte und einsperrte.

Meistens kommen sie in der Dämmerung oder nachts. Ein plötzlicher Stromausfall kündigt sie an oder eine verdächtige Stille in der Nachbarschaft. Kein einziges Auto fährt mehr vor dem Haus, weil die Straße gesperrt ist. Bis sich ein oder zwei Ford Falcon ohne Nummernschilder nähern. Manchmal klingelt es dann an der Tür, falls sie nicht gleich aufgebrochen wird. Männer in Zivil stehen plötzlich in der Wohnung, fragen nach dem Sohn, der Tochter, dem Ehemann. Ab und zu gehen sie dabei fast höflich vor und wahren den Anschein einer freundlichen Befragung, zu der sie jemanden mitnehmen. In der Regel schlagen sie allerdings zu, wobei sie wahllos wüten, auch Familienangehörige, teils sogar Kinder vergewaltigen. Sie verwüsten die Wohnungen und nehmen viele Dinge mit, Wertvolles, aber auch Bügeleisen oder Staubsauger. Vor allem nehmen sie Menschen mit. Dann verschwinden die Männer mit ihren Opfern. Sie entführen Männer, Frauen, Kinder, Schwangere, ganze Familien, Nonnen und Mönche, Anwälte, Journalisten, Politiker, Gewerkschafter, Studenten. Niemand ist sicher. Sie werfen die Opfer in den Kofferraum oder auf den Boden zwischen den Sitzen ihrer Zivilfahrzeuge und verschwinden. Normalerweise dauert die Aktion nicht einmal 15 Minuten. Zurück bleibt eine zerstörte Wohnung, eine zerstörte Familie, eine zerstörte Welt. Die Nachbarn kehren zum Alltag zurück. Sie sind ja nicht betroffen.

Ein sauberer Putsch und ein schmutziger Krieg

Argentinien ist ein schönes Land mit reicher Kultur und einer lebendigen Tradition. Besonders wichtig nimmt man hier die Werte der Familie. In den Siebzigern des vorigen Jahrhunderts stand sie ohne Frage im Zentrum der Kultur.

Dennoch ließen die Machthaber in den Jahren der Militärdiktatur 1976 bis 1983 – sehr vorsichtig geschätzt – mindestens 9000 Menschen spurlos verschwinden. Wahrscheinlich waren es mehr als 30 000. Die Militärs ordneten Entführungen an, Ermordungen, teils von ganzen Familien, sie ließen die Namen kleiner Kinder offiziell ändern, so dass sie von regierungstreuen Familien adoptiert werden konnten, sie errichteten Spezialgefängnisse und Folterzentren, in denen sie Menschen Monate oder Jahre auf schrecklichste Weise quälten. Die wenigsten kamen frei, die meisten starben. Die von Militärs beauftragten Folterer verbrannten oder zerstückelten die Toten, die sie in Massengräbern verscharrten oder über dem Meer aus dem Flugzeug warfen; manchmal waren die Opfer nur betäubt.

In Argentinien gab es – wie in anderen lateinamerikanischen Staaten auch – immer wieder Militärdiktaturen. Der Putsch im Jahre 1976 überraschte nicht unbedingt. Niemand rechnete mit einer Schreckenszeit. Viele Argentinier reagierten sogar erleichtert, als am 24. März 1976 Generalleutnant Jorge Videla die Regierungsgewalt als Vertreter der Streitkräfte übernahm und die Demokratie aufhob. In den Jahren zuvor hatten bürgerkriegsähnliche Zustände geherrscht, nationalistische Todesschwadronen waren gegen alles vorgegangen, was sie für links hielten. Tatsächlich gab es linke Untergrundkämpfer, die Bomben gelegt hatten. Entführungen hatten beide Seiten eingesetzt, um ihre Gegner zu treffen.

Von der starken Hand der Militärs erwarteten die Argentinier endlich Frieden, Ruhe und Ordnung. Gerade Geschäftsleute und überhaupt die Konservativen feierten die Generäle als Retter und unterstützten sie in dem von ihnen ausgerufenen »Kreuzzug« für nationale Werte und gegen jede Form abweichender Meinung. Zu den treuesten Anhängern der Diktatur gehörte die katholische Kirche, die in allem, was sie für links hielt, eine Bedrohung sah. Sie deckte in den kommenden Jahren die Taten und die Täter, gab ihnen sogar ihren Segen. Einzelne Priester verweigerten sich immerhin.

Nach außen verbreitete die Militärregierung den Anschein von Frieden und Sicherheit, doch der schon seit Jahren währende Kampf gegen die Linke entwickelte sich bald zum systematischen Terror, zum schmutzigen Krieg gegen das eigene Volk. Hier galten keine Gesetze mehr, zumal die Justiz ihre Unabhängigkeit aufgab und sich auf die Seite der Generäle schlug. Obwohl schon in den Jahren vor dem Putsch sehr viele Sozialisten und Kommunisten eingeschüchtert, getötet oder zur Auswanderung getrieben worden waren, verschärfte sich die Wut gegen jeden Verdächtigten.

Das Schlagwort »subversiv« wurde zur tödlichen Bezeichnung. Eigentlich heißt das Wort umstürzlerisch, doch verwendeten es die Militärs selbst für alle, deren Gedanken ihnen gefährlich vorkamen. Die Subversiven und deren Angehörige galten ihnen nicht mehr als Menschen. Der Polizeichef von Buenos Aires sagte nach der Militärzeit: »Wir ließen keine Personen verschwinden, sondern Subversive.«

Als hätten sie nie gelebt

»Verschwindenlassen« klingt fast harmlos. Es hieß für die Opfer, dass man sie fast ausnahmslos über Tage hinweg systematisch folterte, ohne ihnen Fragen zu stellen. Ihr Wille, ihr Selbstwertgefühl, ihr Widerstand sollten gleich zu Anfang gebrochen, ihre Existenz zerstört werden. Statt mit ihrem Namen sprach man sie nur noch mit Buchstaben-

Zahlen-Kombinationen an. Ärzte überwachten die Folter, damit die Opfer dabei nicht starben. Es war die Hölle, nur dass sich die Folterer als eine Art himmlische Diener fühlten, wie es einer von ihnen ganz klar formulierte: »Ich bin ein Kreuzritter, ein Gesandter Gottes. Ihr seid Teufel. Unsere Mission ist es, Argentinien zu reinigen.«

Um den Anschein eines Rechtsstaates zu wahren, gab die Militärregierung keine dieser Verhaftungen zu, keine Folter, keine Morde. Sie löschte vielmehr die Personen, die sie gefangen hatten, mit bürokratischer Gründlichkeit aus den Akten. Kleine Kinder, die entführt oder in Gefangenschaft geboren worden waren, bekamen einen neuen Namen. Ihre Abstammung wurde gleichsam ausradiert. Es war, als hätten die Entführten und ihre Kinder nie gelebt.

Es traute sich zuerst kaum jemand, nach ihnen zu forschen, denn man wusste, wie gefährlich es war, sich in irgendeine Verbindung mit »Subversiven« zu bringen. Sogar die nächsten Angehörigen lähmte Angst und Unsicherheit. Erkundigten sie sich bei der Polizei, konnte es den Entführten vielleicht schaden, vielleicht gerieten aber auch sie selbst oder ihre Familien ins Getriebe der Folter- und Todesmaschinerie. Nur wenige stellten Nachforschungen an. Von den mindestens 18 000, vielleicht aber auch 60 000 Vätern und Müttern war es nur ein kleiner Bruchteil.

Unentwegt quälte die Ungewissheit über das Schicksal eines Angehörigen. Hoffnung löste Verzweiflungsattacken ab, Wut Niedergeschlagenheit, Albträume Wunschträume. Dazu kam die Isolation, denn man wagte es fast nie, über die Entführten mit anderen zu sprechen. Wer hätte auch Angehörigen von »Subversiven« zugehört?

Kaum jemand in Argentinien glaubte, dass die bewunderten Militärs das Recht so mit Füßen träten. Wenn man überhaupt von den Entführten hörte, vermutete man, sie hätten ihre Strafe doch irgendwie verdient.

Trost auf den Gängen der Gewalt

Die Einzigen, die sich nach einer Zeit des Zögerns nicht mit dem Verschwinden so vieler Menschen zufriedengaben, waren Mütter. Trotz der möglichen Gefahr begannen sie, nach ihren – meist schon erwachsenen – Kindern zu suchen. Sie erkundigten sich in Krankenhäusern und Polizeistationen. Sie baten Priester um Hilfe. Sie wandten sich an die Gerichte und an Rechtsanwälte, um nur irgendetwas herauszufinden.

Das kostete doppelten Mut, denn damals gab es feste Vorstellungen darüber, was sich für eine Frau gehört und was nicht. Um 1976 galt im Land das Dogma von der männlichen Überlegenheit. Der Mann bestimmte in der Familie, er verdiente das Geld und gab es aus, wie er es für richtig hielt, er verbrachte seine Freizeit, wie und wo er wollte. Die Frau dagegen hatte das Ziel, geheiratet und Mutter zu werden. Sie kümmerte sich um die Kinder, den Haushalt und das Wohlergehen der Familie. Auf der Straße hatte sie nichts zu suchen, wenn es nicht im Dienst der Familie geschah. Schnell konnte eine Frau in Misskredit geraten, wenn sie den öffentlichen Regeln nicht entsprach. Dann wurde man plötzlich von *la mujer decente*, »der anständigen Frau« zu *la mujer de mala vida*, »der Frau schlechten Lebenswandels«. Wirkliche Verehrung genoss die Frau als treu sorgende Mutter, der man immerhin moralische Überlegenheit und Aufopferungsbereitschaft zusprach.

Wer sich traute, nach seinen Kindern zu suchen, gehörte meist zu den traditionell eingestellten Frauen. Bisher hatten sie sich ganz unpolitisch um den Haushalt und die Familie gekümmert. Viele waren höchstens durchschnittlich gebildet. Wenn sie überhaupt einer bezahlten Tätigkeit nachgingen, arbeiteten sie in typischen Frauenberufen als Krankenschwester, Kindergärtnerin oder Lehrerin. Fast keine von ihnen hätte sich vor der Festnahme eines Angehörigen vorstellen können zu demonstrieren, geschweige denn unter einer Militärdiktatur. Doch gerade die hohen Erwartungen an eine Mutter ermutigten sie, neue Wege zu gehen. Da war zuerst die Halböffentlichkeit der Ämter, in denen sie nach ihren Kindern fragten. Sie handelten schon damit gegen die Regeln für »anständige Frauen«, entsprachen aber denen für eine wahre Mutter, die nur aus Zwang ungewöhnlich vorgeht: »Ein Kind rechtfertigt alles!« Das sagten die Mütter damals oft.

Stundenlang ließ man die Frauen auf den Gängen der Polizei, der Gerichte und aller möglichen Ämter warten. Man behandelte sie unfreundlich, beschimpfte sie als verrückt, als Vaterlandsverräterinnen, als Huren sogar und Terroristenmütter. Oft hieß es, man wisse überhaupt nichts von den Vermissten, schon gar nicht von einer offiziellen Verhaftung oder »Entführung«. Oder aber man behauptete, die Söhne und Töchter seien wohl einfach untergetaucht, Kämpfer gegen die Regierung, vielleicht drogenabhängig geworden oder ins Ausland gegangen.

Gerade das lange Warten führte die einzelnen Frauen zusammen. Sie bemerkten, dass außer ihnen noch viele andere mit nimmermüder Geduld herumsaßen. Vorsichtig nahm man Kontakt auf und erfuhr, dass auch sie ihre Angehörigen suchten. Es war schrecklich zu erfahren, wie oft der Militärstaat Familien zerstört hatte. Gleichwohl war es tröstlich, in seinem Schmerz nicht mehr allein zu sein, endlich zu wissen, dass man nicht verrückt war oder hysterisch. Hier auf den Gängen der Ämter bildete sich unbemerkt die Keimzelle des unnachgiebigen Widerstands gegen die Militärs heraus.

Die besondere Macht der Frauen

Wenn die Frauen bestimmen, die Männer gehorchen, dann befindet man sich in aller Regel in einer Komödie; jedenfalls die letzten 2500 Jahre. Es galt sehr lange einfach als undenkbar – außer eben auf der Bühne und als lustiges Spiel. Besonders bekannt wurde die Komödie »Lysistrata« des griechischen Dramatikers Aristophanes. In diesem über 2000 Jahre alten Stück haben die Frauen Athens und Spartas die

Nase voll davon, dass ihre Männer nichts als Krieg im Sinn haben. Um das Abschlachten ihrer Söhne, Männer und Väter zu beenden, verbünden sich die Frauen der verfeindeten Lager und schließen ein Abkommen. Sie verschanzen sich hinter Mauern und treten in den Liebesstreik. Die empörten Männern stellen sie vor die Alternative: entweder Frieden und Sex oder Krieg und tote Hose. Tatsächlich gelingt ihr Plan.

Auch Königinnen und Premierministerinnen führten Kriege, von denen einige ähnlich vom Zaun gebrochen waren wie die der meisten Männer. Frauen unterstützten Diktatoren, ja verfielen ihnen massenhaft, wie es bei Adolf Hitler, Mao Tse-Tung oder Josef Stalin der Fall war. Frauen sind nicht einfach die besseren Menschen. Gleichwohl handeln sie grundsätzlich wesentlich weniger aggressiv, weniger gewalttätig, weniger unerbittlich. Ohne auf biologische Unterschiede eingehen zu müssen, steht fest, dass schon die starke soziale Prägung Frauen friedlicher, selbstloser und sozialer handeln lässt.

Weil sie ihnen so lange vorenthalten wurde, wussten Frauen früher viel zu wenig, welche besondere Macht sie besitzen, obwohl gerade Diktaturen nicht selten einen förmlichen Mutterkult einführten. Als Gebärmaschine und aufopferungsvolles Wesen schätzen alle Gewaltherrscher die Frau. Ihre selbstlose Opferbereitschaft führte aber manchmal zu überraschend mutigen Aktionen.

Dazu gehört die bedeutende regierungskritische Demonstration im »Dritten Reich«, bei der hauptsächlich Frauen auf die Straße gingen, weil ihre als jüdisch geltenden Ehepartner in einem Gebäude in der Berliner Rosenstraße festgehalten wurden. Bis zu 1000 Menschen demonstrierten vor dem Gebäudekomplex. Die Frauen blieben, obwohl sie immer wieder zum Gehen aufgefordert, von GeStaPo (Geheime Staatspolizei) und SS (militärische Schutzstaffel der nationalsozialistischen Partei) erst mit Worten eingeschüchtert, schließlich sogar mit Waffen bedroht wurden. Ihr tagelanger, mutiger Protest, der immer mehr Menschen in der Hauptstadt interessierte, machte selbst auf die nationalsozialistischen Machthaber Eindruck. Was hätte ein ähnlich unnachgiebiges Festhalten an bürgerlichen und menschlichen Werten wohl zu Beginn der NS-Herrschaft bewirkt?

Ein ungeheuerlicher Schritt

In Argentinien orientierten sich die Mütter nicht an solchen Beispielen. Selbst der Umstand, dass im nahen Chile schon kurz zuvor Frauen gegen die dortige Militärregierung demonstriert hatten, weil die ihre Angehörigen entführt hatte, beeinflusste die Argentinierinnen nicht. Mütterliche Sorge und Liebe trieb sie an.

Als sie erfuhren, dass es vielen wie ihnen ging, begannen sie, sich zu verabreden, obwohl es gefährlich war. Erst wollte man sich nur gegenseitig helfen. Man ging gemeinsam zu den Behörden, um die quälende Wartezeit besser zu ertragen. Außerdem verfasste man nun gemeinsam immer neue Anfragen und Eingaben. Man machte sich gegenseitig Mut und konnte sich endlich den Schmerz von der Seele reden. Dann kamen Treffen von kleinen Gruppen in Privatwohnungen oder in Kirchen zustande. Von Kaffeekränzchen unterschieden sie sich eigentlich nur durch das ernste Thema. Niemand hatte Proteste oder Aktionen gegen den Staat im Sinn. Da es aber viele Spitzel gab und die Kirche die Militärs unterstützte, wusste die Geheimpolizei bald davon und ging gegen die Treffen vor. Vor allem drohte man den Müttern, ihre Familien noch einmal heimzusuchen und diesmal alle mitzunehmen.

Dennoch erkannten einige, dass sie nicht nachgeben durften. Sie mussten den Staat zu einer Reaktion zwingen. Es war wichtig, die Öffentlichkeit zu informieren. Die privaten Sorgen so vieler Mütter verwandelten sich in der Gruppe zu politischen.

Das Ziel der ersten Demonstration am 30. April 1977 war es nur, offiziell etwas über die verschwundenen Angehörigen zu erfahren. 14 Mütter trafen sich an diesem Samstag, ohne recht zu wissen, wie man das machte, demonstrieren. Es widersprach ihrem Grundgefühl, den Staat in der Öffentlichkeit zu kritisieren, und sie taten es fast unauffällig und sehr unsicher. Trotzdem wagten sie den Sprung über den eigenen Schatten, weil es um so viele Schicksale ging. Ihre Mutterliebe überwog Scham und Furcht.

Klassische Helden sehen anders aus als die ganz durchschnittlich wirkenden Frauen, die sich eines Tages mit Fotos ihrer entführten Angehörigen in den Händen an der »Plaza de Mayo«, also dem »Mai-Platz« versammelten. Sie handelten aber heldenhaft in Zeiten, da die meisten Argentinier sich aus Angst duckten oder aus Bequemlichkeit zur Tagesordnung übergingen.

Den Ort ihrer Demonstration hatten sie gut gewählt, denn der Mai-Platz hat eine große symbolische Bedeutung. Hier ist das politische Zentrum des Landes mit Regierungsgebäuden und einer Pyramide in der Mitte, weil hier die Unabhängigkeit des Landes erklärt wurde. Es war der klassische Ort, um zu demonstrieren. Die Mütter hatten allerdings eine ungünstige Zeit gewählt. An diesem Samstag befanden sich nur wenige Menschen auf dem sonst so belebten Platz, da alle Ämter und Banken geschlossen hatten. Die Mütter hatten sich einfach einen Tag gesucht, an dem sie leichter von daheim fernbleiben konnten. Sie beschlossen, an einem Freitag wiederzukommen.

Drei Wochen später schien die große Stunde gekommen zu sein, denn man erlaubte ihnen, dem Präsidenten einen gemeinsam verfassten und unterzeichneten Brief zu übergeben. Umso größer fiel die Enttäuschung aus, als der Staatschef sich über sie lustig machte, ihren Sorgen mit Kommentaren begegnete, die sie schon von der Polizei kannten: Es gebe keine Entführten, die Angehörigen seien wohl einfach ins Ausland gereist, von subversiven Mitkämpfern ermordet worden, drogenabhängig und so weiter. Die gefühllose Frechheit stachelte den Widerstand der Mütter an. Bei der nächsten Demonstration kamen schon 60 Frauen.

19   Klassische Helden sehen anders aus, aber die Mütter und Großmütter vom
Mai-Platz handelten mutiger, klüger und mit größerer Konsequenz als viele der
traditionellen Kämpfer und Vorbilder.

Das weiße Kopftuch der Anklage

Bis jetzt hatte die Militärregierung die paar Mütter nicht ernst genommen, zumal man sie als »nicht subversiv« beurteilte. Diese Unterschätzung in den ersten Monaten war sehr wichtig, denn so fanden
sie Gelegenheit, sich untereinander auszutauschen und langsam, aber
sicher zu organisieren.

Jetzt aber hörte die Schonfrist auf. Die Polizei verbot Versammlungen Stehender auf dem Platz. Statt weiter mit den Fotos ihrer verschleppten Angehörigen in stummer Anklage dazustehen, gingen die
Mütter nun paarweise um die Pyramide herum. Die Polizei bedrohte
die Mütter mit Hunden oder sogar mit gezogener Waffe, schubste sie
umher, kontrollierte ihre Papiere, setzte manchmal Tränengas ein, und
natürlich nahm sie regelmäßig Frauen fest, einmal waren es 70. Fast

182

immer kamen sie nach 24 Stunden frei, aber manche wurden nun selbst verschleppt.

Dieses harte Vorgehen erregte Aufsehen. In einem demokratischen Land hätte jetzt die Presse über sie berichtet. In Argentinien unter der Militärdiktatur sah das anders aus. Es erging beispielsweise der Befehl: »Von heute an ist es verboten, zu Verdächtigen, die mit subversiven Vorfällen verbunden sind, Anmerkungen zu machen oder sich auf sie zu beziehen, auf das Auftauchen von Leichen und die Todesfälle subversiver und / oder Mitglieder der Armee oder der Sicherheitskräfte in solchen Vorfällen, es sei denn, sie werden von einer verlässlichen offiziellen Quelle gemeldet. Das schließt Opfer von Entführung und verschwundene Personen ein.« Journalisten, die über die Mütter und ihre verschleppten Angehörigen berichteten, machten sich strafbar.

Auf die Presse konnte man also nicht zählen, auf die Kirche nicht, nicht auf die Parteien, nicht auf die Polizei, nicht auf die Justiz. Doch das machte die Mütter stärker. Schritt für Schritt lernten sie, effizienter vorzugehen. Bald gab es ein einfaches Informationssystem. Sobald eine von ihnen etwas Wichtiges erfuhr, rief sie einer Liste gemäß die Nächste darauf an, die wiederum die Dritte und so weiter. Die Ungewissheit nahm dadurch ab, gleichzeitig wuchs das Wissen darüber, wie brutal man ihre Angehörigen misshandelte. Tödlich klar wurde den Müttern die Bedeutung ihres Engagements, zumal sie von einem Satz erfuhren, der den Gefolterten immer wieder eingebläut wurde: »Niemand interessiert sich für dich, niemand weiß, wo du bist, niemand setzt sich für dich ein!« Dieser Niemand waren die Mütter.

Da nahte im September 1977 der Termin für die große Prozession von Buenos Aires nach Luján. Die meisten Mütter waren religiös und wussten, dass bei dieser Gelegenheit Tausende zusammenkamen. Ideal, um der Öffentlichkeit ihr Anliegen zu demonstrieren! Um sich in der Menge wiederzufinden und um als Gruppe erkennbar zu sein, brauchte man ein Zeichen. Man kam auf die Tuchwindeln, die in Argentinien als Erinnerung an die Babyzeit der Kinder aufgehoben werden. Man verwendete sie nun als Kopftücher. Sie eigneten sich aus vier Gründen exzellent. Das Kopftuch betonte als traditionelles Kleidungsstück ihre weibliche und mütterliche Rolle. Weiße Kopftücher waren unüblich, so dass die Mütter auffielen. Außerdem verwiesen sie unmittelbar auf die verschleppten Kinder. Und schließlich bedeutete die Farbe Weiß Unschuld und Leben. Die Mütter wollten keine Trauer tragen um die Entführten, hofften sie doch, sie seien noch am Leben. Auf die Tücher stickten sie die Namen und die Daten der Entführten. Von da an blieb das weiße Kopftuch ihr Erkennungszeichen, bei den Demonstrationen auf dem Mai-Platz und andernorts.

»Die verrückten Mütter« und die verrückte Bevölkerung

Die Demonstration auf der großen Prozession wurde ein gewaltiger Erfolg. Tausende sprachen über die Frauen mit den weißen Kopftüchern, und viele neue Mütter Verschleppter verstärkten das Bündnis. Allerdings fachte diese kluge Propagandamaßnahme auch die Wut der Militärs an. Beide Seiten verschärften die Gangart. Die in der Öffentlichkeitsarbeit unerfahrenen Mütter unterliefen die Pressezensur am 5. Oktober 1977 mit einer Zeitungsanzeige, die 237 von ihnen unterschrieben hatten. In großen Buchstaben stand da: »Wir bitten um nichts anderes als die Wahrheit.« Der Militärdiktator Videla hatte nämlich behauptet: »Wer die Wahrheit sagt, wird keine Repressalien erleiden.« Zehn Tage später planten sie die Übergabe einer Bittschrift mit 24 000 Unterschriften, die eine Untersuchung des Schicksals 571 namentlich bekannter Personen forderte. Sie gingen noch einen Schritt weiter, indem sie eine Pressekonferenz organisierten, zu der sie alle in- und ausländischen Medien einluden.

Die Militärs reagierten mit aller Härte. Die Pressekonferenz wurde gesprengt, sehr viele Mütter und alle Journalisten – insgesamt etwa 200 Personen – festgenommen, die Listen beschlagnahmt. Zwei Monate später entführte man sechs aus dem Kreis der Mütter und ihrer Unterstützer. Nie wieder hörte man etwas von ihnen.

Gleichzeitig begann eine offizielle Pressekampagne gegen die Frauen. Zeitungen schrieben plötzlich über »las Locas« (»die Verrückten«). Die Journalisten verspotteten und beschimpften die Mütter mit den altbekannten Argumenten. Und nicht wenige Argentinier glaubten den von der Regierung bestellten Berichten, dass hier nur ein paar dumme, hysterische Weiber Ärger machten, obwohl es keinen Grund gebe, an der erfolgreichen und ordentlichen Arbeit der Militärregierung zu zweifeln. Es fiel leichter, die Mütter für verrückt zu halten, als genauer hinzusehen, wie die Diktatur das Land in Fesseln hielt und Tausende entführte, folterte, ermordete.

Es brach eine besonders schwere Zeit für die Mütter an, die nur wenig tun konnten, um die falschen Informationen der Regierung und der Zeitungen zu entkräften. Manche Mütter litten darunter so sehr, dass sie sich von der Gruppe trennten.

Dann stand die Fußballweltmeisterschaft 1978 bevor, zu der sich der Gastgeber Argentinien als ein wundervolles Land präsentieren wollte. Vor lauter Stolz, dass sie die Welt zu Gast hatten, interessierten sich noch weniger Argentinier für den berechtigten Kampf der Mütter. Viele sahen nur, dass sie ein schlechtes Licht auf das Land warfen; erst recht, als ausländische Menschenrechtsorganisationen mit einem Boykott der Fußball-WM drohten. Das empörte die Militärregierung. Um endlich Ruhe zu schaffen, entführte man kurz vor der WM mindestens 367 Menschen.

Obwohl der Druck wuchs, nutzten die Mütter die Anwesenheit ausländischer Journalisten und Prominenter. Immer wieder suchten sie Möglichkeiten, auf die Entführten hinzuweisen. Die Polizei ging inzwischen so brutal vor, dass sie sich vom Mai-Platz vertreiben ließen und die Art ihrer Demonstrationen änderten. Sie vereinbarten »Blitzlicht-Märsche«: Mitten in einer Menschenmenge sah man dann plötzlich Dutzende Frauen ihr weißes Kopftuch aufsetzen und sich zu einer Gruppe arrangieren.

Die Gefahr einer Auflösung der Gruppe wuchs. Die Frauen litten unter den Anfeindungen. Sie fürchteten sich vor Verhaftung und

Misshandlung. Außerdem quälte sie, dass sie ihre Familien alleinließen, dass sie ihre Pflichten als Mutter und Hausfrau vernachlässigten, wenn sie demonstrierten, Proteste schrieben oder bei Gerichten vorsprachen. Die Liebe zu ihren verschleppten Kindern gab ihnen aber Kraft. Und sie fühlten sich als Mütter aller Entführten. Sie waren die aktive Minderheit, wohingegen Tausende nach dem Verschwinden ihrer Angehörigen, vom Schock gelähmt, lebten wie in einem Schattenreich.

Zum Glück stießen die Mütter in der Bevölkerung nicht nur auf Spott und Verachtung. Seit der Entdeckung einiger Massengräber und seitdem einige ins Ausland geflohene Exgefangene über ihre Folterzeit ausgesagt hatten, wuchs langsam ein Unterstützerkreis in Argentinien – und ein noch größerer im Ausland.

Das Kind muss einen Namen haben

Die Frauen trafen sich inzwischen regelmäßig, auch wenn sie nicht demonstrierten. Eine Arbeitsteilung hatte sich herausgebildet, bei der die Schreiberfahrenen immer neue Bittgesuche, Anträge und Eingaben formulierten, andere gemeinsam die Behördengänge erledigten, Dritte neue Informationen beschafften und Vierte versuchten, die Medien im In- und Ausland oder prominente Besucher Argentiniens zu informieren. Unabsichtlich waren sie zu einer Organisation herangewachsen. Nun wollten sie auch offiziell werden. Am 22. August 1979 ließen sie sich amtlich eintragen. Der Name lautete: »Bürgerliche Vereinigung Mütter vom Mai-Platz«; auch wenn sie dort schon viele Donnerstage nicht mehr demonstriert hatten.

Mit Hilfe eines niederländischen Unterstützerkreises konnte die junge Organisation sogar ein Büro anmieten und wenig später ein Informationsblatt herausgeben, das über die Tätigkeit der Mütter und über die Verschleppten berichtete. Weil sich fast alle weigerten, ihre Texte zu drucken, gründeten die »Mütter vom Mai-Platz« auch einen

Verlag, in dem Werke in ihrem Sinne, darunter auch eigene Gedichtbände, erscheinen konnten.

Ihr inzwischen internationaler Ruf ermutigte sie zu neuen Demonstrationen auf dem Mai-Platz. 1980 war es so weit. Im Laufe der Zeit weiteten sie ihre Aktionen aus. Sie schickten nun Postkarten an ausländische Politiker und Staatschefs. Sie besuchten internationale Großereignisse oder Kongresse, die in Argentinien abgehalten wurden, um auf das Staatsverbrechen an ihren Kindern aufmerksam zu machen. Einige reisten zu den Vereinten Nationen in die USA und nach Italien. Der Papst wollte sie nicht empfangen, der italienische Staatspräsident schon. Er wurde ein persönlicher und offizieller Förderer ihres mutigen Engagements.

Viele vertriebene Argentinier spendeten und verbreiteten ihre Informationen in aller Welt. Insgesamt entstanden allein in Europa 15 Solidaritätsgruppen. In Madrid und Amsterdam wurden Straßen und Plätze nach den »Müttern vom Mai-Platz« benannt. Dass man sie für den Friedensnobelpreis vorschlug, war dennoch eine Sensation. Den bekamen sie zwar nicht, doch dafür viele weitere Anerkennungen, darunter den bedeutenden Norwegischen Friedenspreis.

Erfolg und Misserfolg

Die oft aus einfachen oder normalen Verhältnissen stammenden »Mütter vom Mai-Platz« hatten internationalen Erfolg. Aber er war für sie nur Mittel zum Zweck. Je mehr Druck auf der Militärdiktatur lastete, umso größer wurde die Chance, endlich mehr über das Schicksal der Angehörigen zu erfahren. Unentwegt betonten sie im Ausland und daheim, dass sie ganz normale Menschen waren, die taten, was jeder tun könnte. Die Bezeichnung »Heldinnen« wiesen sie von sich. Sie wollten nicht für ihren Mut gelobt werden, sie wollten Klarheit über das Schicksal ihrer Kinder. Die Ungewissheit quälte sie Tag und Nacht.

Ihr jahrelanges Engagement hatte auch negative Folgen. Es entfremdete die Mütter oft von Nachbarn, Freunden, der Öffentlichkeit und sogar von ihren Familien. Ihre Hartnäckigkeit galt häufig als Sturheit. Viele Argentinier waren es müde, zum tausendsten Mal dieselben Forderungen und Sorgen zu hören. Man fühlte sich im Alltag gestört, wollte nichts mehr wissen von Leiden, Elend, Folter.

Es kam noch schlimmer. Die Militärregierung benutzte 1982 die Besetzung der Falklandinseln, die zu Großbritannien gehören, aber von Argentinien seit langer Zeit beansprucht wurden, um von den wachsenden innenpolitischen Problemen abzulenken. Damals wuchs die Verachtung der Mütter extrem. Die plötzliche Einnahme der Inselgruppe der Malvinas – so heißen sie bei den Argentiniern – löste eine Welle des Patriotismus aus. Deshalb empörte es die Öffentlichkeit, als die »Mütter vom Mai-Platz« Anzeigen publizierten, in denen es hieß: »Die Malvinas sind argentinisch! Die Verschwundenen auch!« Man beschimpfte die Mütter als Vaterlandsverräter.

Die Besetzung der Inseln erwies sich für die Militärs als Pyrrhussieg, denn sie führte zu einem Krieg mit Großbritannien. Damit hatte niemand in Argentinien gerechnet, standen doch seine Kosten – am Ende mindestens fünf Milliarden Euro – in keinem Verhältnis zu dem Wert der Inseln, deren Name in Europa kaum jemand kannte. Doch die britische Regierung wollte ebenfalls innenpolitische Probleme übertünchen und Entschlossenheit zeigen, zumal die als »Eiserne Lady« bekannte Margaret Thatcher Premierministerin war. Fast 1000 Menschen starben.

Die Niederlage im Krieg erschütterte die Militärdiktatur, aber es dauerte noch ein weiteres Jahr, bis die Demokratie nach Argentinien zurückkehrte. Daran hatten auch die »Mütter vom Mai-Platz« ihren Anteil, deren Mut nun andere ansteckte. An ihrem dritten »Marsch des Widerstandes« nahmen 1983 etwa 40 000 Menschen teil. Die Demonstration richtete sich gegen ein Gesetz, das die Straffreiheit für die Militärs festschreiben sollte.

Die Mütter, die Großmütter und eine Aufgabe, die wächst

Gerade ihre Unbeugsamkeit machte die »Mütter vom Mai-Platz«
rasch wieder zum Streitobjekt. Mit Beginn der Demokratie gaben sie
ihre Demonstrationen keineswegs auf. Sie hatten nicht für ein Ende
der Militärdiktatur gekämpft, sondern für ihre Angehörigen. Über
deren Schicksal erfuhren sie immer noch nichts, obwohl es eine Regie-
rungskommission gab, die alle Verbrechen der Militärs untersuchen
sollte, und internationale Organisationen eingeschaltet wurden. Die
Mütter stemmten sich sogar, als immer mehr Massengräber gefunden
worden waren, gegen die Exhumierung und Identifizierung der Opfer,
wenn nicht gleichzeitig die Täter identifiziert würden. Doch die Regie-
rungskommission nannte in ihrem Abschlussbericht nur Taten, keine
Namen, verwies auf den Zwang zum Gehorsam bei den Militärs und
verkündete 1990 deren Straffreiheit.

Die meisten Argentinier akzeptierten das. Sie wollten die Vergangenheit ruhen lassen. Sie wollten eine möglichst rasche Aussöhnung.
Sie wollten einen demokratischen Alltag genießen. Sie wollten von un-
angenehmen Fragen verschont bleiben. Die »Mütter« galten wieder als
Störer des öffentlichen Friedens. Ihre eigentlichen Beweggründe wollte man nicht verstehen. Das galt auch für die Medien, die sehr oft die
»Mütter« kritisierten, weil sie weiter nachbohrten und protestierten.
Man beschimpfte sie als Querulanten, verwirrte, links orientierte oder
unterwanderte Weiber, die den Demokratisierungsprozess gefähr-
deten, als verbitterte alte Schachteln, die Argentinien nicht in Ruhe
ließen.

Den »alten Schachteln« waren seit 1977 noch ältere an die Seite
getreten, die »Großmütter vom Mai-Platz«. Sie suchten nach ihren
entführten Enkeln, nach ihren Enkeln, die in Gefangenschaft geboren,
anschließend ihrer Identität beraubt und von Familien, die den Militärs passten, adoptiert worden waren. Getreu ihrem Motto »Identität,
Familie, Freiheit« unternahmen die »Großmütter vom Mai-Platz«
alles, um die geraubten Kinder zu finden und sie in ihre Herkunfts-

familie zurückzuholen. Damit machten sie sich Feinde. Viele Argentinier meinten, man solle die Adoptierten und ihre neuen Familien in Frieden lassen und nicht mit der Vergangenheit quälen. Die Qualen der Herkunftsfamilien interessierten dagegen nicht.

Die »Mütter vom Mai-Platz« und die »Großmütter vom Mai-Platz« machten trotz aller Schwierigkeiten weiter. Tatsächlich gelang es ihnen, immer mehr über die Verbrechen der Militärs und über das Schicksal vieler Verschwundener zu erfahren. Einzelne Militärs wurden sogar verurteilt.

Ganz einig blieben sich die Frauen nicht. Direkt nach dem Ende der Militärregierung gab es eine Aufspaltung in zwei »Mütter vom Mai-Platz«-Organisationen, die unterschiedlich radikal weiterarbeiteten. Die Mitglieder beider Gruppen kommen dennoch weiterhin zu den Donnerstagsdemonstrationen zusammen und feierten am 30. April 2007 ihren 30. Jahrestag.

Aus unpolitischen Müttern, die ihre Kinder suchten, waren durch die Jahre des Kampfes wache, klar sehende Frauen geworden. Ihre Ziele veränderten sich dadurch. Sie erkannten, dass sie ihre moralischen Qualitäten für eine friedliche Gesellschaft einsetzen konnten. Inzwischen haben sie ihre Ziele erweitert. Sie setzen sich für die Verbesserung des Bildungs- und Gesundheitswesens ein, klagen die immer wieder brutal vorgehende Polizei an, kämpfen gegen die Kinderarmut und für die Anhebung der Lehrergehälter. Sie haben im Jahr 2000 eine eigene Volksuniversität gegründet, mit 800 Studenten und 140 Fächern, dazu betreiben sie eine Radiostation, einen Verlag und eine Zeitung. Ihr Beispiel ermutigt viele Frauen in der Welt, beweisen sie doch Tag für Tag, dass einfache Frauen ohne politische Macht sich wehren, ja sogar eine Diktatur ins Wanken bringen können.

Heute sind die Frauen alt, teils über 90 und trotzdem weiter engagiert. Etwa 2500 von ihnen sind aktiv. Längst sind sie zu einer politischen Kraft für ein besseres Argentinien geworden. Nach und nach sterben die alten Kämpferinnen natürlich. Und manche von ihnen wünscht sich, dass ihre Asche auf dem Mai-Platz verstreut wird.

WELTSTAR DER BARMHERZIGKEIT

*Wie ein Schauspieler Millionen Menschen half und
was das mit »Mutter Teresa« zu tun hat*

*Der Schauspieler und Regisseur Karlheinz Böhm lebte wohlhabend,
erfolgreich und berühmt. 1981 aber brach er sein altes Leben ab und
begann ein neues in Äthiopien. Dort setzte er sich mit seiner Organisation »Menschen für Menschen« für eine bessere Zukunft von Millionen
ein. So wurde er zum zweiten Mal ein Star, doch kein Heiliger. »Mutter Teresa«, die in den Slums Kalkuttas Seelsorge und humanitäre Hilfe
anbot, könnte es dagegen schaffen, denn seliggesprochen wurde sie
schon.*

Wenn jemand von ihr etwas will, was derjenige auch selbst erledigen
könnte, sagt eine Freundin entgeistert: »Bin ich Mutter Teresa?!« Die
gebürtige Türkin albanischer Abstammung Agnes Gonxha Bojaxhiu
mit dem berühmten Ordensnamen »Mutter Teresa« (1910–1997) steht
auch noch viele Jahre nach ihrem Tod – übrigens als Inderin – sprich-
wörtlich für selbstlose Barmherzigkeit.

Es gibt kaum eine Frau der jüngeren Geschichte, die weltweit so als
Vorbild, Heilige und Heldin verehrt wird. Die katholische Kirche führte wegen ihr sogar ein Turbo-Seligsprechungsverfahren ein. Wahrscheinlich wollte Papst Johannes Paul II., der schon krank und alt war,
den großen Tag noch erleben.

Wie eine Mischung aus Diplomatin und Star reiste »Mutter Teresa«
viele Jahre von Staatsempfang zu Staatsempfang, von Preisverleihung
zu Preisverleihung, von Spendengala zu Spendengala, wenn sie sich
nicht in den Slums von Kalkutta aufhielt. Der Friedensnobelpreis
1979 war der weltliche Höhepunkt einer Karriere als Star der Barmherzigkeit. Klein, bescheiden, weise wirkte sie inmitten des Trubels,
den andere um sie veranstalteten. Mächtige, Prominente und Reiche

wollten sich mit ihrer Aura von Heiligkeit schmücken und verehrten sie oft wirklich für das, was sie getan hatte: den Ärmsten der Armen ein Dach über dem Kopf und Speise gewähren, geistlichen Trost und menschliche Ansprache spenden, die Behandlung von Krankheiten und einen Tod in Gemeinschaft ermöglichen, statt allein auf der Straße. Sie, die den Rummel nicht liebte, lange Jahre mit Gott haderte und am Glauben zweifelte, hatte die Berufung zu ihren Taten 1946 in den Elendsvierteln Kalkuttas gespürt und war ihr umgehend gefolgt.

In diesem Jahr wurde Karlheinz Böhm (geboren 1928) gerade 18 Jahre alt. Der einzige Sohn des weltbekannten Dirigenten Karl Böhm und der Sängerin Thea Linhard war mit den Eltern nach Graz gezogen und hatte sein Abitur gemacht. Er wollte Pianist werden und spielte gut Klavier, doch »für'n Sohn vom Böhm isses vielleicht 'n bisschen wenig, nich?«. Das bekam er vom genialen Pianisten Wilhelm Backhaus zu hören, als er ihm mit 14 vorspielte. Sein Vater war so berühmt, dass man vom Sohn Wunderdinge erwartete. Die kamen auch, doch vollkommen anders, als er oder seine Eltern es sich wohl ausgemalt hatten. Heute könnte unsere Freundin nämlich auch sagen: »Bin ich Karlheinz Böhm?!«

Was spielt wirklich eine Rolle?

Ein fescher junger Mann in Uniform, schneidig, hoheitsvoll, wie ein echter Herrscher. Kein Wunder, es ist Kaiser Franz Josef von Österreich. Jedenfalls im Film. An seiner Seite sieht man eine Mädchenschönheit im Prachtkleid, quicklebendig und unbändig, immer mit den strengen Hofregeln auf Kriegsfuß: Kaiserin Elisabeth von Österreich. Im Film! Der heißt nach ihrem Kosenamen »Sissi« und kam 1955 in die Kinos.

Die Darsteller von Kaiser und Kaiserin hießen Karlheinz Böhm und Romy Schneider. So viele Zuschauer wollten »Sissi« sehen, dass 1956 und 1957 zwei Folgefilme entstanden, die genauso erfolgreich

waren. Obwohl sie nur dreimal das Kaiser-
paar spielten, wurden Böhm und Schneider in
Deutschland und Österreich, ja europaweit zu
einem Traumpaar, für das sich Millionen be-
geisterten. Alle Fans und erst recht die Presse
verknüpften die beiden fortan mit den kaiser-
lichen Märchenrollen so fest, dass man sie nur
noch in ähnlich netten und zu Herzen gehenden
Filmen sehen wollte.

Stattdessen stellte Karlheinz Böhm 1960 im Film »Augen der
Angst«, der im Original »Peeping Tom« heißt, einen Serienmörder
dar, der seine Opfer auf besonders grausame Weise tötet: Er besitzt
eine Kamera, in der ein stilettartiges Messer angebracht ist, das er an
den Hals der Frauen setzt. So kann er sie in ihrer Todesangst filmen,
während er sie umbringt.

Die öffentliche Empörung über diese Rolle kannte in England und
Deutschland keine Grenzen, obwohl Filmkritiker die besondere Qua-
lität des Films erkannten, dem es nicht um platte Schockbilder ging,
sondern um die Macht des Sehens und der Bilder, um das Trauma, das
Gewalt und Schrecken bewirken, um das Kino selbst. Davon wollten
damals die Fans und die Presse nichts wissen. Sie reagierten empört,
weil Böhm nun Wege beschritt, die ihnen fremd waren, die sie er-
schreckten und als abstoßend empfanden. Und dann kamen – trotz
einem Zwischenspiel in Hollywood, viel Theaterspiel und Opernregie-
versuchen – weitere Enttäuschungen. Böhm blieb an künstlerisch anspruchsvollen Filmen interessiert und arbeitete mit dem so berüchtig-
ten wie berühmten Regisseur Rainer Werner Fassbinder zusammen.

Mit ihm drehte er 1973 den Film »Martha«. In ihm sieht man, wie
eine rothaarige, sehr blasse Frau sich in die pralle Sonne legt. Ihr Mann
sitzt daneben unter einem Sonnenschirm. Sie schläft kurz darauf ein.
Ihr Mann lässt sie schlafen. Schnitt. Die Frau liegt im Hotelbett, stöhnt
vor Schmerzen, sie sieht aus wie gekocht, krebsrot, die Haut schält sich
ab. Ihr Mann weidet sich an ihrem Anblick und wirft sich auf sie, die

schrecklich schreit. Es folgen weitere sadistische Szenen. Die Rolle des Grausamen spielte Karlheinz Böhm beängstigend gut.

Wieder interessierte ihn nur die künstlerische Seite. Wieder missachtete er die Erwartungshaltung der Öffentlichkeit, die wie eine verlassene Geliebte darauf hoffte, der Ex werde reumütig zu ihr zurückkehren und wieder Kaiser spielen. Böhm hatte jedoch die Nase gestrichen voll von süßlichen, sentimentalen, märchenhaften Schmachtfetzen.

Vielmehr gewann er durch die Begegnung mit Fassbinder ein anderes Verhältnis zur Welt, die er zuvor intensiv bereist und doch nicht wirklich wahrgenommen hatte. Wohlhabend von Geburt an, sah er die Armut, die Ungerechtigkeit, die Ausbeutung ganzer Völker zuvor nicht so klar. Da kann ein politisch wacher Mann schon ein Augenöffner sein. Ohne Fassbinder hätte Böhm 1976, als er der Gesundheit wegen eine Zeit in Kenia verbrachte, wohl nicht einen Hotelangestellten gebeten, ihm seine Welt zu zeigen. Obwohl der Mann in einem teuren Hotel Mombasas arbeitete, konnte er daheim dem Gast nur einen Fischkopf als Mahlzeit bieten.

Mut und Wut

Ein Mensch mit Herz kennt die Gefühle, die den reichen Schauspieler im kenianischen Armutsviertel erfüllten: Wut, Zorn, Selbstekel, Scham. Die Medien stoßen uns täglich mit der Nase auf die unmenschlichen Zustände der Welt. Wir sehen sie selbst in den reicheren Ländern an vielen Ecken, aber wir verschließen unsere Augen vor der unerträglichen Wahrheit. Schließlich scheint ein Einzelner nichts daran ändern zu können. Armut, Unterdrückung, Ungerechtigkeit gab es immer schon.

Es verlangt Mut, der Unmenschlichkeit ins Gesicht zu sehen. Schnell erkennt man, dass es mit Gefühlen nicht getan ist. Eine spontane Spende hilft, aber ihre Wirkung verpufft wie ein Tropfen auf einem heißen Stein. Die Empörung kann einen förmlich lähmen oder innerlich zerreißen oder aktiv werden lassen.

Karlheinz Böhm fand keine rasche Lösung für sein Problem, dass er den Schleier vor der Wahrheit tödlicher Ungerechtigkeit gelüftet hatte und den Anblick nicht mehr vergessen konnte. Er musste etwas tun, aber wusste noch nicht was. Seine Wut suchte nach einem Ventil.

Erst einmal übte er seinen Beruf weiter aus. Das Publikum hatte ihm seine provozierenden Rollen verziehen und wollte den schwierigen Star wieder sehen. Er bekam große klassische Rollen wie den König Lear, und das Fernsehen zeigte nimmermüde die »Sissi«-Filme. Seine anderen gut 40 Filme nahm man dagegen viel weniger wahr.

Trotzdem mangelte es Böhm Anfang der Achtziger nicht an Aufträgen, an guter Bezahlung, an guten Kritiken, an verdientem Erfolg. Die Einladung zu einer der beliebtesten Sendungen im deutschen, österreichischen und Schweizer Fernsehen »Wetten dass …?« verwundert also nicht.

Eine Wette mit Folgen

Es verwundert dagegen schon eher, dass Karlheinz Böhm 1981 die Einladung überhaupt annahm, denn er musste befürchten, wieder auf die alte Kaiser-Rolle angesprochen zu werden. Seiner Filmpartnerin von damals, Romy Schneider, ging es ja genauso, obwohl sie sich ebenfalls zur Empörung des Publikums in Deutschland künstlerisch anspruchsvollen, umstrittenen Filmen zugewandt hatte. Mit denen wurde sie in Frankreich zum geliebten und bewunderten Star.

Böhm überlegte durchaus, ob er im Fernsehen wieder einmal die immer gleichen Fragen ertragen wollte. Da kam ihm eine Idee: Er konnte in einer Sendung mit vielen Millionen Zuschauern das Problem der weltweiten Armut publikumswirksam ansprechen. Er konnte seinen Ruhm und seinen Ruf dafür einsetzen, möglichst viel Spenden zu bekommen. Vor allem konnte er mittels einer Wette prüfen, ob die

Menschen in Deutschland, in der Schweiz und in Österreich zu einem Minimum an Barmherzigkeit fähig wären.

Böhm wettete, dass nicht einmal jeder dritte Westdeutsche, Schweizer, Österreicher – damals gab es den Euro noch nicht – eine Mark, einen Franken oder sieben Schilling spenden würde für die Menschen in der Sahelzone. Verliere er, gehe er mit den Spenden persönlich nach Afrika, um dort zu helfen. In der Sahelzone, diesem riesigen Gebiet, das sich wie ein breiter Gürtel von der Atlantikküste bis zum Roten Meer quer durch Afrika zieht, waren in vielen Ländern wegen extremer Dürre Hungersnöte ausgebrochen. Entsetzliche Bilder gingen um die Welt. Staatliche und private Organisationen versuchten zu helfen, aber es schien fast unmöglich, angemessene Hilfe zu leisten.

Obwohl das Elend zahlreiche Menschen der reicheren Länder schockierte, obwohl viele spendeten, reagierte Karlheinz Böhm mit seiner Wette bemerkenswert. Er spürte die Chance, sein Leben radikal zu ändern.

Deshalb enttäuschte es ihn nicht, die Wette zu gewinnen, weil tatsächlich von den etwa 18 Millionen Zuschauern nur 1,2 Millionen Mark (gut 600 000 Euro) kamen. Er empfand diesen Vertrauensbeweis so vieler Spender aber dennoch als Auftrag, um selbst zum Helfer zu werden.

Naiv, aber nicht dumm

Es gibt inzwischen Hunderte Künstler weltweit, die allein, mit ihren eigenen oder mit traditionellen Hilfsorganisationen wie UNICEF oder »Terres des Hommes« in Armutsgebiete fliegen, um Gutes zu tun. Journalisten begleiten sie. Es führt zu medienwirksamen Fotos, wenn Berühmtheiten halb verhungerte Kinder auf den Arm nehmen oder in ihren praktischen, doch teuren Klamotten durch Slums laufen, wenn sie vor laufender Kamera weinen und dazu auffordern, die Herzen und die Geldbeutel zu öffnen. Die Stars verbessern mit solchen Aktionen ihren Ruf, aber gleichzeitig sorgen sie für mehr Geld und Aufmerksamkeit. Ohne Frage nehmen viele unter ihnen ihre karitative Aufgabe sehr ernst.

»Hilfe« ist allerdings ein viel zu einfaches Wort für das, was die Not von Milliarden Menschen wirklich beenden könnte. Selbst Organisationen, die seit Jahrzehnten Entwicklungshilfe und akute Nothilfe leisten, geben zu, dass sie – zum Teil verheerende – Fehler gemacht haben, die kurzfristig Besserung bewirkten, mittel- und langfristig aber schadeten. Heute stellen sogar angesehene Ökonomen wie Dambisa Moyo fest, dass die Entwicklungshilfe in ihrer üblichen Form keinen oder sogar einen schädlichen Effekt habe.

Wie naiv handelte Karlheinz Böhm also, selbst in die Sahelzone zu gehen! Er verstand damals etwas von der Schauspielerei, von Opernregie, von festlichen Empfängen, aber von Entwicklungshilfe oder der Sahelzone hatte er keinen blassen Schimmer.

Sein großer Vorteil bestand darin, dass er diesen Mangel klar erkannte. Böhm besaß eine Menge Spendengeld, Wut und Begeisterung. Nun musste er noch die richtigen Projekte finden. Und weil er naiv, aber nicht dumm war, stellte er eine Bedingung an die Länder, denen er Hilfe anbot: nämlich die, keine Bedingungen zu stellen. Böhm wollte volle Verfügungsgewalt über das Geld und seinen Einsatz behalten, darüber hinaus Verluste durch Korruption oder Unterschlagung verhindern. Im Oktober 1981 landete Böhm in Äthiopien, dem Land, das keine Bedingungen gestellt hatte.

Seine zweite kluge Entscheidung traf er, indem auf die Hilfsbedürftigen hörte und gleichzeitig ihre Mithilfe einforderte. Auf diese Weise kam er nicht – wie manch anderer Helfer aus den reichen Ländern – als eine Art Wundertäter, der Lebensmittelsäcke und neue Häuser hinstellt, Staudämme baut und Vieh verschenkt, was ebenso barmherzig wie arrogant wirken kann. Böhm dagegen wollte den lebenswichtigen Bedarf kennen, verlangte, tätig zu werden, stellte Mittel zur Selbsthilfe bereit. Und schließlich trat er den Äthiopiern respektvoll und neugierig gegenüber.

Aus dem finsteren Tal

In den ersten Tagen und Wochen war das schwierig. Böhm musste sich an das Höhenklima in der Hauptstadt Addis Abeba – bis 3000 Meter hoch gelegen – gewöhnen, auch verstand er keine der vielen dort üblichen Sprachen. Wie sollte er also helfen, da er selbst Hilfe benötigte?

Der Zufall spielte ihm in die Hände, denn ihm wurde als Dolmetscher Berhanu Negussie zur Seite gestellt. Der übersetzte nicht nur, sondern erwies sich zudem als guter Ratgeber. Mit ihm kam Böhm in das ostäthiopische Flüchtlingslager Babile, in dem 1500 vertriebene Halbnomaden des Hauiwa-Stammes vor sich hin vegetierten, hungerten, starben. Die Regierung, die seit sieben Jahren aus Militärs unter Mengistu Haile Mariam bestand, kümmerte sich nicht um sie. Kriege und Bürgerkriege hielten die staatliche Aufmerksamkeit gefangen.

Karlheinz Böhm beschloss, mit diesen Menschen einen Anfang zu wagen. Das hieß zuerst reden, reden, reden. Vertrauen und Verstehen fällt nicht vom Himmel. Wie leicht wäre es gewesen, hätte ein deutscher Experte ein Dorf für die Vertriebenen aufgebaut! Böhm wollte dagegen erst wissen, ob die Hauiwa überhaupt sesshaft werden wollten. Eine schwere Entscheidung für ein Nomadenvolk. Dann musste ein Platz für die neue Heimat gefunden werden. Schließlich hatten die Hauiwa ihre Häuser zu bauen, Straßen anzulegen, Brunnen zu bohren. Nur das Material kam von »Menschen für Menschen«, der Hilfsorganisation, die Böhm inzwischen gegründet hatte.

Es dauerte 14 Monate, bis die Flüchtlinge nach und nach ins Erer-Tal übersiedeln konnten, in die von ihnen erbauten Dörfer, deren Namen Worten ihrer Sprache entstammten: »Nagaya« für »Frieden«, »Abdi« für »Hoffnung« und »Biftu« »Aufgehende Sonne«. Sie besaßen buchstäblich nur die Kleider auf dem Leib, hatte keine Kenntnisse vom Ackerbau, praktisch niemand unter ihnen konnte lesen und schreiben. Die Lebensweise sesshafter Ackerbauern blieb ihnen lange fremd.

All das sollte sich ändern, doch nicht im Schnellverfahren und unter dem wohlwollenden Zwang der Europäer. Wieder verhandelte man viel, sprach darüber, wie man am besten den Boden bestellen könnte, welche Früchte, welches Getreide am besten angebaut werden, wie die Gemeinschaft in dieser ungewohnten Weise zusammenleben sollte.

So gab es anfangs Häuser für jede Familie, doch das von »Menschen für Menschen« geschenkte Vieh befand sich im Gemeinbesitz. Das wurde später geändert, da die Hauiwa auf ihr Privateigentum besser achtgaben.

Als Startkapital bekamen alle Bewohner Nagayas das Gleiche: zwei Ziegen, zwei Hühner, zwei Sack Weizenmehl, zwei Kilogramm Zucker, zwei Kilogramm Salz, einen Sack Sorghum – heimisches Getreide –, drei Kilogramm Butter, Teller und Trinkgefäße aus Blech, Töpfe, Kessel, eine Kerosinlampe und einen Liter Kerosin. Wenig und viel zugleich.

Ein Fehler war es vielleicht, dass Böhm jeder Familie zusätzlich pro Jahr 125 Kilogramm Nahrung, Speiseöl, Kerosin, zweimal im Jahr Kleidung und weitere Tiere zukommen ließ. Die regelmäßige Versor-

21   An dieses Bild musste sich die Öffentlichkeit erst gewöhnen. Karlheinz Böhm als Leiter der Organisation »Menschen für Menschen« in Äthiopien.

gung machte die Menschen abhängiger, als sie es hätten sein müssen. Und doch brachte Böhm es am Anfang nicht fertig, weniger zu geben, da er die Mittel hatte und wusste, wie arm die Menschen immer noch im Vergleich zu Europäern waren.

Ein blasser Äthiopier

Üblich wäre es gewesen, Karlheinz Böhm hätte für die weitere Betreuung des Projekts ein paar europäische Fachleute eingestellt und wäre selbst in die Heimat zurückgekehrt. Fast alle barmherzigen Künstlerkollegen machten es so. Spendenaufrufe konnte man auch am Schreibtisch zu Haus schreiben.

Stattdessen verbrachte Böhm fast sieben Jahre im Erer-Tal und in dem Land, das ihn inzwischen – als ersten Ausländer überhaupt – zum Ehrenstaatsbürger ernannt hat. Er selbst sagt oft, er sei Äthiopier, zumal er seit vielen Jahren mit einer Äthiopierin verheiratet ist.

Böhm genügt es nicht, Sparschwein und Goldesel für die Armen zu sein. Viel später sagt er: »Nachdem ich einmal gesehen habe, wie Menschen auf unserem gemeinsamen Planeten dort leben müssen, hätte ich mein altes Leben vor mir selber nicht mehr rechtfertigen können. Bis dahin tat ich alles, was ich tat, für mich. Seit 25 Jahren tue ich alles für die Menschen in Äthiopien. Dadurch habe ich den Sinn meines Lebens gefunden.«

Böhm ging es also darum, mehr Gerechtigkeit in der Welt zu erreichen, besseres Leben für möglichst viele. Aus diesem Grunde stellt »Menschen für Menschen« fast ausschließlich (99 Prozent) Äthiopier ein. Es gibt es in diesem Land, das zu den ärmsten der Welt zählt, sehr wenig Arbeitsplätze, außerdem verringern sich so Sprach- und Verständnisschwierigkeiten. Das Schlagwort »Hilfe zur Selbsthilfe« gewinnt hier eine sofort sichtbare und produktive Bedeutung.

Natürlich machten Böhm und seine Mitarbeiter immer wieder Fehler. Weil sie mit den Einheimischen eng zusammenarbeiteten, lernten sie aber schnell daraus. Fast von Beginn an unterstützte man weniger Einzelmaßnahmen, sondern konzentrierte sich auf integrierte Projekte, bei denen Bildung so wichtig ist wie Nahrungs- und Wasserversorgung, Umweltschutz so wichtig wie Gleichberechtigung.

Denn obwohl er offiziell auch Äthiopier ist, kämpft Böhm mit »Menschen für Menschen« gegen unmenschliche Traditionen an wie die allgemeine Unterdrückung der Frau. Deren schlimmste Ausprägung ist die Genitalverstümmelung, fast so übel die Verheiratung der Mädchen im Kindesalter.

Über die Dörfer und Siedlungsprojekte von »Menschen für Menschen« hinaus wirken in Äthiopien Aufklärung, AIDS-Prävention und die Einbindung der Frauen in alle Entscheidungen beispielhaft. Schnell erwies sich die Wahrheit des afrikanischen Sprichworts: »Hilfst du einer Frau, so hilfst du einer Großfamilie, hilfst du einem Mann, nur einer Person.« Deshalb vergibt die Hilfsorganisation gerne Kleinkredite an Frauen und unterstützt Spar- und Kreditgenossenschaften.

Im Laufe der Jahre konnten immer größere Projekte in Angriff genommen werden, um ganze Regionen zu unterstützen. Es entstanden drei Krankenhäuser, 80 Krankenstationen und eine Fachschule in Harar, das »Agro-Technical Training College«, an dem »Modellbauern« ausgebildet werden, die ihr Expertenwissen an die Dorfgemeinschaft weitergeben sollen. Eigeninitiative, Fleiß, Disziplin und Engagement wird hier wie in den integrierten ländlichen Projekten erwartet.

Was einer und viele vermögen

Kann man sich das vorstellen? 80 Millionen Bäume? So viele wurden in Äthiopien dank »Menschen für Menschen« und den Bauern in ihren Projekten gepflanzt. Doch diese Zahl stimmt, wenn dies Buch hier herauskommt, nicht mehr, weil die Arbeit weitergeht. Weit über 1000 Wasserstellen wurden angelegt, wobei in der Regel das Material und die technischen Kenntnisse von der Hilfsorganisation kamen, die eigentliche Arbeit aber die Menschen vor Ort verrichteten, um sich eine Zukunft aufzubauen. In 170 Schulen, die mit Spenden errichtet wurden, lernen Kinder, wie sie und ihre Familien gesünder, zufriedener und sicherer leben können. Weit über 330 Millionen Euro hat Karlheinz Böhm in knapp 30 Jahren gesammelt. Davon konnten auch 10 000 Mikrokredite an Frauen vergeben werden, 50 000 Bauern ausgebildet und fast 150 000 Äthiopier im Lesen und Schreiben unterrichtet. Alles in allem haben wohl fast vier Millionen Menschen von Böhms Hilfsorganisation profitiert, die meisten von ihnen (1,3 Millionen) im Gebiet von Illubabor.

Natürlich hätte es auch ohne »Menschen für Menschen« und die Wette im Jahr 1981 Hilfe für viele Äthiopier gegeben, schließlich gründen sich dauernd neue Hilfsorganisationen. Dennoch steht fest, dass die Entscheidung eines Mannes vier Millionen Menschen vor Hunger, Elend und Abhängigkeit bewahrte und ihnen dazu mit Bildung und Arbeit eine Perspektive für eine selbstbestimmte und sichere Zukunft gab. Ohne seinen Ruhm wäre es Böhm wohl kaum gelungen, jahrelang so viel Geld zu sammeln, so viele Menschen zu ehrenamtlicher Mitarbeit zu bewegen.

Inzwischen ist »Menschen für Menschen« derartig bekannt und stabil, dass auch der Tod Karlheinz Böhms, der über 80 ist, sie nicht erschüttern dürfte. Seine Frau und wichtige Mitarbeiterin Almaz – auf Deutsch »Diamant« – könnte jederzeit seine Stelle einnehmen. Möglicherweise wird auch sein Sohn in seine Fußstapfen treten.

Ein Held oder ein Heiliger?

Das ist eine zu Herzen gehende Geschichte: Ein junger Mann tritt aus dem Schatten des berühmten Vaters und wird Schauspieler, er hat Erfolg beim Publikum und bei den Kritikern. Er entwickelt ein aktives Gewissen, nützt die Gunst der Stunde und besorgt sich viel Geld, hilft armen Menschen, was fortan sein Lebensinhalt ist.

Solche Wendegeschichten gibt es viele.
Auch der heilige Franziskus ließ den Reich-
tum hinter sich, um für die Armen zu leben.
Der heilige Augustinus hörte eine Stimme,
die sagte »Nimm! Lies!«, weshalb er die dort
liegende Bibel aufhob, die ihn dann so packte,
dass er sein Leben vollkommen änderte und
Geistlicher wurde. Selbst »Mutter Teresa«
kennt den Moment der plötzlichen Umkehr,
dabei wollte sie schon als Kind Nonne wer-
den. Doch erst nach Jahren in Irland und in Indien als Lehrerin im
Dienste des Loreto-Ordens traf sie ein göttlicher Auftrag. Sie wusste,
dass sie von nun an mit den Armen zu leben hatte, was sie mit großer
Konsequenz tat. Deshalb wurde sie kurz nach ihrem Tod seliggesprochen.

Was unterscheidet Karlheinz Böhm von dieser Frau? Oder ähneln
sich die beiden mehr, als man denkt? Ein Heiliger, der wie Böhm
zum vierten Mal verheiratet ist? Das ist schwer vorstellbar. Ein Heiliger, dessen Hauptantrieb »Wut« heißt? Ebenso wenig. Einer, der
erst mit 53 zum Heiligen wird? Möglich, aber man stellt es sich doch
anders vor. Und dann fehlt es Böhm am missionarischen Eifer und an
der Jenseitsorientierung. Er bekennt, wie viel ihm seine Arbeit gibt,
wie viel Glück er in Äthiopien gefunden hat. Es gibt eine Form von
Gegenseitigkeit. Böhm und »Menschen für Menschen« helfen, aber
die Tätigkeit befreit den oft rastlos Unzufriedenen, der nun seinen
Platz im Leben gefunden hat, dazu noch sein privates Glück mit seiner
Frau Almaz Teshome.

»Mutter Teresa« dagegen ging von klein auf ihren christlichen,
katholischen Weg, der 1946 nur noch radikaler wurde. Für sie spielte
deshalb die Behebung der schlimmen Lebensumstände in den Slums
oder die Behandlung von Krankheiten eine geringere Rolle als die
Seelenrettung der Armen. Was mit dem Geld geschieht, das ihr Orden
einnimmt, wusste man zu ihren Lebzeiten schon nicht genau, und

noch immer veröffentlicht er keine klaren Zahlen darüber, was mit den Hunderten Millionen Euro geschieht.

Böhm und »Menschen für Menschen« lassen sich dagegen jedes Jahr die Bücher prüfen, schreiben die Einnahmen und Ausgaben in ihre Jahresberichte. So tun es die bedeutenden Hilfsorganisationen, auch »Greenpeace« oder »Ärzte ohne Grenzen«, damit die Spender sicher sind, dass ihr Geld wirklich an der gewünschten Stelle ankommt.

Trotzdem gibt es auch in Bezug auf Böhms Arbeit kritische Fragen. In den ersten Jahren hielt man ihn für etwas arrogant, weil er nicht mit anderen Hilfsorganisationen zusammenarbeitete. Angeblich behandelte er die Äthiopier zuerst nicht ganz so gleichberechtigt und respektvoll-neugierig, wie er behauptete. Unverkennbar ist, dass Böhm den Sprung ins kalte Wasser wagte, ohne genügend vorbereitet zu sein. Er selbst gesteht grundsätzliche und einzelne Fehler ein, gerade in der Anfangszeit.

Andere Fragen werden bis heute immer wieder gestellt: Warum fließt alles Geld nur in ein einziges Land? Wieso unterstützt er fast ausschließlich bäuerliche Projekte? Hat sein Einsatz überhaupt Sinn, da er nur etwa fünf Prozent der Äthiopier zugutekommt? Spielt er nicht einfach nach der Film- und Theaterkarriere nun auf der Medienbühne als Star der Barmherzigkeit? Zwingt die Forderung nach Eigeninitiative die Hilfsbedürftigen nicht zu fast unmenschlicher Arbeit, wenn sie kilometerlange Bewässerungsgräben nur mit Schaufeln graben oder Steine zum Bauen mit reiner Muskelkraft transportieren? Und schließlich: Wieso lässt sich ein Wohltäter wie Böhm mit Leuten der äthiopischen Militärregierung ein, die viele Tausend Menschen auf dem Gewissen haben, besucht sie, nimmt Ehren von ihnen entgegen?

Äthiopien ist für Böhm ein Modellfall. So wie »Menschen für Menschen« dort, sollte man auch in anderen Ländern arbeiten. Das Land gab ihm bis heute freie Hand, was erklärt, dass er selbst den diktatorisch Herrschenden ab und zu seine Aufwartung macht. Offiziell kritisiert er sie nicht, zumal er die Verantwortung für Krieg und Bürgerkrieg auch bei den reichen Ländern sieht, die armen Ländern mit viel Gewinn ihre Waffen verkaufen. Die bäuerlich-integrierten Projekte fördert seine Organisation, weil damit sehr vielen Menschen geholfen und Arbeit verschafft werden kann. Dazu erhalten sie das Land insgesamt fruchtbar, das sehr stark unter Bodenerosion leidet, seit vor gut 100 Jahren massive Rodungen begannen, denen fast der ganze Wald zum Opfer gefallen ist.

Seine Auftritte im Fernsehen und seine Zeitungsinterviews beweisen, dass er nach wie vor ein wütender Mensch ist. Er kann es nicht lassen, den reichen Ländern den Spiegel vorzuhalten: Das Bild darin sieht hässlich aus, ist die Welt doch nach wie vor ungerecht, sterben doch Millionen an Krankheiten, Hunger, Krieg und Klimawandel. Dass er und »Menschen für Menschen« keinen Bagger schicken, wenn Wasserreservoirs oder Bewässerungsgräben gegraben werden, hat schließlich den Grund, dass die Menschen das, was sie sich selbst erarbeitet haben, ganz anders schätzen und bewahren. So wirkt die Unterstützung mit Baumaterial und Planung nicht wie ein Almosen, sondern als Lohn der Anstrengung.

Stellt man »Mutter Teresa« und Karlheinz Böhm gegenüber, so fallen einige Unterschiede sofort ins Auge: Da ist einerseits die Orientierung auf die Welt, andererseits auf das Jenseits, da ist einerseits Wut, andererseits Ergebung, da ist einerseits der Wunsch, die Menschen sollten möglichst glücklich sein, da ist andererseits die Überzeugung, das irdische Leben sei ein Jammertal voll Elend und Zweifel. Man kann beides bewundern. Bei »Mutter Teresa« kam erst nach ihrem Tod noch ein weiterer Heldenaspekt heraus. Sie hatte über Jahrzehnte in ihrem Inneren gegen starke Glaubenszweifel gekämpft. Sie hatte die Empfindung, von Gott verlassen zu sein, nicht mehr in seiner Gnade zu stehen, sondern sinnlos zu existieren und gottfern Gutes zu tun.

Die Macht der Medien

Als Gemeinsamkeit der beiden fällt auf: Sie konnten nur als Prominente eine so große Wirksamkeit erzielen. Bäte ein Unbekannter die Leute um Spenden, käme niemals so eine Menge zur Bekämpfung des Elends zusammen wie durch den Aufruf des berühmten Karlheinz Böhm. Außer »Mutter Teresa« reiben sich viele Christen, ob in Orden oder nicht, im Dienst an Slumbewohnern in aller Welt auf, doch niemand wurde so zum Star wie »Mutter Teresa«. Das lag an ihrer eindrucksvollen Persönlichkeit, aber auch daran, dass ein bekannter Journalist sich unentwegt für sie einsetzte, indem er Bücher und Artikel über sie schrieb. Wie viel der besonderen Wirkung, die Böhm und »Mutter Teresa« auf Millionen Menschen ausübten, hängt wohl von diesem Glanz der Prominenz, vom millionenfach verbreiteten positiven Vorurteil ab? Irgendwann ist öffentliche Heldenverehrung ein Selbstläufer, denn Prominente sind heute schon an und für sich eine Nachricht wert. Andere Hilfsorganisationen, die mindestens ebenso wertvolle Arbeit leisten, geraten leicht in den Schatten der Barmherzigkeitsprominenz. Und wie steht es mit der Kritik? Wer wagt es noch, am Werk oder der Person einer »Heiligen« – noch ist sie ja nur zur »Seligen« aufgerückt – herumzumäkeln? Wer traut sich, den prominenten Helfern unangenehme Fragen zu stellen? Das wäre in gewisser Weise selbst heldenhaft.

EINE INSEL IM MEER DER GRAUSAMKEIT
Wie Paul Rusesabagina seine Pflicht tat,
statt mitzumorden

Er hätte wie viele seiner Landsleute in Ruanda töten, wegschauen oder
sich und seine Familie vor den mordenden Milizen in Sicherheit brin-
gen können. Stattdessen bewahrte der Hotelier Paul Rusesabagina mit
Mut, Redegewandtheit und Improvisationstalent gut Tausend Men-
schen vor einem grausamen Tod.

Die Vereinten Nationen haben im Jahr 2003 den »Internationalen
Tag des Nachdenkens über den Völkermord in Ruanda« eingeführt.
Jeweils am 7. April um 12 Uhr soll in jeder Zeitzone eine Schweige-
minute eingelegt werden für die weit über 500 000 ermordeten Bewohner des zentralafrikanischen Landes.

Ein Präsident entschuldigt sich

Neun Jahre zuvor, 1994, entschied in Ruanda die Länge der Nase, eine
Eintragung im Pass oder die Verleumdung von Nachbarn über Leben
und Tod. Mit Macheten, Hacken, Sicheln und anderen Werkzeugen
schlachteten Armee, Polizei, Milizen und einfache Leute ihre Mitbür-
ger regelrecht ab. Mitleidlos mordete man auch Frauen, Kinder und
alte Leute.

Vier Jahre später traf der US-Präsident Clinton auf dem Flughafen
der Hauptstadt Kigali ein und entschuldigte sich offiziell für das Verhalten seiner Regierung 1994, denn auch die USA sorgten damals dafür, dass der Begriff »Völkermord« in allen Dokumenten der Vereinten
Nationen vermieden wurde. Stattdessen sprach und schrieb man vom
»Bürgerkrieg« in Ruanda. Scheinbar nur ein Spiel mit Worten, handelt

es sich doch um einen juristisch wichtigen Unterschied. Die UN hätte bei einem »Völkermord« in Ruanda eingreifen müssen. Bei einem bloßen »Bürgerkrieg« nicht. Präsident Clinton gab 1998 zu, dass er und die Weltgemeinschaft eine Mitschuld an dem Völkermord tragen.

Ein Taxiunternehmer in Brüssel und seine Kindheit

Zu diesem Zeitpunkt hatte Paul Rusesabagina mit seiner Familie Ruanda schon längst verlassen, um in Belgien ein neues Leben zu beginnen. Er hatte zu viel Schreckliches gesehen, kannte zu viele Schuldige am Völkermord. Außerdem war seine Position als Hoteldirektor zu begehrt. Er fühlte sich aus seiner Heimat vertrieben. In der Fremde baute er durch harte Arbeit ein kleines Taxiunternehmen und eine Spedition in Sambia auf. Sogar für ein Haus in einem Vorort Brüssels reichte das Geld. Kaum einer seiner Nachbarn wusste, was für ein Mann da neben ihm wohnte.

Rusesabagina könnte heute zufrieden leben, und meistens tut er es auch, doch immer wieder bricht der Schrecken ein. Dann sitzen er, die Familie und oft Freunde beisammen, um über die schrecklichste Zeit ihres Lebens zu sprechen. Das Trauma wird sie nicht verlassen, aber indem sie über die Erlebnisse reden, verringern sie deren Macht über ihr Dasein.

Dass er einmal im Ausland leben würde, vermutet niemand, als Paul Rusesabagina am 15. Juni 1954 geboren wird. Der Bauernsohn aus einfachen, aber nicht ärmlichen Verhältnissen liebt das »Land der tausend Hügel«, wie man Ruanda auch nennt. Zählte man alle zusammen, wären es sogar viel, viel mehr. Mit seiner Mutter versteht sich

23 Paul Rusesabagina – hier mit seiner Frau in Brüssel 2005 – ist vielleicht das beste Vorbild, weil er das Wort und das Konzept eines Helden ablehnt. Obwohl er über Tausend Menschen das Leben rettete, bezeichnet er sich als einen ganz gewöhnlichen Menschen und fordert damit jeden dazu heraus, vernünftig und menschlich zu handeln.

Paul sehr gut. Noch mehr verehrt er den Vater, der schon weit über 60 ist und es liebt, seine Rede mit Fabeln und Sprichwörtern zu würzen. Rusesabagina merkt sie sich und benutzt sie sein Leben lang, weil sie ihm Orientierung und Halt geben. So wird er rasch redegewandt und soll Priester werden, zumal es eine der wenigen Möglichkeiten ist, eine höhere Bildung zu bekommen.

In Ruanda fehlen Familiennamen wie bei uns. Den Hauptnamen suchen die Eltern aus: Rusesabagina bedeutet »Krieger, der seine Feinde zerstreut«. Den zweiten Namen »Paul« wählt er bei seiner Taufe mit 13, weil er den Apostel Paulus schätzt. Mit 22 heiratet Rusesabagina eine Pastorentochter und studiert in Kamerun. Trotzdem wachsen Zweifel an seinem Berufswunsch.

Welch ein Glück, als er zufällig eine Stelle an der Rezeption in Kigalis Luxushotel »Mille Collines« (»Tausend Hügel«) bekommt. Fleißig, freundlich und fremdsprachenbegabt, fällt Rusesabagina dort schnell auf und darf zur Fortbildung nach Nairobi auf die Hotelfachschule. Die lange Trennung zerrüttet die Ehe, so dass man sich 1981 scheiden lässt. Er bekommt das Sorgerecht für die drei Kinder.

In den nächsten Jahren geht es mit ihm steil bergauf. Erst wird er stellvertretender Generaldirektor im Hotel »Mille Collines«, 1992 dann im »Hotel des Diplomates«. 1987 schließt er eine zweite Ehe mit Tatiana, einer Tutsi, wohingegen er selbst offiziell zu den Hutu gezählt wird.

Die verderbliche Macht der Geschichten

Vor 1994 kannte kaum jemand außerhalb Ruandas die Bezeichnung »Tutsi« und »Hutu« oder »Bahutu« und »Batutsi«, doch in dem Land selbst und im Nachbarland Burundi entwickelte sich schon vor langer Zeit aus diesen Zuschreibungen eine tödliche Gefahr.

Ruanda ist 1994 eine Demokratie. Seine 7,5 Millionen Einwohner bilden zusammen Banyarwanda (»die Bevölkerung von Ruanda«) und sind in 18 Clans organisiert. Das Land hat eine der höchsten Geburtenraten der Welt – 8,2 Kinder pro Frau im Durchschnitt – und ist extrem dicht besiedelt. Land und Jobs sind knapp und umkämpft. Mit dem Problem sieht sich ja schon Dian Fossey konfrontiert, als sie die Gorillareservate vor Bauern und Viehbesitzern bewahren will. Gleichzeitig hat Ruanda sehr viel fruchtbares Land, das intensiv bebaut wird.

Deshalb riss sich das Deutsche Reich im 19. Jahrhundert Ruanda als Kolonie unter den Nagel. Ihm folgten im 20. Jahrhundert die Belgier, und sie legten das Fundament für einen der schlimmsten Völkermorde aller Zeiten. Sie schrieben eine Aufteilung der Bevölkerung in Hutu und Tutsi fest; seit 1933 auch in jedem Pass.

Dabei handelt es sich ursprünglich bei den Bezeichnungen nicht einmal um solche für Stämme oder gar Rassen. Sie dienten vor Jahrhunderten dazu, Leute ohne Viehbesitz zu benennen (Hutu), die sich oft als Gefolgsleute an reichere anschlossen, und Viehbesitzer (Tutsi). Wenn ein Tutsi verarmte, konnte er also Hutu werden. Kam ein Hutu zu Besitz, wurde er Tutsi. Geschichten über die angebliche Zuwanderung der Tutsi nach Ruanda um 1500 aus Äthiopien sind erfunden. Die belgischen Kolonialherren legten auch noch willkürlich körperliche Rassenmerkmale fest: Wer eine etwas längere Nase hatte, hochgewachsen, schlank und etwas europäischer aussah, wurde zum Tutsi erklärt, wer eine breitere Nase hatte, etwas gedrungener und afrikanischer wirkte, zum Hutu. Dabei sprechen Hutu und Tutsi dieselbe Sprache, haben die gleiche Religion, gleiche Spiele, Traditionen und heiraten immer wieder untereinander.

Diese völlig willkürliche Bevölkerungsaufteilung sät Streit unter den Ruandern, denn die Belgier vertrauen den Tutsi alle wichtigen Posten an, wohingegen die Hutu in dienende Tätigkeiten gedrängt werden. Man muss sich das so vorstellen, als gäbe man bei uns alle guten Stellen den Linkshändern, während die Rechtshänder nur noch Hilfsarbeiter sein dürften.

Die Belgier begnügen sich nicht mit diesem künstlich geschaffenen Rassismus, sie verstärken ihn durch Propaganda. Unentwegt verbreiteten sie, Hutu seien dumm, hässlich und zum Dasein als Knechte bestimmt, Tutsi dagegen schön, klug und geborene Herren.

Dass die rassistische Unterscheidung nur aus Machtdenken erfunden wurde, erweist sich nach dem Zweiten Weltkrieg. Da lassen die Belgier die Tutsi plötzlich fallen und setzen die Hutu als Herrscher ein. Nach Jahrzehnten der Unterdrückung zeigen die sich gegenüber den Tutsi unbarmherzig. In den Jahren 1959 bis 1961 wird der König, der immer noch ein Tutsi war, gestürzt, ungefähr 250 000 bis 500 000 Tutsi werden vertrieben und viele umgebracht.

Seit der Unabhängigkeit von Belgien 1962 kommt es immer wieder zu kleineren und größeren Mordserien an Tutsi, so 1963, 1967 und 1972, wobei inzwischen das Aussehen über Leben und Tod entscheiden kann. Es ist überlebenswichtig, eine breitere Nase zu haben und nicht zu groß zu sein.

Doch auch die vielen vertriebenen Tutsi versuchen mehrfach, militärisch eine Rückkehr in ihre Heimat zu erzwingen. 1994 leben immerhin ungefähr eine Million Tutsi in Uganda, Kenia und Burundi. Sie gründen die Patriotische Front (FPR) mit einer Armee von 15 000 Mann, die von den USA unterstützt wird, während die Hutu-Regierung Ruandas von den Franzosen Militärhilfe empfängt. So erfolgreich kämpft die Armee der FPR, dass sie die Regierung in Ruanda – unter dem Einfluss der Vereinten Nationen – zum Frieden von Arusha bewegen kann, in dem eine Rückkehr der Tutsi und ihre Beteiligung an der Macht ausgehandelt wird. Eine Friedensmission der UN soll die Umsetzung des Abkommens unterstützen.

Doch in Ruanda hat die Regierung unterdessen Milizen unter dem Namen »Interahamwe« (»die, die zusammenhalten« oder »die, die zusammen angreifen«) aufgestellt. Die bewaffneten Abteilungen außerhalb von Militär und Polizei sollen das Tutsi-Problem endgültig lösen. Außerdem unterstützt die Regierung die Gründung des angeblich unabhängigen Radiosenders RTLMC (»Radio Television Libre des Mille Collines«). Er macht in ihrem Sinne Propaganda und bringt Hass-Sendungen gegen die Tutsi.

Man setzt auf die Angst der Bevölkerung vor der Rückkehr von einer Million Tutsi. Die Hutu-Regierung geht nun so weit, offen Völkermordpläne zu verbreiten: Wenn es in Ruanda keine Tutsi mehr gebe, müsse man keine Familien zusammenführen. Außerdem schrecke eine Mordaktion die Heimkehrwilligen endgültig ab. Aus diesem Grunde sammelt man auf Listen die Namen aller Tutsi, außerdem die Namen der Hutu, die einem Frieden mit den Tutsi außerhalb Ruandas positiv gegenüberstehen. Man bestellt als Todeswerkzeug Tausende Macheten, billige Hackmesser, um den Völkermord unauffällig vorzubereiten.

»Fällt die hohen Bäume!«

Ruanda ist damals kein friedliches Land, aber es hat anscheinend erfolgreiche Friedensgespräche gegeben, und eine UN-Friedenstruppe ist stationiert. Die internationale Öffentlichkeit engagiert sich.

Paul Rusesabagina ist allerdings klar, dass die Spannungen schlimmer werden. Das Hass-Radio ruft immer deutlicher zum Mord an den Tutsi auf; Einzelne werden sogar mit Namen genannt. Die Moderatoren bedienen sich dabei einer kaum verschlüsselten Sprache. Sie sagen: »Fällt die hohen Bäume!« Es bedeutet, dass man die angeblich hochgewachsenen Tutsi umbringen soll. Dennoch rechnet niemand mit dem, was dann geschieht.

Am 6. April 1994 ergeht der Befehl zum Völkermord, als die Privatmaschine des ruandischen Präsidenten durch tragbare Raketen abgeschossen wird, wobei die Präsidenten Ruandas und Burundis, der Stabschef Ruandas und einige Stabsoffiziere umkommen. Nur eine Stunde später beginnt das systematische Morden mit Hilfe der Einwohnermeldeamtslisten. Dahinter steckt keine spontane Aktion der rassistischen Bevölkerung, sondern ein Plan von Regierungsmitgliedern, Militärs und Milizenführer der »Interahamwe«. Sie nutzen das Radio zur Koordinierung ihrer Aktionen. Überall errichtet man Straßensperren, damit niemand entkommen kann. Ungezählte Tutsi und gemäßigte Hutu werden von den Milizen getötet, während gleichzeitig das Radio alle Hutu zum Töten der Tutsi auffordert.

Entsetzt beobachtet Paul Rusesabagina, wie viele Leute dem Aufruf folgen, sich Uniformen anziehen, Macheten in Empfang nehmen und erbarmungslos ihre Nachbarfamilien zerhacken. Manche machen aus Angst freiwillig mit, andere werden von den Milizen gezwungen. Je mehr Mitschuldige es gibt, umso weniger ist eine Rückkehr zur Normalität zwischen Hutu und Tutsi möglich. Angeblich beteiligen sich fast 200 000 Hutu an den Morden, sogar Frauen und Kinder.

Fast nirgendwo gibt es Schutz. Selbst Hospitäler und Kirchen sind keine sicheren Zufluchtsorte, denn sie werden im Radio als Waffenlager bezeichnet und gestürmt, die Leute dort umgebracht – so bestialisch, wie man es sich nicht vorstellen kann. Wenigstens stellen sich einige Priester und Ärzte den Mördern in den Weg.

Seine Arbeit tun

Als Sohn eines Hutu und einer Tutsi, gilt Paul Rusesabagina als Hutu, weil die offizielle »Rassenzugehörigkeit« nach dem Vater bestimmt wird, seine Frau als Tutsi, seine Kinder aber als Hutu. Warum sein Haus in den ersten Stunden des Völkermords unbelästigt bleibt, während man nebenan tötet, weiß er nicht, doch es spricht sich herum. Schon am Tag nach dem Abschuss der Präsidentenmaschine befinden sich 32 Gefährdete in seinem Haus. Manche sind Freunde, andere einfach Nachbarn oder entfernte Bekannte. Ein Entkommen scheint unmöglich zu sein.

Seltsamerweise geht Rusesabagina in diesen Stunden der schrecklichsten Bedrohung seine Pflicht als Hoteldirektor des »Hotel des Diplomates« und als Beauftragter für das »Mille Collines« nicht aus dem Sinn. So entschließt er sich, mit der Familie, den Freunden und Nachbarn im Konvoi zum »Hotel des Diplomates« zu fahren, um dort nach dem Rechten zu sehen. Ob es Sicherheit bietet, weiß niemand.

Erst geht es gut, doch an einer Straßensperre wird er von Milizionären aufgefordert, seine Pflicht als Hutu zu tun und die »Kakerlaken« – so nennt man die Tutsi verächtlich – umzubringen. Im Radio beschreibt man das auch als »seine Arbeit tun«. Es ist das erste Mal, dass Rusesabagina seine Redegabe für das Überleben anderer einsetzt. An dieser Straßensperre gilt nur reine Willkür. Links und rechts türmen sich Leichen, doch solange er redet, muss er nicht töten und wird nicht getötet. Rusesabagina verhandelt mit den Milizionären, er verspricht ihnen einen Kopfpreis für jeden. So erreicht der Konvoi das rettende Hotel, wo er mit Geld aus dem Safe die Mörder zum Abziehen bewegen kann.

Die Familie entschließt sich, im Hotel zu bleiben. Das »Mille Collines« gehört wie das »Hotel des Diplomates« der staatlichen belgischen Fluggesellschaft »Sabena«. In den 112 Zimmern des Luxushotels hielten sich vor dem Völkermord meistens ausländische Gäste auf. Es gab Konferenzräume, Boutiquen, eine Bar und ein Panoramarestaurant. Am Swimmingpool fanden wichtige Gespräche zwischen Ausländern und Ruandern oder auch von Ruandern untereinander statt. Rusesabagina kennt aus dieser Zeit bedeutende Leute aus der Regierung, aus dem Militär und der Miliz, darunter auch Verantwortliche für den Völkermord. Als Hotelier hat er sich über Jahre notiert, welche Posten jemand hat, welche Titel, was für Vorlieben und natürlich seine Telefonnummer. Jetzt setzt er alle Verbindungen ein, um möglichst viele Menschen zu retten.

Es gelingt ihm, eine Straßensperre der Miliz vor dem Hotel entfernen zu lassen, wodurch noch mehr Flüchtlinge zu ihm kommen können. Rusesabagina lässt sie umsonst wohnen. Nur Alkohol muss bezahlt werden. Er tut so, als seien es Gäste. Dabei verschlimmern sich die Zustände rasch. Schließlich ist das Gebäude nicht für 1268 Flüchtlinge gebaut.

Außerhalb der nur zwei Meter hohen, dünnen Umzäunung geht

das Morden weiter, sterben Verwandte und Freunde. Damit keine Panik aufkommt, versucht Rusesabagina, eine Art Normalität aufrechtzuerhalten. Regelmäßig findet im Tanzsaal die katholische Messe statt. Trotz der Enge überlässt man Paaren ab und zu ein Zimmer für sich, so dass einige Frauen schwanger werden. Es kommt sogar zu einer Hochzeit.

Alle Entscheidungen im Hotel trifft eine Art Regierung mit Paul Rusesabagina als Leitung und fünf Gästen als Rat. Weil die UN-Friedenstruppe viel zu klein ist und von ihrer Zentrale am Eingreifen gehindert wird, versucht der Hoteldirektor verzweifelt, die internationale Öffentlichkeit aufzurütteln. Die Weltgemeinschaft zögert aber weiter.

Mitte April stellt man ihnen Wasser und Strom ab. Die Dunkelheit zermürbt die Hotelbewohner, die längst zu zehnt in einem Zimmer hausen, auf den Gängen, in den Sälen. Lebensbedrohlich ist der Durst. Rusesabagina rationiert das Wasser, doch selbst der große Tank ist bald geleert. Da greift er auf den Swimmingpool mit 350 000 Litern zurück, der nun Wasser für alle liefern muss. Gekocht wird im Freien: zwei Mahlzeiten am Tag, nachdem die Vorräte aus den Kühlschränken aufgebraucht sind. Ab und zu kann Rusesabagina einkaufen, aber Lebensmittel sind schwer zu bekommen. Ende April wird die Telefonleitung gekappt. Zum Glück weiß niemand von der zweiten Leitung für das Fax. So besitzt Rusesabagina weiterhin eine lebenswichtige Verbindung zur Außenwelt.

Warum die Milizen das Hotel nicht einfach stürmen, ist nicht ganz klar. Ist es das internationale Image? Zum Teil. Wichtiger sind mächtige Leute, die Rusesabagina mit Bestechung bei Laune hält. Die Mörder vor dem Tor rechnen indessen damit, dass die schreckliche Lage die Bewohner irgendwann zur Flucht triebe. Außerhalb des »Mille Collines« könnte man sie dann unauffällig beseitigen. Längst ist aus dem Luxushotel ein Elendsquartier geworden. Man kann sich nicht mehr waschen, es fehlt an Kleidung, die Klospülung funktioniert nicht.

Und dann dringen immer wieder Milizionäre ein, um jemanden zu

holen. Rusesabagina verwickelt sie in Gespräche, besticht sie, schmei-
chelt ihnen und schafft es, dass sie abziehen. Er sucht jedes Mal verzweifelt die menschliche, eitle oder unsichere Seite der Mörder. Dank
seiner Redegabe gelingt es. Seine Überzeugung: Menschen handeln
nicht aufgrund von Tatsachen, sondern von Gefühlen und Überzeugungen. Tatsachen dienen zur nachträglichen Begründung der Entscheidung. Man muss jemanden zum Reden bringen, dann ist eine
Veränderung möglich.

Paul Rusesabagina wurde später vereinzelt kritisiert, weil er mit
dem zweiten Mann der »Interahamwe«-Miliz, Georges Rutaganda,
gut bekannt war und mit ihm Geschäfte machte. Doch dieser und
andere gefährliche, anrüchige Kontakte erweisen sich als hilfreich
und überlebenswichtig. So umstellen Milizen am 23. April das Hotel,
verlangen die Räumung und wollen alle Bewohner auf der Straße er-
morden. Rusesabagina kann General Ndindiliyimana dazu bewegen,
einen hochrangigen Offizier ins Hotel zu schicken, der den Massenmord verhindert. Ähnliche Beinahe-Katastrophen kann Rusesabagina
nur mit viel Glück und Geschick abwenden. Manchmal besticht er,
manchmal droht und blufft er aber auch und kann einmal sogar einen
Tankwagen mit Wasser und dazu weitere Flüchtlinge ins Hotel bringen lassen.

In seinem Buch »Ein ganz gewöhnlicher Mensch« schreibt er:
»Ich bin ein Hoteldirektor, der seine Arbeit macht, wie es sich gehört.
Viel mehr lässt sich darüber nicht sagen. (…) Als die Milizen mit den
Todesbefehlen für meine Gäste kamen, führte ich die Mörder in mein
Büro, setzte ihnen zuvorkommend Bier und Kognak vor und über-
redete sie, es mit ihrer Pflicht an diesem Tag nicht so genau zu neh-
men. (…) Ich weiß heute noch nicht, warum diese Männer mir nicht
einfach eine Kugel in den Kopf jagten und alle Bewohner der oberen
Stockwerke umbrachten, doch diese zerbrechliche Schutzmauer aus
Gesprächen und Getränken hielt 76 Tage lang. Keiner der Flüchtlinge
in meinem Hotel wurde getötet. Keiner geschlagen. Keiner entführt,
um auf immer zu verschwinden.«

Am bedrohlichsten ist es am 17. Juni, denn an diesem Tag dringt die Miliz ins Hotel ein, als Rusesabagina gerade General Augustin Bizimungu besucht. Der begleitet ihn immerhin ins »Mille Collines«, wo die Miliz die Gäste schon am Swimmingpool zur Erschießung zusammengetrieben hat. Noch immer herrscht genügend Ordnung im Land, um den Befehlen des Generals Autorität zu verschaffen. Die Milizionäre ziehen ab, die Gäste sind gerettet.

An diesem Tag entschließen sich die ruandische Armee, die Rebellenarmee und die UN-Friedenstruppe, das »Mille Collines« zu evakuieren; nach insgesamt 76 Tagen. Inzwischen ist klar, dass die Armee der vertriebenen Tutsi den Sieg davontragen wird. Nun fliehen Hunderttausende Hutu aus Angst vor Rache. Auch die wütende Rebellenarmee tötet massenhaft – man spricht von 25 000 bis 60 000 Opfern.

Im Juli gelingt es langsam, Frieden im Land herzustellen. Über eine Million Hutu sind da bereits – mit Hilfe Frankreichs und der USA – über die Grenze geflüchtet. Über eine halbe Million Tutsi und gemäßigte Hutu sind innerhalb von 100 Tagen bestialisch ermordet worden.

Die Schande der Welt

Paul Rusesabagina kann es nur als ein Wunder ansehen, dass alle im Hotel überlebten. Ohne ihn wäre es allerdings nie dazu gekommen. Wie leicht hätte er seine Verbindungen nutzen können, um sich und seine Familie zu retten! Doch er blieb, weil das sonst die Flüchtlinge im Hotel dem sicheren Tod überantwortet hätte.

Der Völkermord verschonte seine Familie trotzdem nicht. Zwei seiner Geschwister wurden umgebracht, sein Schwager und dessen Frau, weitere Verwandte, dazu unzählige Freunde und Bekannte.

Die Arbeit erscheint ihm nach dem Ende des Grauens als ideale Ablenkung. Er renoviert das »Milles Collines« und bringt das »Hotel des Diplomates« in kurzer Zeit auf Vordermann. Nachdem die Welt viel zu lange abgewartet hat, fallen nun Heerscharen von Journalisten und Diplomaten über das Land her. Und natürlich wollen sie luxuriös untergebracht werden.

Der Untersuchungsbericht der Vereinten Nationen zeigt, dass die Schande der Welt noch größer ist. Seit dem 22. Oktober 1993 befand sich der Leiter der UN-Friedensmission Roméo Dallaire in Ruanda. Insgesamt 2500 Blauhelm-Soldaten sollten mit ihm dafür sorgen, das Friedensabkommen zwischen der Armee der vertriebenen Tutsi und der ruandischen Regierung umzusetzen. Doch es dauerte zu lange, bis die volle Truppenstärke der Blauhelme erreicht wurde, und sie reichte nicht aus. Die Soldaten wurden viel zu schlecht auf ihren Einsatz vorbereitet, die Kommunikation und die Befehlskette war oftmals nicht gesichert, so dass Truppenteile nicht taten, was ihnen befohlen wurde.

Das größte Problem war, dass die Blauhelme nur beobachten und ihre Waffen zur Selbstverteidigung einsetzen durften. Dabei gab es schon im November und Dezember mindestens 60 Morde, die offensichtlich gegen das Friedensabkommen gerichtet waren.

Am 11. Januar wollte General Dallaire schließlich eingreifen. Er hatte von einem vertrauenswürdigen Informanten erfahren, dass in Geheimverstecken Waffen und Namenslisten für einen systematischen Völkermord gesammelt würden. In einem dringenden Appell an seine Führung in New York bat der General um die Erlaubnis, im Namen der Vereinten Nationen den drohenden Völkermord zu verhindern. Die Zentrale lehnte jedoch ab und beorderte Dallaire zum ruandischen Präsidenten, der die Waffenverstecke ausheben sollte. Doch der steckte selbst hinter den Völkermordplänen.

Als das Töten begann, war es zu spät. Wenige Monate zuvor hätte man mit relativ wenig Risiko die Regierung und ihre Milizen von der Entschlossenheit der Weltgemeinschaft überzeugen können. Doch im Hauptquartier der UN hatte man Angst. Kurz zuvor – bei einem Einsatz in Somalia – hatte es nämlich bei einem Einsatz von Blauhelmen mehrere Tote gegeben. Unter anderem waren zwei US-Hubschrauber abgeschossen worden, US-Soldaten von einer aufgebrachten Menge gefoltert, umgebracht und die Leichen im Triumphzug durch die Straßen geschleift worden. Die komplizierte Lage in Ruanda weckte ungute Erinnerungen an Somalia. Gleich zu Beginn des Völkermords hatte man dort zehn belgische Blauhelm-Soldaten bestialisch ermordet: aus klarer Berechnung. Die Mörder wollten die UN durch diese Tat von einem Eingreifen abschrecken. Tatsächlich zog nicht nur Belgien darauf seine Soldaten ab. Wegen Somalia wollten die UN den drohenden und dann den tatsächlichen Völkermord in Ruanda nicht sehen.

Dabei zeigten selbst die wenigen UN-Soldaten, die in Ruanda geblieben waren, dass sie etwas bewirken konnten, dass sie Mut besaßen und Menschen retten konnten. Es ist von immerhin etwa 30 000 die Rede. In anderen Fällen aber versammelten sich Ruander in ihrem Schutz, ohne zu ahnen, dass die UN-Soldaten wenig später wegbefohlen würden. Es war ihr sicherer Tod. Die 13 Kanadier und 450 afrikanischen UN-Soldaten leiden bis heute daran, dass man sie nicht handeln ließ. Roméo Dallaire versuchte zweimal, sich umzubringen. In einem dicken Buch versuchte er, sich die Verzweiflung von der Seele zu schreiben. Dort heißt es: »Ich weiß, dass es einen Gott gibt, (…) weil ich in Ruanda dem Teufel die Hand geschüttelt habe. Ich habe ihn gesehen, gerochen und berührt. Ich weiß, dass es den Teufel gibt, und deshalb weiß ich, dass es einen Gott gibt.«

Die Waffe des Einzelnen

Das Ausmaß des Völkermords in Ruanda ist unglaublich. Keine Familie, in der nicht Täter, Opfer oder beides zu finden wären. Jeder Einzelne traf eine Entscheidung, sich dem Töten in den Weg zu stellen oder mitzumachen. Paul Rusesabagina war nicht der Einzige, der Menschenleben rettete. Es gab Ärzte in Hospitälern, die den Mördern den Zutritt verweigerten, oder den Pater Célestin Hakizimana, der seine Kirche zum Asyl für 2000 Menschen machte. Viele vollbrachten mutige Taten, von denen man hier nichts weiß.

Rusesabagina sagt über sie: »Sie handelten anständig und ließen sich durch den Ausbruch des kollektiven Irrsinns nicht von ihrer Überzeugung abbringen, dass in der Welt im Grunde Anstand und Vernunft regieren. (…) Deshalb glaube ich, dass die stärkste Waffe des Einzelnen sein hartnäckiger Glaube an den Triumph des ganz normalen Anstands ist.«

Heute, 15 Jahre nach den Massakern, befinden sich noch immer ungefähr 100 000 des Völkermords Verdächtige in menschenunwürdigen Gefängnissen. Die Justiz Ruandas kommt mit der riesigen Zahl der Angeklagten nicht zurecht – schließlich starben auch sehr viele Juristen im Völkermord. Eine echte Demokratie hat sich heute in Ruanda nicht durchgesetzt, und es wird viele Rusesabaginas benötigen, um einen neuerlichen Ausbruch von Rassenhass zu vermeiden. Immerhin schaffte man noch 1994 die Eintragung der »Rassenzugehörigkeit« in den Pässen ab und verbot sogar das Gespräch über Tutsi und Hutu. Ob so ein Gesetz den Frieden sichern kann? Es ist jedenfalls ein Anfang.

Paul Rusesabagina wurde einige Jahre später berühmt, als Drehbuchautoren seine Taten in einen Spielfilm verwandelten, der 2004 unter dem Titel »Hotel Ruanda« lief. Plötzlich bekam er Preise, traf den US-Präsidenten Bush, hielt Vorträge in aller Welt und gründete eine Stiftung. Sie unterstützt Bildung und Gesundheit von Waisen und obdachlosen Kinder in Ruanda. Es sind Hunderttausende. Systematisch wurden 1994 zwischen 250 000 und 500 000 Frauen vergewaltigt und viele dabei mit Aids angesteckt. Das Leid ihrer Kinder zu lindern und ihnen eine Perspektive zu eröffnen, dafür setzt er sich heute ein. Leben kann er in Ruanda aber nicht mehr.

ZWEI KÜNSTLICHE BOMBEN UND EIN HIRN
Erin Brockovichs Erfolg im Kampf gegen
einen Milliardenkonzern und ihr »Geheimrezept«

Sie hat sehr viel Pech im Leben gehabt und verliert trotzdem nicht den Mut: Erin Brockovich. Das erweist sich für die Einwohner des Ortes Hinkley, die an mysteriösen Gesundheitsproblemen leiden, als Glücksfall. Obwohl Brockovich keine juristischen Kenntnisse hat, arbeitet sie sich erfolgreich in die schwierigen Hintergründe eines Umweltskandals ein. Am Ende erreicht sie zumindest eine hohe Entschädigung der Bewohner.

Gegen den Kapiteltitel, ja gegen ihre Anwesenheit in diesem Buch würde Erin Brockovich protestieren. Immer wieder betont sie, dass sie erstens keine Heldin ist im Vergleich mit richtigen Helden und zweitens nicht allein gehandelt hat. Sie und ihr Chef Edward L. Masry brauchten die Unterstützung weiterer Rechtsanwälte, um den Bewohnern der kalifornischen Ortschaft Hinkley zu einem unglaublichen Triumph zu verhelfen. Drittens gebe es kein Rezept für Erfolg, auch wenn sie in ihrem Buch »Gib niemals auf!« ein paar gute Ratschläge parat hat. Brockovich ist überzeugt davon, dass jeder den richtigen Weg selbst finden muss. Genau dafür ist sie aber doch ein gutes Beispiel, ebenso wie für Herz und erfrischende Offenheit.

Eine Heldin auf Umwegen

Brockovich erzählt oft und gern, dass sie wegen ihrer Lernschwäche in der Schule sehr große Probleme hatte. Lehrer und Mitschüler hielten sie für eigenartig, ja dumm, fanden sie aber ganz hübsch. Sie selbst fühlte sich nicht blöd und bewies mit guten mündlichen Noten, dass sie nur im Lesen und Schreiben behindert war. Zum Glück fand sie bei ihren Eltern Rückhalt, Bestätigung und einen Vorrat an tröstlichen Weisheiten. Außerdem legten sie viel Wert auf Ehrlichkeit und Anständigkeit. Als Teenager lehnte sich Brockovich zwar dagegen öfters auf, später verstand sie all das aber als eine Art langfristige Entwicklungshilfe. Erst auf der High School erkannte eine Lehrerin endlich ihre Legasthenie und half ihr. Inzwischen regierte in Brockovich jedoch die Versagensangst so stark, dass sie sich einredete: »Wenn man keine Lehrveranstaltungen besucht, kann man nicht versagen.« Statt zu lernen, feierte sie also. Die Konsequenz: ein schlechtes Zeugnis. Ihr Vater nahm sie von der High School und riet dem gut aussehenden Teenager, auf die Handelsschule zu gehen. Er hoffte, dass ihr Bruder, der in derselben Stadt wohnte, auf sie aufpassen würde. Weiterhin hatte sie vor allem Feiern im Sinn, machte aber immerhin einen Abschluss in Modevertrieb und Raumdesign. Da war sie 19.

Die nächsten Jahre arbeitete sie mal hier, mal da, ohne zu wissen, was sie wirklich wollte. Eine kurze Zeit nahm sie sogar an Miss-Wahlen teil und wurde 1981 »Miss Pazifikküste«. Ihr Aussehen war ihr sehr wichtig, und sie kleidete sich gerne in kurzen Röcken und sexy Oberteilen. Damit erregte sie einerseits Aufsehen, verstärkte andererseits ihr Image vom hübschen Dummchen.

Eine Ehe samt schwieriger Schwangerschaft machte nichts besser. Sie verlor deswegen sogar ihre Arbeit. Ihr Mann betrog sie nach einiger Zeit. Weil sie wieder schwanger war, trennte sie sich nicht von ihm. Immerhin bekam sie Arbeit in einem Maklerbüro. Mit einem der beiden Chefs, Steve Brockovich, trat sie nach ihrer Scheidung 1987 als dessen persönliche Assistentin eine neue Stelle an. Mit dem neuen Mann und dem neuen Namen lief es nicht besser. Es gab Streit mit ihrem ersten Mann, der keinen Unterhalt für die Kinder zahlen wollte, und mit ihrem zweiten Mann, weil er gegen ihre Arbeit war. Von Selbstbewusstsein konnte keine Rede sein.

Da kam Erin Brockovich auf die Idee, sich die Brüste vergrößern zu lassen. Die meisten Männer reagierten sofort positiv. Dabei ging es natürlich nicht um ihre Person, sondern nur um ihre Oberweite;

eigentlich keine große Überraschung. Die dritte Schwangerschaft überforderte sie schließlich. Sie trieb das Kind ab. Sie kam aus den Krisen nicht mehr heraus. Magersucht und plötzliche Panikattacken quälten sie. Schließlich musste sie in ein Krankenhaus. Dort half man nicht nur ihrem Körper. Eine Ärztin riet ihr, mit sich selbst zu sprechen. Tatsächlich kam Brockovich auf diese Weise viel besser mit sich und der Welt zurecht.

1990 reichte sie die Scheidung ein und zog Bilanz: Sie war knapp 30, zweimal geschieden, hatte zwei Kinder, dazu eine Brustvergrößerung, Magersucht und eine Abtreibung hinter sich. Als wäre ihr Leben nicht verworren genug, wurde sie bei dem vergeblichen Versuch, die Beziehung mit Steve Brockovich zu kitten, wieder schwanger. Noch eine Abtreibung wollte sie nicht.

Der rettende Autounfall

Erin Brockovich stand nun allein da. Sie suchte sich eine neue Stelle und arbeitete als einfache Bedienung. Gespart hatte sie fast nichts.

Da fuhr ihr jemand in ihr altes Auto. Weil sie schwanger war, konnte sie nicht geröntgt werden. So erkannte niemand, dass sie einen Wirbel gebrochen hatte. Unter schlimmsten Rückenschmerzen brachte Brockovich im April 1991 ihr drittes Kind zur Welt. Danach versuchte sie, vom Unfallgegner wenigstens Schmerzensgeld zu bekommen; vergeblich.

In Los Angeles lernte sie einen Mann namens Jorge kennen. Er riet ihr, sich einen besseren Anwalt zu leisten und ihre Rückenschmerzen untersuchen zu lassen. Die Ärzte stellten fest, dass sie sofort operiert werden musste. Nach der komplizierten Operation fühlte sich Brockovich fast am Ende. Doch nun begann auch noch ihr Exmann Steve einen Sorgerechtsstreit, in dem viel schmutzige Wäsche gewaschen wurde. Den absoluten Tiefpunkt erreichte sie, als kurz darauf ihr Bruder Tommy an einem allergischen Schock starb.

Der Verlust machte sie aber stärker. Sie besann sich auf die alten Familienwerte und hörte auf ihren Vater, der ihr gesagt hatte: »Du musst da durch!« Plötzlich ergaben sich positive Veränderungen. Steve Brockovich tat der Tod ihres Bruders so leid, dass er die Sorgerechtsklage fallen ließ und Unterhaltszahlungen leistete. Der Prozess gegen den Unfallgegner führte zwar zu nichts, doch der Ärger über ihren Anwalt, dessen Kanzlei sie praktisch nie zurückrief, brachte sie auf eine Idee. Sie bot an, in Zukunft den Telefondienst zu übernehmen. Erin Brockovich boxte sich förmlich in die Stelle rein, denn sie verstand von Jura ja gar nichts. Tatsächlich bekam sie die Stelle. Ihr Erfolg war umso überraschender, als sie sich weiter auffällig und sexy anzog – das genaue Gegenteil einer zurückhaltend gekleideten Rechtsanwaltsgehilfin.

Offensichtlich stellte sie sich klug an, denn nach einiger Zeit bekam sie sogar Akten auf den Schreibtisch, wenn es auch solche waren, die niemand sonst haben wollte. Dabei stieß sie zum ersten Mal auf den Namen Hinkley.

Umsonst, aber in jeder Hinsicht lohnend

Hinkley ist eine Ansammlung von Häusern in Südkalifornien. Rundherum trockenes Land, aber immerhin viel Sonne. Dort wohnte Roberta Walker. Die Firma »Pacific Gas & Electric« wollte ihr das Haus abkaufen – wie schon einer großen Anzahl ihrer Nachbarn. Walker wollte jedoch nicht weg, denn es ging ihr gesundheitlich nicht besonders. Weil »Pacific Gas & Electric« sie sehr bedrängte, bat sie den Partner von Edward Masry um Hilfe. Der schob den lästigen »Fall« wiederum Masry zu. Weil es um eine Art Freundschaftsdienst ging, für den nichts bezahlt wurde, machte der Anwalt etwas Seltsames. Er stellte er den Karton mit den Akten zu Roberta Walkers Fall auf Brockovichs Tisch. Was sollte die Hilfskraft schon damit anfangen? Brockovich sah sich trotzdem den ganzen Wust von Material an und stieß dabei überraschenderweise auf einen Bluttest. Es ging darin um die viel zu hohe Zahl weißer Blutkörperchen. Brockovich fuhr daraufhin die gut 200 Kilometer nach Hinkley und sprach mit Roberta Walker. Die erzählte, dass außer ihr auch viele der Leute, deren Häuser die Firma »PG&E« schon gekauft hatte, krank seien.

Damit begann eine vier Jahre dauernde Mission für Erin Brockovich. Sie erkannte einen Zusammenhang zwischen den Rückständen der chemischen Verbindung Chrom-6 im Grundwasser Hinkleys und den Krankheiten sehr vieler Bewohner. Nun musste sie noch ihren Chef überzeugen, dass sie auf etwas Wichtiges gestoßen war, dass Menschen in Hinkley durch die Rückstände der Firma im Grundwasser vergiftet worden sein könnten. Schwierig war es zum einen, das Misstrauen der Betroffenen zu überwinden. Sie glaubten einfach nicht, dass ein Konzern mit einem guten Ruf wie »PG&E« etwas Schlimmes getan haben könnte. Schwierig war es zum anderen, die Gesetze und ihre Tücken zu verstehen, zu begreifen, was gesetzlich erforderlich und erlaubt war. Am schwierigsten war es aber für Brockovich, ihre regelmäßig auftretenden Krisen und Selbstzweifel zu überwinden. Es war ja alles ein paar Nummern zu groß für sie.

David ist eine Frau

Brockovich wusste, dass »PG&E« wichtig war, dass es um einen Konzern mit 30 Milliarden Dollar Umsatz ging, erfuhr sie erst im Lauf der Ermittlungen. Und die stellte sie lange Zeit ganz allein an. In der Kanzlei lächelte man über die Hilfskraft in den seltsamen Klamotten und ihren »Fall«. Die Sache war nämlich schon verjährt; keine Chance auf einen Prozess.

Das erinnerte an die Geschichte von David und Goliath aus der Bibel. Der junge Hirte David will seinen Brüdern, die im israelitischen Heer gegen den feindlichen Stamm der Philister kämpfen sollen, eigentlich nur etwas von daheim bringen. Als er zum Heer kommt, herrscht dort große Verzweiflung. Jeden Tag tritt ein riesiger Philister an die Front, beschimpft die israelitischen Kämpfer und besonders ihren Gott. Weil er so riesenhaft ist, traut sich niemand, gegen ihn anzutreten. Alle zittern. Da bittet David um Erlaubnis, für seinen König und für seinen Gott zu kämpfen. Nach langem Zögern gibt der König seine Einwilligung und David eine Rüstung. Die ist ihm viel zu schwer, er ist ja fast noch ein Knabe. So geht er lieber in seiner Hirtenkleidung auf Goliath zu. Unterwegs sammelt er fünf Kiesel auf und verlässt sich auf seine Steinschleuder. Der Philister spottet über David. Er lacht den wahnwitzigen Winzling aus. David achtet nicht darauf. Er legt einen Stein in die Lederriemen, lässt seine Steinschleuder kreisen und trifft dann mit großem Schwung Goliaths Stirn so gut, dass der bewusstlos zu Boden kracht: wie ein gefällter Baum. David nimmt das Schwert seines Gegners und haut ihm den Kopf ab. Dass ein Hirtenknabe ihren stärksten Mann besiegt, lässt die Philister verzweifeln und fliehen.

Erin Brockovich glich David, »PG&E« Goliath: Eine alleinerziehende Mutter, die aus Nettigkeit bei einem Provinzanwalt arbeiten darf, greift einen Milliardenkonzern an, der sich die besten Anwälte des Landes leisten kann. Wie David nutzte Brockovich ihren Vorteil, der darin bestand, dass sie von ihren Gegnern unterschätzt wurde. Wer achtete schon auf eine vollbusige Blondine, die in kurzen Lederröcken und knappen Bustiers tote Frösche aus Wasserbecken fischte?

Brockovich suchte nach handfesten Beweisen und Widersprüchen in dem immer umfangreicheren Material. Sie ging mit gesundem Menschenverstand, ja einer gewissen Naivität an die Sache. Und sie sprach immer wieder mit den Leuten aus Hinkley. Die vertrauten ihr schon deshalb mehr als irgendwelchen »Rechtsverdrehern« in der Stadt. Brockovich wusste auch, wann sie mit ihrem Latein am Ende war und Hilfe brauchte. So wandte sie sich bei technischen Fragen an ihren Vater, der Ingenieur war.

Ohne Juristen ging es trotzdem nicht. Edward Masry vertrat die fachliche Seite, Brockovich die eines Schnüfflers, der unermüdlich für Gerechtigkeit kämpft. Doch die Kosten für die rechtlichen und chemischen Analysen, für Gutachter, Reisen und weitere Anwälte schnellten in die Höhe. Inzwischen waren es zwei Millionen Dollar. Masry hätte eigentlich in Rente gehen wollen. Nun arbeitete er weiter und nahm sogar eine Hypothek auf sein Haus auf, um den Fall zu finanzieren. Vier Jahre später waren mehrere Rechtsanwaltskanzleien an der Sache und nicht weniger als zehn Millionen Dollar weg. Tatsächlich finden alle zusammen einen Weg, die Verjährungsfrist zu umgehen und 36 Musterprozesse zu führen. Vor allem konnten sie den Richtern und Geschworenen glaubhaft machen, dass »PG&E« der Verursacher der Grundwasserverseuchung ist. Um eine Verurteilung zu vermeiden, schlägt der Konzern einen Vergleich vor. Für die Schadenersatzsumme von 333 Millionen Dollar an 634 Kläger lässt man die Klage fallen.

Triumphe und Fragen

In den fünf Jahren nach dem Sieg über den Goliath »P&G« starben 50 der Kläger. Bei einem Drittel von ihnen stand der Tod in unmittelbarem Zusammenhang mit der Vergiftung. Ihnen half das Geld nichts. Und doch waren auch sie damals überglücklich, als die Schuldigen öffentlich Verantwortung übernommen hatten.

Edward Masry bezeichnete Erin Brockovich als Heldin. Er wusste genau, dass es allein ihrer Findigkeit und Hartnäckigkeit zu verdanken war, dass es zu diesem ganz und gar unwahrscheinlichen Ergebnis kommen konnte. Für Brockovich, die oft verzweifelt gewesen war, bestätigte der Erfolg ihre Überzeugung, man müsse nur lange genug nach einer Lösung suchen und möglichst tun, was man für richtig hält. Der Erfolg war für sie auch ein Sieg über ihre verkorkste Vergangenheit, über ihre Selbstzweifel und über alle Spötter.

Zwei besondere Qualitäten?

Es dauerte vier Jahre bis zum Vergleich mit »PG&E« und dann noch einmal zwei Jahre, bis die Entschädigungen gezahlt wurden. Sechs Jahre lang kämpfte Brockovich, obwohl der Ausgang unklar war. Doch sie wollte Gerechtigkeit, wollte den Verantwortlichen für die Vergiftung des Grundwassers finden und haftbar machen. Dass es ihr wirklich gelang, führten einige auf ihr Aussehen zurück. Als hätten ihre kurzen Röcke und ihre großen Brüste ihre mangelnden Kenntnisse ausgeglichen. In einem Online-Chat fragte einmal jemand: »Erin, glaubst du, deine Schönheit hat dir geholfen, den Fall zu gewinnen?« Erin Brockovich-Ellis (inzwischen ist sie zum dritten Mal verheiratet) antwortete: »Oh, danke schön! Ich habe mich selbst nie so gesehen. Meinen Sie meine Möpse? ›Man nennt sie Möpse, Ed‹. Ja, das habe ich gesagt. Haben sie mir geholfen, einen Fuß in die Tür zu kriegen? Vielleicht. Aber wenn man mal drin ist, muss man irgendetwas anderes haben, hoffentlich ein Hirn, um mit der Arbeit weiterzumachen.«

Im Film sieht alles anders aus

Die Geschichte Erin Brockovichs machte ein paar Jahre später die Schauspielerin Julia Roberts um 20 Millionen Dollar reicher. So viel bekam sie für die Hauptrolle in dem Film »Erin Brockovich«. Die echte kommt – wie auch Edward Masry – übrigens kurz in einer Nebenrolle vor.

Seit der Film in die Kinos kam, hat sich Brockovichs Leben noch stärker verändert. Sie spricht von dem Sahnehäubchen auf dem Schokoladenkuchen ihres Lebens. Allerdings meint sie damit, dass die von ihr heiß bewunderte Julia Roberts sie verkörperte. Sie meint nicht den Presserummel, die massenhaften Anrufe, Briefe, Mails, nicht die Neider und Psychopathen, die es in so einem Fall fast zwangsläufig zu geben scheint. Nebenbei gesagt: Der Film spielte fast so viel Geld ein, wie Brockovich von der Firma »Pacific Gas & Electric Utility Corporation« einklagen konnte.

Es macht großen Spaß, den Film des Regisseurs Steven Soderbergh über den Kampf um Gerechtigkeit anzusehen, nicht nur wegen Julia Roberts. Er ist lustig, gefühlvoll, spannend und doch realistisch, obwohl er märchenhafte Passagen hat. Eine wahre Geschichte, die Jahre dauerte, wird hier auf 130 Minuten zusammengedrängt und schon dadurch dramatischer, märchenhafter. Die Wirklichkeit dahinter sieht etwas anders aus.

Ein Glückskind?

Für ihre Arbeit an dem Fall bekam Erin Brockovich 2,5 Millionen Dollar. Eine riesige Summe. Die verringerte sich um eine Million Dollar Steuern. Immer noch blieb ihr sehr viel Geld. Sie kaufte sich ein großes Haus, das mit Chemikalien verseucht war: Alles in allem musste sie eine Million investieren. Zwei ihrer Kinder hatten Drogenprobleme, der Sohn mit 14, die Tochter mit 13. In die Therapien steckte sie eine viertel Million. Bleiben noch 250 000 Dollar. Das ist viel mehr, als Brockovich je erträumte. Außerdem arbeitete sie weiter und bekam Geld für die Verfilmung.

Der gewonnene Fall und der Film veränderten vieles und machten manches auch schwieriger. Ihr Exmann und ein Lebensgefährte versuchten, sie zu erpressen; vergeblich. Brockovichs Zuversicht und Tatkraft beeinträchtigte das nicht. Bald vertraten sie und die Kanzlei Masrys rund 1000 Kläger in Kettleman gegen »PG&E«, wo es ebenfalls um Chrom-6-Vergiftungen wie in Hinkley ging. Seitdem folgten Hunderte Vorträge, Recherchen, Preise und Umweltfälle!

Ihre Erfahrungen und Lehren versuchte Brockovich in dem Buch »Gib niemals auf!« weiterzugeben. Darin stecken einfache Ideen, viele sind nicht neu, und die meisten klingen sehr amerikanisch, aber es steckt viel Energie in dem Buch, von der man sich anstecken lassen

24 Erin Brockovich wurde durch den Hollywood-Film über ihren Einsatz für die Opfer einer Umweltverschmutzung so berühmt, dass sie u. a. diese Autogrammkarte anfertigen ließ.

kann. Brockovich rät, bei sich anzufangen, statt die Schuld und die Schwierigkeiten immer bei anderen zu suchen. Dass man sich nicht danach richten soll, was die anderen über einen denken, sondern an sich selbst glauben muss. Dass man sich nicht in Neid oder Bewunderung verlieren soll. Schließlich weiß man nie, ob die beneideten Menschen überhaupt glücklich sind. Am wichtigsten findet sie, was ihr Vater ihr mal schrieb, der wiederum den amerikanischen Präsidenten Calvin Coolidge zitiert: »Mach weiter! Ausdauer lässt sich durch nichts ersetzen. Ohne Ausdauer ist jedes Talent verschwendet, denn es gibt genügend Menschen, die Talent, aber keinen Erfolg haben. Genies erreichen ohne Ausdauer nichts auf dieser Welt – das verkannte Genie ist zu einem sprichwörtlichen Phänomen geworden. Bildung nützt nichts ohne Ausdauer – es gibt jede Menge gebildete Obdachlose. Einzig Ausdauer und Entschlossenheit können etwas bewirken. ›Weitermachen!‹ Nur damit ließen und lassen sich die Probleme der Menschheit bewältigen.« Am Ende des Buches fragt Erin Brockovich provozierend: »Warum können wir nicht unsere eigenen Helden sein?«

LAUTER UNBEKANNTE
Über die Möglichkeit, mehr als ein Held zu sein

Meine wichtigsten Helden heißen Ira und Ethan. Ich lernte sie vor ein paar Jahren kennen. Meine Frau und ich fuhren bei einem USA-Urlaub am Pazifik entlang, südlich von San Francisco. An einem Küstenabschnitt, der »Scott Creek Beach« heißt, will ich wenigstens einmal kurz das Meer genießen. Draußen auf den Wellen wagen Surfer kühne Sprünge. Die Sonne scheint, der Wind ist nicht zu kräftig, der Strand fast ganz leer. Die drei Warntafeln am Parkplatz überfliegen meine Frau und ich nur, weil wir ja nicht schwimmen, höchstens etwas planschen wollen.

Ich suche mir eine Stelle in der Nähe der Surfer aus, die draußen auf den Wellenkämmen schnell dahingleiten. Gut schwimmen kann ich nicht, weshalb ich nur so weit in den Pazifik gehe, dass ich noch gut stehen kann; bis zum Knie reicht das Wasser. Es ist sehr kalt. Meine Frau dokumentiert mit dem Fotoapparat meinen Mut. Kurz gehe ich ein wenig in die Knie, um mich an die Temperatur zu gewöhnen. Eine Welle kommt, keine große, vielleicht nur einen halben Meter hoch, aber erstaunlich stark. Sie reißt mich von den Beinen, was ich noch lustig finde, denn ich bewege mich ja nur ein paar Meter vom Strand entfernt. Um mich über Wasser zu halten, muss ich zwei, drei Schwimmzüge machen, und als ich an Land laufen will, finden meine Füße keinen Halt – nur Sandbrei, keinerlei Widerstand. Das kurze Schwimmen hat genügt, mich sechs, sieben Meter weit hinauszuziehen. Nun schwimme ich also richtig und strenge mich an, komme aber nicht näher an den Strand, sondern treibe weiter weg. Für meine Frau ist die Welt noch in Ordnung, sie macht ein weiteres Bild. Nur ich weiß, dass mir diese Strömung keine Chance lässt.

Kurz überlege ich, ob ich zu panisch reagierte, wenn ich jetzt um Hilfe riefe. Mein kleiner Bruder fällt mir ein, der 1973 in der Nordsee ertrank; ich war zehn, er acht. Für Nachdenken ist jetzt keine Zeit mehr. Besser zu früh Hilfe holen als zu spät. Ich winke und rufe laut, schon über zehn Meter entfernt, zweimal: »Help!« Der Brandungslärm übertönt meine Stimme, und mit dem englischen Wort rechnet meine Frau gar nicht. Sie winkt zurück und macht ein drittes Foto. Es hätte das letzte von mir sein können.

Da bemerke ich 20, 30 Meter entfernt einen Surfer. Ich strecke einen Arm weit aus dem Wasser und winke, schreie, so laut ich kann. Tatsächlich sieht er mich, ändert seinen Kurs, kommt auf mich zu. Später bemerke ich, dass er wie alle Surfer zum Schutz vor den heftigen Wellen Wachs in den Ohren hat, mich also nur sehen, nicht hören konnte. Es war reiner Zufall, dass er zu mir schaute und die Wellen freie Sicht ließen!

Inzwischen hat meine Frau begriffen, dass ich in Not bin, wirft die Kamera, die Uhr weg und will – mit Kleidung – ins Wasser. Als ich das sehe, winke ich verzweifelt mit der flachen Hand zum Strand, brülle: »Bleib draußen, bleib draußen!« Wenn ich schon nicht gegen die Strömung ankomme, wie sollte sie es dann mit Kleidung schaffen! Sie versteht mich wegen der lauten See wieder nicht. Zum Glück schlagen sie die starken Wellen zweimal zurück an den Strand.

Der Surfer ist jetzt bei mir. Ich fühle mich gerettet, klammere mich an sein Brett, bedanke mich heftig, bevor die nächste Welle über uns zusammenschlägt. Kurz versuchen wir beide, uns am Brett zu halten und Richtung Strand zu schwimmen, doch wir kommen nicht vorwärts. Der Surfer fragt mich entsetzt: »You know how to swim!?« (»Sie können doch schwimmen?«) Ich antworte: »Not too well.« (»Nicht besonders.«) Schon wieder eine Welle, die uns überrollt, während wir weiter hinausgezogen werden. Da weist er mich an, auf sein Surfbrett zu klettern, und versucht mit aller Kraft, mich aus dem Meer zu schieben. Ohne Erfolg: »Ich kann Sie nicht zum Strand schieben«, keucht er. Worauf mir nur einfällt: »Und was machen wir jetzt?«

Vom Strand aus hat meine Frau wunderbarerweise einen zweiten Surfer auf uns aufmerksam machen können, der rasch auf uns zugepaddelt kommt. Wie eine Flunder liege ich auf dem Brett und will nur noch gerettet werden, will meine Frau trösten und dass alles ein glückliches Ende hat. Der zweite Surfer fordert den ersten auf, sich an seiner Leine festzuhalten, die alle dabeihaben, um ihre Surfboards in den Wellen nicht zu verlieren. So spannt er sich vor den ersten, schlägt jedoch im Gegensatz zu ihm einen schrägen Kurs zum Strand ein und kommt so aus dem Sog der Strömung. Beide schwimmen kräftig, ich versuche durch Paddeln zu helfen, und so gelangen wir erstaunlich schnell nah an Land. Doch erst als mich der erste Surfer auffordert »Jetzt gehen Sie!«, lasse ich das Surfboard los und taumle ans rettende Ufer, um meine Frau zu umarmen.

Den beiden Surfern, die sich schon entfernen, rufen wir total erschöpft ein »Thank you, thank you!« nach und »Sie haben wirklich mein Leben gerettet«. Wir wanken zum Auto, trocknen uns kurz ab, zitternd vor Schrecken und Kälte. Drei Meter entfernt die Warnschilder, die ich jetzt doch genauer lese. Das linke allein genügt, denn dort wird vor fünf *marine hazards*, also »Meergefahren« mit Zeichen und Schrift gewarnt: »HAIE«, »KALTES WASSER«, »PLÖTZLICHE HOHE WELLEN / STARKE WINDE« und in der Mitte steht »REISSENDE STRÖMUNG, DIE UNTER DIE WASSEROBERFLÄCHE ZIEHT«. Genau dieses tödliche Phänomen zog meinen kleinen Bruder, der nicht schwimmen konnte, vor über drei Jahrzehnten in die Nordsee. Auf dem Schild hier am kalifornischen Strand steht das rettende Verhalten: nicht zum Strand, sondern zur Seite, aus dem Sog herauszuschwimmen. Was für ein Glück, dass ich nur in eine starke Strömung geriet, die aber nicht unter Wasser zog!

Mein dämlicher Leichtsinn wird mir jetzt erst klar. Ich sehe, dass meine Retter sich noch an ihrem Wagen unterhalten, und laufe barfuß, in Badehose und T-Shirt zu ihnen, um mich ausführlich zu bedanken. Ethan und Ira heißen sie und nehmen ihre Tat als selbstverständlich, sind zufrieden, geholfen zu haben, lachen nachsichtig, als ich mich selbst beschimpfe. Nur meine Bemerkung »Ich weiß nicht, was ohne Sie aus mir geworden wäre!« kommentiert Ira trocken: »Haifischfutter.«

Ich weiß, dass weder Ethan noch Ira sich als Helden fühlten, vielleicht haben sie den Vorfall schon vergessen, aber mir haben sie das Leben gerettet. Ihnen dieses Buch zu widmen war Ehrensache.

Als ich übrigens kurz nach dem Vorfall versuchte, Ira eine E-Mail zu schreiben, kam die Antwort, diese Adresse existiere nicht mehr. Beiden Surfern habe ich zwar damals meine Visitenkarte gegeben, doch ich habe nie mehr etwas von ihnen gehört.

Helden des Augenblicks

Für solche Menschen gibt es Lebensrettungsmedaillen, manchmal sogar lobende Worte in den Medien. So wie für die drei Jungs, die vor Kurzem in München einen bewusstlosen Mann aus dem Eisbach retteten. Die Erwachsenen in der Nähe hatten sich nicht getraut. Für die drei war es auch gefährlich. Ihre Kraft reichte gerade aus, den Mann ans Ufer zu bringen.

Es gibt wahrscheinlich Millionen solcher Heldengeschichten zu erzählen, in denen junge oder alte Menschen, Frauen oder Männer ohne langes Nachdenken große Risiken eingehen, um das Leben eines anderen zu bewahren. Sehr oft weiß man nichts von ihnen, weil – wie in meinem Fall – alle Beteiligten ihrer Wege gehen und die Sache nicht an die große Glocke hängen, als wäre es selbstverständlich.

Niemand ist verpflichtet, sein Leben in Gefahr zu bringen, um andere zu retten. Aber es ist wichtig, darüber zu berichten, wenn es jemand getan hat. Vielleicht führt alleine der Gedanke an so ein Beispiel dazu, über den eigenen Schatten zu springen, die eigene Angst oder Trägheit zu überwinden und Zivilcourage zu zeigen.

Man kann sogar trainieren, ein Held zu sein. Besser gesagt: Es gibt Übungsprogramme der Polizei und anderer Organisationen, bei denen man lernt, was man in gefährlichen Situationen am besten tut, was man lassen sollte, wie man möglichst erfolgreich handeln kann. Wenn eine Gruppe jemanden in der U-Bahn oder im Bus bedroht, soll man sich dann einmischen? Es könnte die Täter reizen. Vielleicht wird man selbst angegriffen. Bei der Polizei kann man so eine Situation durchspielen. Obwohl es nur ein Training ist, verfällt man schnell in Unsicherheit, fühlt sich unwohl und wäre am liebsten anderswo. Schon diese Erfahrung ist wertvoll, wertvoller noch sind die Tipps der Polizei fürs richtige Verhalten, die man gleich umsetzen kann. So wachsen Selbstbewusstsein und Mut. Man lernt, Gefahren zu erkennen und einzuschätzen, sein Einfühlungsvermögen zu trainieren.

Helden des Alltags oder »Wir sind Helden«

Menschen, die in Hospizvereinen ihre Zeit mit Sterbenden verbringen, besitzen es. Manchmal kommt der Tod schnell, manchmal dauert es Monate. In jedem Fall steht fest, solchen unheilbar Kranken können Ärzte nur noch die Schmerzen und andere quälende Krankheitsumstände lindern. Umso wichtiger sind die vielen, die in Hospizen ehrenamtlich als Sterbebegleiter arbeiten. Sind sie Helden?

Was ist mit Menschen, die sich manchmal jahrzehntelang um behinderte Angehörige kümmern? Ist das heldenhaft oder nur aufopferungsvolle Verwandtenliebe? Jedenfalls verlangt es große Kraft und – im Gegensatz zu spontanen Heldentaten täglich neuen Mut. Ich bewundere solche Menschen, zumal sie selten offizielle Anerkennung finden. Sie handeln, weil sie etwas für notwendig und richtig halten.

Der Alltag steckt voller Möglichkeiten, sich hilfreich und menschlich zu verhalten. Das muss nicht immer gleich heldenhaft sein. Die Welt für veränderbar zu halten reicht eigentlich oft schon, um klarer zu sehen. Sogar für Menschen, die gar nicht sehen können.

Sabriye Tenberken ist blind. Sie und ihr Lebensgefährte Paul Kronenberg haben vor gut sieben Jahren die Organisation »Braille without Borders« gegründet, was man mit »Blindenschrift ohne Grenzen« übersetzen könnte. Tenberken hatte bei Aufenthalten in Tibet bemerkt, wie schwer es die Blinden dort haben. Sie entwickelte deshalb eine tibetische Blindenschrift. Zusammen mit Kronenberg sammelte sie Spenden. So konnten sie in Tibet ein Ausbildungszentrum für Blinde gründen, die dort die Schrift, zwei Fremdsprachen und einen Beruf erlernen können. Vorträge, Preisgelder und Buchhonorare ermöglichen den ständigen Ausbau der in Tibet einmaligen Einrichtung. Wie formulierte Antoine de Saint-Exupéry: »Man sieht nur mit dem Herzen gut, das Wesentliche ist für die Augen unsichtbar.«

Besondere Sehkräfte hat auch Harriet Bruce-Annan und dazu ein gutes Gedächtnis. Sie wurde in Accra, der Hauptstadt Ghanas, geboren. Obwohl sie 1991 nach Düsseldorf kam, wo sie heute noch lebt, vergaß sie nie das Elendsviertel Bukom. Dort lebte nämlich ihre Großmutter. Bruce-Annan fand es schrecklich, wie viele Kinder dort nicht zur Schule gehen konnten und in ärmlichsten Verhältnissen lebten. Obwohl sie in Deutschland bereits als Reinigungskraft arbeitete, nahm sie noch einen weiteren Job als Klofrau in einer Kneipe an. Damit verdiente sie Extrageld für ein Projekt, das Kindern aus Bukom eine bessere Zukunft sichern sollte. Erstaunlich viele Menschen spendeten, und so konnte sie ihren Traum in die Wirklichkeit umsetzen. Zunächst konnten 26 Kinder zwischen vier und elf Jahren in einer Art Wohnheim untergebracht, in den Kindergarten und in die Schule geschickt werden. Essen und Kleidung bekommen sie auch. Dazu haben sie Betten und sogar Angestellte, die sich um die Hausaufgabenbetreuung kümmern. Inzwischen konnte Bruce-Annan ein Grundstück mit zwei Häusern erwerben und weitere Kinder aufnehmen.

Es kostet sehr viel Energie, seinen Traum vom Helfen in die Wirklichkeit umzusetzen. Manchmal führt eine selbst gewählte Aufgabe zur Selbstaufgabe, wie es Stella Deetjen erlebte. Als sie auf einer Indienreise am Ganges einen Schmerzanfall hatte, fragte sie ein Mann mit Lepra, ob er ihr helfen könne. Kurz darauf begann sie, sich für Leprakranke einzusetzen, die in Indien als Ausgestoßene leben. Sie lernte Menschen kennen, die ihr von der Heilbarkeit der Krankheit erzählten, die ihr Geld anvertrauten. Inzwischen leitet sie den Verein »Back to life«, der Häuser kaufen konnte, in denen indische Straßenkinder Unterkunft und Ausbildung bekommen. Ihr privates Dasein litt unter ihrem Engagement für die Leprakranken und Straßenkinder. Doch sie nahm es hin.

Das waren nur drei kleine Geschichten aus unserer Zeit über selbstloses und beeindruckend mitmenschliches Verhalten. Man hört solche Heldengeschichten gerne. Ihren eigentlichen Sinn entfalten sie erst, wenn sie einem die Augen öffnen für das, was möglich und veränderbar ist, für die Erkenntnis, dass man selbst etwas tun kann. Man muss nicht gleich die ganze Welt retten wollen. Man muss sich nicht einreden, dass man ein besserer Mensch ist als andere. Man muss nicht mehr tun, als man leisten kann. Man muss »nur« mit etwas anfangen. Das alleine ist schon eine kleine Heldentat.

Eine noch größere Heldentat bestünde darin, sich nicht so viel mit Personen zu beschäftigen, sondern mit Gegebenheiten, nicht so sehr auf Helden zu achten, sondern auf die Argumente, nicht so sehr Vorbilder zu bewundern, sondern Vernunft und Herzensklugheit auszubilden. Geschichten über Menschen beeinflussen unser Leben zu Recht. Es besteht aber die Gefahr, dass wir Politiker oder andere einflussreiche Persönlichkeiten nach ihrem Charakter beurteilen statt nach ihren Taten und Aussagen. Es kostet mehr Zeit und Hirn, sich mit Sachfragen zu beschäftigen, als mit menschlichen Fragen. Schon deshalb sollte man jeder Heldenverehrung – auch der in diesem Buch – mit gehörigem Misstrauen entgegentreten, mit dem Mut zur eigenen Meinung und zur eigenen Tat.

EINE HELDENLISTE
zum Weiterlesen, Bewundern, Verwundern,
Streiten, Ergänzen

Die hier versammelten 200 Heldinnen und Helden, haben nur gemeinsam, dass sie bekannt sind. Schon das ließe sich allerdings bezweifeln, kennt man einige doch nur in ihrem Land und andere hauptsächlich in bestimmten Gruppen, beispielsweise unter Ärzten oder Feministinnen. Viele gehören zu den problematischen Helden, weil sie menschlich Großes und Unmenschliches getan haben, gleichzeitig oder nacheinander. Einige gelten den einen als verachtenswerte, den anderen als bewundernswerte Menschen. Es sind Frauen, Männer, Helden aus Sagen und Literatur, junge und alte, sanfte und brutale, liebenswerte und abweisende.

Dass viele, viele fehlen, liegt daran, dass ich irgendwann zu erschöpft war, denn immer wieder kamen neue Namen von Freunden oder Bekannten, fielen mir ganz wichtige Helden ein. Es ist unmöglich, alle Helden aufzuführen, aber doch wohl möglich, zum Nachdenken anregend, sehr viele aufzulisten.

Auffällig ist, dass ganze Gruppen fehlen, die Sport-, Schauspieler- und Musikerhelden – die darf sich jeder selbst aussuchen. Überhaupt kann man durch Streichen und Ergänzen die Liste den eigenen Überzeugungen und Vorlieben anpassen. Ach ja, und alle Helden, die im Buchtext vorkommen, führe ich hier nicht noch einmal auf.

Für mich erscheint nach der Arbeit an dieser Liste jedenfalls der fragende Titel des Buches noch angemessener zu sein: »Wann ist ein Held ein Held?«

Helden mythischer Zeiten der Antike

Gilgamesch (ca. 2750–2600 v. Chr., König von Uruk, der später zur Sagengestalt und literarischen Figur wird)
Enkidu (sagenhafter Freund Gilgameschs)
die Pandavas Arjuna, Yudhishthira, Bhima, Nakulam und Sahadava (sagenhafte indische Heldenbrüder aus dem spannenden Epos »Mahabharata«)
Herakles / Herkules (sagenhafter griechischer Halbgott, Totschläger, Kämpfer gegen Ungeheuer und Unrecht)
Jason (sagenhafter griechischer Held, der die Argonautenfahrt unternahm und das Goldene Vlies stahl)

Medea (sagenhafte kolchische Königstochter, ohne die Jason erfolglos geblieben wäre, Kindermörderin)

Bellerophon (sagenhafter griechischer Halbgott, der die Chimäre tötete)

Perseus (sagenhafter griechischer Halbgott, der die Medusa tötete)

Theseus (sagenhafter griechischer Königssohn, der den Minotaurus tötete)

Ariadne (sagenhafte kretische Königstochter, mit deren Hilfe Theseus dem Labyrinth des Dädalus entkommen konnte)

Penthesilea (sagenhafte Halbgöttin, Königin der Amazonen, vom Griechenheld Achill vor Troja getötet)

Achill (sagenhafter griechischer Held, der vor Troja kämpfte)

Agamemnon (sagenhafter griechischer König, der vor Troja kämpfte)

Odysseus (sagenhafter griechischer König, der vor Troja kämpfte und eine zehnjährige Irrfahrt erlebte)

Penelope (sagenhafte griechische Königin und kluge Ehefrau des Odysseus)

Ajax Telamonius (sagenhafter griechischer Kriegsheld in der »Ilias« des Homer, wo er als »höchster unter den Achäern« und als mutigster Krieger in Agamemnons Heer bezeichnet wird)

Hektor (sagenhafter trojanischer Königssohn und Kriegsheld der »Ilias«)

Paris (sagenhafter trojanischer Königssohn, Frauenheld, raubte Helena und löste den Trojanischen Krieg aus)

Aeneas (sagenhafter trojanischer Held und sagenhafter Gründer Roms in der »Aeneis« des Vergil)

Dido (sagenhafte Königin der Phönizier, von Aeneas betrogen)

Nimrod (sagenhafter König, Urenkel Noahs und großer Jäger aus der Bibel)

Gideon (Richter und Kriegsheld aus dem Alten Testament)

Samson (Richter und Kämpfer aus dem Alten Testament)

Salomo (König Israels aus dem Alten Testament)

Romulus (sagenhafter Gründer Roms)

Gaius Mucius Scaevola (sagenhafter Kriegsheld Roms)

Artemisia von Halikarnassos (geboren im 6. und gestorben im 5. Jh. v. Chr., Regentin von Halikarnassos, Befehlshaberin in der persischen Flotte bei der Seeschlacht von Salamis 480 v. Chr.)

Themistokles (ca. 525–459 v. Chr., griechischer Politiker und Militärführer, der 480 v. Chr. bei Salamis die persische Flotte vernichtete)

Leonidas (490–480 v. Chr. König von Sparta, hielt mit 300 Kämpfern ein überlegenes persisches Heer bei den Thermopylen auf)

Hippokrates von Kos (ca. 460–370 v. Chr., griechischer Heilkundler, einflussreichster Arzt der Antike, begründete die wissenschaftliche Medizin)

Alexander der Große (356–323 v. Chr., makedonischer König und Kriegsheld)

Königin Kandake von Meroe (um 323 v. Chr., nubische Herrscherin, die das Reich von Kush, wie Nubien einst genannt wurde, gegen Alexander den Großen verteidigte, indem sie dem Makedonen auf einem Kampfelefanten entgegenritt)

Hannibal Barkas (246–183 v. Chr., karthagischer Feldherr)

Gaius Julius Caesar (100–44 v. Chr., römischer Feldherr, Politiker und Diktator)

Gnaeus Pompeius Magnus (106–48 v. Chr., römischer Feldherr, Politiker und Piratenbekämpfer)

Arminius / Hermann der Cherusker (17 v. Chr.–21 n. Chr., Fürst und Sieger in der Schlacht im Teutoburger Wald)

Jesus von Nazareth (ca. 9 v. Chr.–ca. 30 n. Chr., jüdischer Wanderprediger, Religionsstifter, Messias, Gottessohn)

Cú Chulainn (sagenhafter keltischer Kriegsheld)

Gunther, Gernot, Giselher, Krimhild / Gudrun (sagenhafte königliche Heldengeschwister im »Nibelungenlied«)

Brünhild (sagenhafte Königin von Island im »Nibelungenlied«)

Hagen von Tronje (sagenhafter engster Vertrauter König Gunthers und Siegfried-Töter im »Nibelungenlied«)

Siegfried (sagenhafter Drachentöter und Königssohn aus Xanten im »Nibelungenlied«)

Attila (gestorben 453 n. Chr., König der Hunnen)

Volker (sagenhafter Spielmann und Ritter im »Nibelungenlied«)

Beowulf (keltischer sagenhafter Ungeheuertöter, Kriegsheld und vom Ungeheuer getötet)

König Artus und die Ritter der Tafelrunde (keltische Sagenfiguren der Spätantike)

Dietrich von Bern / Theoderich der Große (um 454–526 n. Chr., sagenhafter und historischer Gotenkönig)

Hildebrand (sagenhafter Waffenmeister und Kampfgefährte Dietrichs von Bern)

Imru l Qais (vorislamischer Ritter-Dichter)

Roland (sagenhafter Paladin Karls des Großen)

Hussein Ibn Ali (627–680, arabischer Religions- und Militärführer, Enkel des Propheten, starb in der Schlacht von Kerbela und gilt den Schiiten als Märtyrer)

Libussa (sagenhafte böhmische Wahrsagerin und Herrscherin)

Rustem / Rostam (persischer Held aus dem spannenden Epos »Shah-Nameh«)

Momotarou (sagenhafter japanischer Held, der einem Pfirsich entspringt und mit seinen Freunden, einem Hund, einem Affen und einem Vogel, mächtige Dämonen besiegt)

Helden des Mittelalters und der Neuzeit

Mansur Al-Halladj (857–922, persisch-arabischer Mystiker [Sufi] und Märtyrer)

Abu Zaid al-Hilali (10. Jahrhundert, Hauptfigur des nach ihm benannten mündlich überlieferten arabischen Heldenepos)

Erik der Rote (ca. 950–1006, Wikinger, Entdecker, der zur Sagengestalt und literarischen Figur wird)

El Cid (um 1043–1099, spanischer Ritter, der später zur Sagengestalt und literarischen Figur wird, Nationalheld Spaniens)

Igor Swjatoslawitsch (russischer Fürst und Kriegsheld des Mittelalters)

Sindbad, der Seefahrer (sagenhafter Abenteurer aus der arabischen Geschichtensammlung »Tausendundeine Nacht«)

Robin Hood (sagenhafter englischer Bogenschütze, Räuber und Kämpfer gegen Ungerechtigkeit)

Hildegard von Bingen (1098–1179, deutsche Äbtissin, Mystikerin, Heilkundlerin, Komponistin)

Friedrich I. Barbarossa (ca. 1122–1190, deutscher Kaiser und Kriegsheld, der später zur Sagengestalt und literarischen Figur wird)

Saladin (1137/38–1193, kurdischer Kriegsheld, Sultan, der später zur Sagengestalt und literarischen Figur wird)

Richard Löwenherz (1157–1199, englischer König, Ritter und Kreuzfahrer, der später zur Sagengestalt und literarischen Figur wird)

Minamotono Yoshitsune (1159–1189, japanischer General und Krieger, stirbt mit seiner Familie durch seppuku)

Dschingis Khan / Temudschin (1155/1162/1167–1227, Mongolenherrscher, Eroberer)

Franz von Assisi (1181/82–1226, italienischer Held der Armut, Heiliger)

Friedrich II. (1194–1250, deutscher Kaiser, Kreuzfahrer, der später zur Sagengestalt und literarischen Figur wird)

Alexander Newski (1212–1263, russischer Fürst, Kriegs- und Nationalheld, Heiliger)

Marco Polo (1254–1324, wahrscheinlich Venezianer, Händler, Entdecker, einflussreicher Schriftsteller)

Jan Hus (1370–1415, tschechischer Gelehrter, Priester, Reformator und Märtyrer, in Konstanz verbrannt)

Arnold Winkelried (Schweizer Nationalheld, soll 1386 die Schlacht bei Sempach entschieden haben)

Wilhelm Tell (sagenhafter Tyrannenmörder und Freiheitskämpfer der Schweiz)

Heinrich der Seefahrer (1394–1460, portugiesischer König und Entdecker)

Jeanne d'Arc (1412–1431, französisches Schäfermädchen, Kriegsheldin, als Hexe verbrannt, die später zur Sagengestalt, literarischen Figur und Nationalheldin wird)

Amerigo Vespucci (1451–1512, florentinischer Seefahrer, nach ihm wurde Amerika benannt)

Vasco da Gama (ca. 1469–1524, portugiesischer Entdecker, Afrikaumsegler)

Francisco Pizarro (1476/78–1541, spanischer Entdecker, Eroberer, Massenmörder)

Anne de Bretagne (1477–1514, bretonische Adlige, heiratete in 3. Ehe Ludwig XII. und handelte im Ehevertrag die Unabhängigkeit der Bretagne aus)

Ferdinand de Magellan (1480–1521, portugiesischer Entdecker und Fast-Erdumsegler)

Martin Luther (1483–1546, deutscher Theologe, Übersetzer, Reformator, der die evangelische Kirche gründete)

Hernando Cortes (ca. 1485–1547, spanischer Eroberer und Massenmörder)

Thomas Müntzer (ca. 1489–1525, deutscher Theologe, entschiedener Reformator, der als Freiheitskämpfer missverstanden wurde)

Francis Drake (ca. 1540–1596, englischer Seeheld, Freibeuter und Entdecker)

Walter Raleigh (1552/54–1618, englischer Seeheld, Entdecker, Autor)

Galileo Galilei (1564–1642, italienischer Naturwissenschaftler und Autor)

Friedrich von Spee (1591–1635, Jesuit, Beichtvater, Kämpfer gegen die Hexenverfolgung)

Granny Nanny (1700 in Ghana / Ashanti – 1740 in Jamaika, jamaikanische Nationalheldin, Sklavenbefreierin, Gründerin von Nanny-Town, einer Siedlung für befreite und geflüchtete Sklaven)

Kimpa Vita (eigentlich Ndona Beatrice, 1684–1706, Prophetin, Religionsführerin, Nationalheldin im Kongo, Widerstandskämpferin gegen den missionarischen Einfluss der Weißen, als Hexe von Jesuiten verbrannt)

Maria Theresia (1717–1780, Kaiserin des Vielvölkerstaates Österreich, aufgeklärte Herrscherin)

James Cook (1728–1779, englischer Seefahrer und Entdecker)

Katharina II. von Russland, genannt »die Große« (1729–1796, deutsche Adlige, russische Zarin, Reformerin)

Johann Heinrich Pestalozzi (1746–1827, Schweizer Pädagoge und Sozialreformer)

Andreas Hofer (1767–1819, Freiheitskämpfer aus Tirol)

Napoleon Bonaparte (1769–1821, französischer Kriegsheld und Kaiser, Gesetzgeber)

Fra Diavolo (1771–1806, italienischer Straßenräuber und Freiheitskämpfer)

Meriwhether Lewis (1774–1809) und William Clark (1770–1838, amerikanische Entdecker und Kartografen)

Helden der Moderne

Simón Bolívar (1783–1830, venezolanischer Freiheitskämpfer)

Florence Nightingale (1820–1910, englische Gesundheitsexpertin und Statistikerin)

Sojourner Truth (1798–1883, US-amerikanische Frauen- und Sklavenrechtlerin)

Charles Robert Darwin (1809–1882, englischer Naturforscher, einflussreichster Mitbegründer der Evolutionstheorie)

Amir Abd Al Qader (1807/8–1883, algerischer Gelehrter, Freiheitskämpfer)

Abraham Lincoln (1809–1865, US-amerikanischer Jurist, Politiker, Staatschef, Verfechter der Sklavenbefreiung, ermordet)

Frederick Douglas (1818–1895, geboren als Frederick Augustus Washington Bailey, US-amerikanischer Exsklave, Kämpfer gegen die Sklaverei, die Frauenunterdrückung, Autor und Redner, Politiker)

Ignaz Philipp Semmelweis (1818–1865, ungarisch-österreichischer Arzt, der unter schweren Kämpfen die Hygiene in Geburtskliniken durchzusetzen half, womit die Todesfälle durch Kindbettfieber drastisch zurückgingen)

Harriet Tubman (1820–1913, US-amerikanische Sklavenrechtlerin und -befreierin, Mitbegründerin der »Underground Railroad« und half mindestens 300 Sklaven während der Sezessionskriege, nach Kanada zu fliehen)

Henry Dunant (1828–1910, Schweizer Geschäftsmann und Menschenfreund, Gründer des Roten Kreuzes)

Sitting Bull (1831–1890, Häuptling und Medizinmann der Sioux, Freiheits- und Unabhängigkeitskämpfer)

Émile Zola (1840–1902, französischer Autor, Intellektueller, Kämpfer für Gerechtigkeit)

Bertha von Suttner (1843–1914, österreichische Autorin und Kämpferin für den Frieden)

Robert Koch (1843–1910, deutscher Mediziner und Mikrobiologe, Pionier auf dem Gebiet der Erforschung von Infektionskrankheiten)

Wilhelm Conrad Röntgen (1845–1923, deutscher Physiker, der die nach ihm benannten Röntgenstrahlen entdeckte und der medizinischen Praxis uneigennützig zugänglich machte)

Buffalo Bill, eigentlich William Frederick Cody (1846–1917, Bisonjäger, Schausteller, später zur literarischen und filmischen Figur als Wildwest-Held geworden)

Oscar Wilde (1854–1900, irischer Schriftsteller, Ästhet, homosexueller Märtyrer)

Robert Stephenson Smyth Baden-Powell (1857–1941, britischer Militärangehöriger, Gründer der Pfadfinderbewegung)

Fridtjof Nansen (1861–1930, norwegischer Polarforscher, Biologe und Kämpfer gegen Flüchtlingselend)

Mary Kingsley (1862–1900, englische Ethnologin, erste weibliche Afrika-Forscherin, die sich gegen die Diffamierung der Schwarzen einsetzte)

Omar Al Mukhtar (1862–1931, libyscher Widerstandskämpfer)

Marie Curie (1867–1934, polnische Chemikerin und Physikerin)

Robert Falcon Scott (1868–1912, englischer Polarforscher, starb im Eis der Antarktis)

Maria Montessori (1870–1952, italienische Ärztin, Pädagogin und Sozialreformerin, die im Bereich der Betreuung geistig Behinderter und armer Kinder Revolutionäres erreichte, außerdem ein neues Erziehungskonzept entwickelte)

Roald Amundsen (1872–1928, norwegischer Polarforscher)

Ernest Shackleton (1874–1922, englischer Polarforscher)

Mahatma Gandhi (1869–1948, indischer Nationalheld, Pazifist, Kämpfer für Unabhängigkeit)

Rosa Luxemburg (1871–1919, ermordete polnisch-deutsch-jüdische Sozialistin, Wirtschafts- und Gesellschaftstheoretikerin, Politikerin)

Albert Schweitzer (1875–1965, deutscher Theologe, Arzt, Pazifist, Musiker, Autor, Träger des Friedensnobelpreises)

Janusz Korczak (1878/79–1942, polnischer Arzt, Kinderbuchautor, Pädagoge, Märtyrer für und mit seinen Schutzbefohlenen)

John Rabe (1882–1950, deutscher Kaufmann, der nach der Eroberung Shanghais durch die Japaner 250 000 Menschen zu schützen und auf den Völkermord an den Chinesen aufmerksam zu machen versuchte)

Ernst Thälmann (1886–1944, Arbeiter, Parteifunktionär, im KZ ermordet)

Thomas Edward Lawrence von Arabien (1888–1935, genannt Lawrence von Arabien, Archäologe, Geheimagent, Militär, Schriftsteller, der im Ersten Weltkrieg die arabischen Stämme zum Aufstand gegen die Türken anregte)

Ho Tschi Minh (1890–1969, vietnamesischer Freiheitskämpfer, Politiker, Staatschef)

Mao Tse-tung (1893–1976, chinesischer Freiheitskämpfer, Diktator, Massenmörder)

Amelia Earhart (1897–1937, US-amerikanische Flugpionierin und Frauenrechtlerin, überquerte als erste Frau alleine den Atlantik und den Pazifik)

Milena Jesenská (1898–1944, tschechische Journalistin, Widerstandskämpferin und Judenretterin, ermordet im KZ Ravensbrück)

Golda Meir (1898–1978, in der Ukraine geborene israelische Politikerin, Staatschefin)

Alva Myrdal (1902–1986, schwedische Sozialreformerin mit internationaler Wirkung)

Charles Lindbergh (1902–1974, US-amerikanischer Flieger, Militär, Politiker, überquerte als erster Flieger allein den Atlantik nonstop)

Jean-Paul Sartre (1905–1980, französischer Philosoph, Autor und engagierter Intellektueller)

Adolf Hennecke (1905–1975, deutscher Bergmann, Gewerkschafter, Politiker, eine Art Held der Arbeit und Namenspatron der Hennecke-Aktivistenbewegung in der DDR)

Alexei Grigorjewitsch Stachanow (1906–1977, russischer Bergarbeiter, eine Art Held der Arbeit und Namenspatron der Stachanow-Aktivistenbewegung in der UdSSR)

Tuvia Bielski (1906–1987, jüdischer, polnischer Partisanenführer und Judenretter)

Rudolf Kasztner (1906–1957, ermordeter, ungarisch-jüdischer Zionist und Gemeindeführer, der die Juden Ungarns zu retten und die Vernichtung der Juden in KZs überhaupt zu stoppen versuchte)

Dietrich Bonhoeffer (1906–1945, deutscher Theologe und Widerstandskämpfer, im KZ hingerichtet)

Varian Fry (1907–1967, amerikanischer Journalist und Menschenretter)

Claus Philipp Maria Schenk Graf von Stauffenberg (1907–1944, deutscher Soldat, Widerstandskämpfer und Hitlerattentäter)

Simone de Beauvoir (1908–1986, französische Schriftstellerin, Philosophin und Feministin)

Aurelio Peccei (1908–1984, italienischer Industrieller, Widerstandskämpfer und Mitbegründer des »Club of Rome«, der wirksam auf die Menschheitsbedrohung durch hemmungsloses Wachstum hinwies)

Salvador Allende (1908–1973, chilenischer Arzt und Staatschef, bei einem militärischen Staatsstreich ermordet)

Oskar Schindler (1908–1974, mährischer Industrieller, der im Krieg 1200 jüdischen Arbeitern das Überleben sicherte)

Alexander King (1909–2007, schottischer Wissenschaftler, Politikberater und Mitbegründer des »Club of Rome«, der wirksam auf die Menschheitsbedrohung durch hemmungsloses Wachstum hinwies)

Simone Weil (1909–1943, französisch-jüdische Philosophin, Gewerkschafterin, sozial engagierte Politikerin)

Bernhard Grzimek (1909–1987, deutscher TV-Zoologe und Tierschützer)

Willy Brandt (1913–1992, eigentlich Herbert Ernst Karl Frahm, deutscher Politiker, Friedensnobelpreisträger, der half, den Kalten Krieg zu beenden)

Menachem Begin (1913–1992, russisch-jüdisch-israelischer Militär, Terrorist, Politiker, Friedensnobelpreisträger)

Thor Heyerdahl (1914–2002, norwegischer Anthropologe, Erfinder der experimentellen Archäologie mit seinen Schiffen »Kon-Tiki«, »Ra« und »Tigris«)

Tenzing Norgay (1914–1986, tibetischer Sherpa, Träger und Bergsteiger, Erstbesteiger des Mount Everest zusammen mit Edmund Hillary)

Indira Gandhi (1917–1984, indische Politikerin, Staatschefin)

Maria Eva Duarte, genannt »Evita«, Peron (1917–1952, argentinische Politikerin, die unter anderem das Frauenwahlrecht durchsetzte)

Oscar Romero (1917–1980, salvadorianischer Erzbischof und Kämpfer für soziale Gerechtigkeit, ermordet)

Hans Fritz Scholl (1918–1943, deutscher Widerstandskämpfer, hingerichtet)

Alexander Issajewitsch Solschenizyn (1918–2008, russischer Schriftsteller)

Edmund Hillary (1919–2008, neuseeländischer Bergsteiger, Erstbesteiger des Mount Everest zusammen mit Tenzing Norgay)

Alexander Dubcek (1921–1992, tschechoslowakischer Politiker)

Andrej Dmitrijewitsch Sacharow (1921–1989, russischer Physiker und Menschenrechtskämpfer)

Sophia (genannt Sophie) Magdalena Scholl (1921–1943, deutsche Widerstandskämpferin, hingerichtet)

Marek Edelman (1922–2009, polnisch-jüdischer Arzt, Politiker und einer der Anführer des Aufstands im jüdischen Ghetto Warschaus 1943)

Itzhak Rabin (1922–1995, israelischer Freiheitskämpfer, Militär, Politiker, Träger des Friedensnobelpreises)

Christiaan Barnard (1922–2001, südafrikanischer Arzt, Pionier der Herztransplantation)

Alexander Matwejewitsch Matrossow (1924–1943, russischer Schlosser, Soldat, Held der Sowjetunion, deckte mit seinem Körper ein feindliches MG ab und damit den Angriff seiner Einheit)

Malcolm X / Malcolm Little / El Hajj Malik el-Shabbaz (1925–1965, ermordeter US-amerikanischer Bürgerrechtler, Kämpfer gegen den Rassismus)

Fidel Castro (1926, kubanischer Freiheitskämpfer und Regierungschef mit quasidiktatorischer Politik)

Ernesto Rafael »Che« Guevara de la Serna (1928–1967, argentinischer Arzt, Freiheitskämpfer in Kuba und Bolivien, Minister, Autor, Popikone, hingerichtet)

Anna Walentynowicz (1929, polnische Werftarbeiterin, stritt für bessere Arbeitsbedingungen, Mitbegründerin der freien Gewerkschaft »Solidarnosc«)

Jassir Arafat (1929–2004, palästinensischer Freiheitskämpfer, Terrorist, Politiker, Träger des Friedensnobelpreises)

Anne Frank (1929–1945 deutsch-jüdische Autorin, im KZ ermordet)

Jelena Georgijewna Bonner (1929, russische Ärztin, Menschenrechtlerin, Dissidentin)

Neil Armstrong, Buzz Aldrin, Michael Collins (alle drei 1930, US-amerikanische Astronauten, die mit Apollo 11 den Mond erreichten und – bis auf Collins – ihn betraten)

Michail Sergejewitsch Gorbatschow (1931, russischer Politiker, Friedensnobelpreisträger, der den Kalten Krieg beendete, den Zerfall des Ostblocks einleitete und sowjetrussische Verbrechen gegen die Menschlichkeit zugab)

Victor Jara (1932–1973, chilenischer Sänger, Theatermann, Politiker, der beim Militärputsch gefoltert und ermordet wurde)

Susan Sontag (1933–2004, US-amerikanische Schriftstellerin und Intellektuelle, Kämpferin für Menschen- und Bürgerrechte, inszenierte im belagerten Sarajevo Beckett)

Juri Gagarin (1934–1968, russischer Flieger, Kosmonaut, erster Mensch im Weltall)

Tenzin Gyatso (1935, tibetischer buddhistischer Mönch, der 14. Dalai Lama, Friedensnobelpreisträger)

Vaclav Havel (1943, tschechoslowakischer Schriftsteller, Dissident, Politiker, Staatschef)

Juan Carlos (1938, König von Spanien, Verteidiger der spanischen Demokratie)

Beate Klarsfeld (1939, deutsche Journalistin, Nazi-Verbrecher-Jägerin)

Giovanni Falcone (1939–1992, italienischer Jurist, Bekämpfer der Mafia, heute italienische Symbolfigur gegen das Verbrechen, wurde von der Mafia mit seiner Frau und drei Begleitern in die Luft gesprengt)

Rudi Dutschke (1940–1979, ermordeter westdeutscher Studentenführer und Soziologe)

Ken Saro-Wiwa (1941–1995, nigerianischer Autor und Bürgerrechtskämpfer, hingerichtet)

Alice Schwarzer (1942, deutsche Publizistin, Feministin)

Daniel Barenboim (1942, argentinischer, israelischer, spanischer, palästinensischer Pianist und Dirigent, der sich für eine Aussöhnung im Nahen Osten engagiert)

Lech Walesa (1943, polnischer Werftarbeiter, Mitbegründer der freien Gewerkschaft »Solidarnosc«, Politiker, Staatschef, Friedensnobelpreisträger)

Reinhold Messner (1944, Tiroler Bergsteiger, Buch- und Filmautor)

Stephen (Steve) Bantu Biko (1946–1977, südafrikanischer Bürgerrechtler, der an den Folgen von Polizeifolter starb)

Jan Palach (1948–1969, tschechoslowakischer Student, der sich aus Protest gegen den Einmarsch der sowjetischen Truppen und die öffentliche Lähmung selbst verbrannte)

Anna Politkowskaja (1958–2006, russische Journalistin und Bürgerrechtlerin, ermordet)

Monika Hauser (schweizerisch-italienische Ärztin und Gründerin der Organisation »medica mondiale«, die kriegstraumatisierten Frauen hilft)

Barack Obama (1961, US-amerikanischer Jurist, Politiker, Staatschef, Friedensnobelpreisträger)

WEITERFÜHRENDES
in Büchern und im Netz

Zur Familie Piccard
Auguste Piccard: Über den Wolken, unter den Wellen. Wiesbaden 1954.
Bertrand Piccard / Brian Jones: Mit dem Wind um die Welt. Die erste Erdumkreisung im Ballon. München 2001.
Jacques Piccard: Zur tiefsten Tiefe. Die Tauchfahrten des Bathyskaphs »Trieste«. Wiesbaden 1962.
Erich Tilgenkamp: Reisen in ungewöhnliche Räume. Eine autorisierte Biographie über Professor Dr. August Piccard. Berlin 1956.
http://www.bertrandpiccard.com

Zu Georg Elser
Peter Steinbach, Johannes Tuchel: Georg Elser. Berlin / Brandenburg 2008.
Lothar Gruchmann (Herausgeber): Autobiographie eines Attentäters. Johann Georg Elser. Der Anschlag auf Hitler im Bürgerbräu 1939. Stuttgart 1989.
Hellmut G. Haasis: »Den Hitler jag' ich in die Luft«. Der Attentäter Georg Elser. Eine Biographie. Berlin 1999.
Helmut Ortner: Der einsame Attentäter: Der Mann, der Hitler töten wollte. Frankfurt am Main 2008.
http://www.georg-elser.net/

Zu Raoul Wallenberg
Lew Besymenski / Ulrich Völklein: Die Wahrheit über Raoul Wallenberg. Göttingen 2000.
Raoul Wallenberg. Report of the Swedish-Russian Working Group. Stockholm 2000.
Christoph Gann: Raoul Wallenberg. So viele Menschen retten wie möglich. München 2002.
http://www.raoul-wallenberg.de | http://www.raoul-wallenberg.org

Zu Rosa Parks
Rosa Parks / James Haskins: My Story. 1999.
Herbert R. Kohl: She would not be moved. How we tell the story of Rosa Parks and the Montgomery-Bus-Boycott. New York 2005.

http://www.e-portals.org/Parks
http://www.rosaparks.org/
http://africawithin.com/bios/rosa_parks.htm
http://www.gandhiserve.org/

Zu Nelson Mandela

Nelson Mandela: Der lange Weg zur Freiheit. Autobiographie. Deutsch von Günter Panske. Frankfurt am Main 1994.
Jack Lang: Nelson Mandela: Ein Leben für Freiheit und Versöhnung. Mit einem Vorwort von Nadine Gordimer. Aus dem Französischen von Ingrid Hacker-Klier. Düsseldorf / Zürich 2006.
Tom Lodge: Mandela. A Critical Life. Oxford 2007.
http://www.nelsonmandela.org
http://www.anc.org.za/people/mandela.html

Zu Dian Fossey

Dian Fossey: Gorillas im Nebel. Mein Leben mit den sanften Riesen. München 2002.
Dian Fossey / Camilla de la Bédoyère: Briefe aus Afrika. Dian Fossey – mein Leben mit den Gorillas. Fotos Bob Campbell. München 2005.
Harold Hayes: Dian Fossey. Die einsame Frau des Waldes. München: Kindler 1991.
http://www.gorillafund.org
www.gorillas.org

Zu Greenpeace

Bernhard Knappe: Das Geheimnis von Greenpeace. Wien / München 1993.
Rex Weyler: Greenpeace. How a group of journalists, ecologists and visionaries changed the world. Vancouver 2004.
Ivar A. Aune / Nikolaus Praschma: Greenpeace: Umweltschutz ohne Gewähr. Melsungen 1996.
http://www.greenpeace.de
http://www.greenpeace.org/international

Zum »Wunder von Bern«

Peter Kasza: 1954 – Fußball spielt Geschichte. Das Wunder von Bern. Bonn 2004.
http://www.das-wunder-von-bern.de/
http://web.ard.de/special/helden1954

Zu den »Müttern und Großmüttern der Plaza de Mayo«

Marguerite Guzman Bouvard: Revolutionizing motherhood. The mothers of the
Plaza de Mayo. Lanham 2004.

Rita Arditti: Searching for life. The grandmothers of the Plaza de Mayo and the
Disappearance of children of Argentina. Berkeley / London 1999.

http://www.abuelas.org.ar (spanisch, englisch)

http://www.madres.org (spanisch)

http://www.madresfundadoras.org.ar (spanisch)

Zu Terry Fox

Leslie Srivener: Terry Fox. His Story. Toronto 2000.

Douglas Coupland: Terry Fox and his Marathon of Hope. Vancouver 2005.

http://www.terryfoxrun.org

Mehrere Filmsequenzen auf youtube.com

Zu Karlheinz Böhm und Mutter Teresa

Karlheinz Böhm: Mein Weg. Erinnerungen. Bern / München / Wien 1991.

Beate Wedekind: Nagaya heißt Frieden. Karlheinz Böhm und seine Äthiopien-
hilfe. Berlin 2006.

http://www.menschenfuermenschen.de/

Chawla, Navin: Mutter Teresa. Autorisierte Biographie, aus d. Engl. v. Kattrin Stier.
München 1993.

Zeiten der Barmherzigkeit: Texte von Mutter Teresa. Hg. u. eingel. von Leonie
Höhren. Freiburg 1995.

http://www.fembio.org/biographie.php/frau/biographie/mutter-teresa/

Zu Paul Rusesabagina

Paul Rusesabagina mit Tom Zoellner: Ein ganz gewöhnlicher Mensch. Die Geschichte hinter »Hotel Ruanda«. Berlin 2008.

Romeo Dallaire: Handschlag mit dem Teufel. Die Mitschuld der Weltgemeinschaft am Völkermord in Ruanda. Springe 2008.

Alison Des Forges: Kein Zeuge darf überleben. Der Genozid in Ruanda. Aus
dem Amerikanischen von Jürgen Bauer u. a. Hamburg, 3. Auflage, 2008.

http://www.un.org/News/dh/latest/rwanda.htm – Bericht der Kommission zur
Untersuchung von UNAMIR (nur auf Englisch)

Zu Erin Brockovich

Erin Brockovich: Gib niemals auf! So gewinnen Sie die kleinen und großen Kämpfe des Lebens. Landsberg / München 2002.

http://www.brockovich.com

Zu neuen, weniger bekannten Helden

http://www.african-angel.de

http://www.back-to-life.com

http://www.braillewithoutborders.org/GERMAN/index.html

ROLF-BERNHARD ESSIG

1963 in Hamburg geboren, lebt in Bamberg. Er ist Autor von Sach-
und Hörbüchern sowie Rundfunksendungen, daneben Kritiker für
die wichtigsten deutschsprachigen Zeitungen, Moderator und Dozent
für Literaturkritik und Literarisches Schreiben. Bei Hanser erschienen
bereits sein Jugendsachbuch *Schreiberlust & Dichterfrust. Kleine Ge-
wohnheiten und große Geheimnisse der Schriftsteller* (2007) und das
Kinderbuch *Da wird doch der Hund in der Pfanne verrückt! Die lus-
tigen Geschichten hinter unseren Redensarten* (2009) – illustriert von
Marei Schweitzer.

BILDNACHWEIS